# 職場精神性對員工
# 職業發展的影響機制研究

Study on the Effects of Workplace Spirituality on
Employee Career Development

敖玉蘭 著

崧燁文化

# 摘要

　　隨著全球經濟的迅猛發展，市場競爭日益白熱化，組織面臨著越來越大的競爭壓力。因此，組織不得不採取技術化、大規模裁員等各種變革手段來應對競爭以實現自身利潤最大化，這就間接地將其面臨的壓力很大部分地轉嫁到了員工身上，從而使身處職場中的員工感到內心不安、身心疲憊，並促使他們重新思考和探尋工作的意義、工作的目的以及個人動力的來源。同時，越來越豐富的物質生活和即時滿足加深了人們對內在精神的弱化和對物質的過度崇拜，導致我們的物質生活和精神生活失去平衡。就職場領域而言，世界各國的員工不斷思考自己職業發展和成長的方向。員工在自身的職業發展過程中，不僅關心客觀職業成功，如薪資水準、職位晉升等，他們也越來越關注主觀職業成功的一些方面，如工作滿意度、職業滿意度等，主觀職業成功的內在精神性指標成為越來越多員工尤其是高薪階層員工的追求。

　　職場精神性(workplace spirituality)，也叫職場精神力，是指員工在職場中感知到的整體意義感和完整自我，這種意義感和完整感讓個體的內在精神生活得到充實與超越。職場精神性還是一個較新的管理學研究領域，其研究多集中在歐美國家。國外學者對於職場精神性的研究已經取得了一定的成就，大量研究證明了職場精神性對組織及員工個人都能產生一定的積極作用，為進一步研究職場精神性提供了有力的參考。學者對職場精神性的研究取得了一些成果，儘管已有學者對職場精神性進行過綜述性介紹及相關的一些實證研究，但關注情境下職場精神性作用的實證研究還相對較少，因此，有必要對情境下的職場精神性進行進一步的挖掘。以往的學者更多地是討論職場精神性如何為組織帶來績效，如何讓員工產生組織

承諾、組織公民行為，降低員工離職率等，即這些研究更多地是以組織的利益為根本出發點，而較少關注職場精神性與員工個人職業發展之間的關係。因此，有必要對職場精神性與員工職業發展之間的關係進行探討。而職業成功（career success）是個體在工作過程中累積的與職業生涯發展相關的、積極的工作成果和心理成果，是個體職業生涯發展和成長的最直接表現之一。本書在探討職場精神性對員工個人職業發展的影響時，以員工的職業成功（包括客觀職業成功和主觀職業成功兩個維度）為結果變量來測量職場精神性對員工職業發展的影響程度。

　　基於上述研究背景，本書嘗試在中國情境下，以基本心理需求、職業自我效能感及職業認同為仲介，以家庭需求為調節變量，探討職場精神性對中國員工職業發展的影響機制，以豐富有關職場精神性的實證研究內容。

　　本書主要採用文獻分析法和問卷調查法，對研究問題進行理論梳理和實證檢驗。首先，我們通過文獻分析法，對本書相關理論基礎進行回顧和梳理，並對職場精神性、職業成功、基本心理需求、職業自我效能感、職業認同及家庭需求等變量進行綜述，尋找變量之間關係的理論支持，從而構建「職場精神性－基本心理需求／職業自我效能感／職業認同－職業成功」理論模型的基礎，並提出相關假設。其次，我們通過借鑑國內外相關研究的成熟量表，審定編製測量問卷，並通過小樣本測試及專家研討的方式對初始問卷進行修正，形成最終的調查問卷。最後，通過收集問卷並採用 SPSS 和 AMOS 等統計軟件對以上數據進行實證分析。我們在確保問卷信度、效度及控制共同方法偏差的前提下進行了大樣本的實證檢驗，得出了以下主要研究結論：

　　（1）明確了職場精神性對員工職業成功的積極影響。本書證實，在控制了人口統計因素的基礎上，職場精神性對員工的職業成功具有較強的解釋力。這證實了職場精神性作為員工在組織環境中的積極體驗對員工個人實現職業發展能產生積極影響，在職場中感受到的意義感和完整的自我能促使員工在工作中有更多的激情和投入，從而促進個人的職業成功。

　　（2）驗證了基本心理需求、職業自我效能感及職業認同分別在職場精神性與員工職業成功之間起部分仲介作用。首先，基本心理需求在職場精神性與職業成功之間起部分仲介作用，仲介效應占總效應的 41.724%。其次，職業自

我效能感在職場精神性與職業成功之間起部分仲介作用，仲介效應占總效應的 20.65%。最後，職業認同在職場精神性與職業成功之間起部分仲介作用，仲介效應占總效應的 27.28%。

（3）驗證了家庭需求對職場精神性與基本心理需求、職業自我效能感及職業認同之間關係的調節作用。實證結果表明，家庭需求在職場精神性與三個仲介變量之間均起負向調節作用。這說明不僅職場因素對員工的職業行為和態度有影響，家庭因素也同樣發揮著重要作用，甚至會干擾組織環境對員工職業發展的作用。員工個人的家庭需求會調節職場精神性對員工職業心理的作用，進而干擾職場精神性與員工職業發展之間的關係。

綜上所述，本書首先在對文獻進行回顧總結的基礎上，借助相關理論，探討了職場精神性對員工職業發展的影響機制；其次，通過對模型提出假設，並以實證數據進行相關檢驗，得出了研究的主要結論；最後，提出了針對組織管理者及員工的相關意見和建議，討論了本研究的局限性，並對未來研究進行了展望。

**關鍵詞**：職場精神性，職業發展，職業成功，基本心理需求，職業自我效能感，職業認同，家庭需求

# 目錄

1 緒論 / 1
  **1.1** 研究背景 / 1
      1.1.1 現實背景 / 1
      1.1.2 理論背景 / 3
  **1.2** 研究意義 / 6
      1.2.1 理論意義 / 6
      1.2.2 現實意義 / 7
  **1.3** 研究內容 / 10
  **1.4** 研究方法與技術路線 / 11
      1.4.1 研究方法 / 11
      1.4.2 技術路線 / 12
  **1.5** 本書結構 / 13
  **1.6** 本章小結 / 14

2 相關理論與文獻綜述 / 15
  **2.1** 理論基礎 / 15
      2.1.1 自我決定理論 / 15
      2.1.2 社會認知理論 / 17
      2.1.3 社會認同理論 / 19
  **2.2** 文獻綜述 / 21
      2.2.1 職場精神性文獻綜述 / 21

  2.2.2　職業成功文獻綜述 / 29
  2.2.3　基本心理需求文獻綜述 / 35
  2.2.4　職業自我效能感文獻綜述 / 39
  2.2.5　職業認同文獻綜述 / 46
  2.2.6　家庭需求文獻綜述 / 51
  2.2.7　主要變量間的關係研究 / 56
 2.3　本章小結 / 62

# 3　理論模型構建與研究假設 / 64
 3.1　概念模型的提出 / 64
 3.2　研究假設 / 68
  3.2.1　職場精神性對職業成功的主效應 / 68
  3.2.2　職場精神性對基本心理需求的影響 / 72
  3.2.3　基本心理需求對職業成功的影響 / 74
  3.2.4　基本心理需求在職場精神性與職業成功之間關係的仲介作用 / 75
  3.2.5　職場精神性對職業自我效能感的影響 / 76
  3.2.6　職業自我效能感對職業成功的影響 / 78
  3.2.7　職業自我效能感對職場精神性與職業成功之間關係的仲介作用 / 79
  3.2.8　職場精神性對職業認同的影響 / 80
  3.2.9　職業認同對職業成功的影響 / 82
  3.2.10　職業認同在職場精神性與職業成功之間關係的仲介作用 / 83
  3.2.11　家庭需求的調節作用 / 84
  3.2.12　研究假設匯總 / 88
 3.3　本章小結 / 89

# 4 研究設計 / 90

## 4.1 構念操作性定義 / 90
### 4.1.1 職場精神性 / 91
### 4.1.2 職業成功 / 91
### 4.1.3 基本心理需求 / 92
### 4.1.4 職業自我效能感 / 92
### 4.1.5 職業認同 / 92
### 4.1.6 家庭需求 / 93

## 4.2 問卷設計 / 93
### 4.2.1 問卷調查法 / 93
### 4.2.2 樣本來源 / 95

## 4.3 相關變量的測量 / 97
### 4.3.1 職場精神性測量量表 / 97
### 4.3.2 職業成功測量量表 / 98
### 4.3.3 基本心理需求測量量表 / 99
### 4.3.4 職業自我效能感測量量表 / 100
### 4.3.5 職業認同測量量表 / 100
### 4.3.6 家庭需求測量量表 / 101
### 4.3.7 控制變量 / 101

## 4.4 小樣本測試 / 101
### 4.4.1 小樣本測試過程 / 101
### 4.4.2 小樣本情況描述 / 102
### 4.4.3 小樣本分析方法 / 103
### 4.4.4 小樣本分析結果 / 104

## 4.5 共同方法偏差檢驗 / 112

## 4.6 本章小結 / 113

# 5 數據分析與假設檢驗 / 114

## 5.1 數據收集方式與結果 / 114
### 5.1.1 數據收集方式 / 114
### 5.1.2 數據收集結果 / 115

## 5.2 樣本描述 / 115

## 5.3 數據分析 / 117
### 5.3.1 各變量的描述性統計分析 / 117
### 5.3.2 量表的信度分析 / 118
### 5.3.3 量表的效度分析 / 118
### 5.3.4 人口統計變量的方差分析 / 126
### 5.3.5 相關性分析 / 134
### 5.3.6 假設檢驗 / 135

## 5.4 本章小結 / 149

# 6 研究結論與討論 / 150

## 6.1 假設檢驗結果匯總 / 150

## 6.2 研究結論 / 151
### 6.2.1 職場精神性能顯著地影響職業成功 / 151
### 6.2.2 基本心理需求在職場精神性與職業成功之間起部分仲介作用 / 152
### 6.2.3 職業自我效能感在職場精神性與職業成功之間起部分仲介作用 / 154
### 6.2.4 驗證了職業認同在職場精神性與職業成功之間起部分仲介作用 / 157
### 6.2.5 驗證了家庭需求對職場精神性與基本心理需求之間關係的調節作用 / 159
### 6.2.6 驗證了家庭需求對職場精神性與職業自我效能感之間關係的調節作用 / 160

  6.2.7 驗證了家庭需求對職場精神性與職業認同感之間關係的調節作用 / 161

  6.2.8 人口統計變量對相關變量的影響 / 162

**6.3 研究的理論貢獻** / 162

**6.4 管理啟示與建議** / 163

  6.4.1 營造組織-員工「命運共同體」的職場精神性氛圍 / 163

  6.4.2 培養員工的精神性思維，強化員工的精神性體驗 / 164

  6.4.3 重視員工的基本心理需求及其滿足 / 164

  6.4.4 幫助員工提升對職業的自我效能感 / 165

  6.4.5 培養員工對職業的認同及價值感 / 166

  6.4.6 關注職場外因素對員工職業發展的影響 / 166

  6.4.7 轉變組織態度，幫助員工實現職業成功 / 167

**6.5 研究局限與展望** / 168

  6.5.1 研究局限 / 168

  6.5.2 研究展望 / 169

**6.6 本章小結** / 170

**參考文獻** / 172

**附錄 調查問卷** / 200

# 1 緒論

## 1.1 研究背景

### 1.1.1 現實背景

隨著全球經濟的迅猛發展，市場競爭趨於白熱化，企業組織不得不採取各種變革手段來增強自身的競爭力，以實現利潤最大化。世界各地的企業組織不斷推陳出新，制定出多樣化的工作激勵制度，培育著積極的組織文化。並且，企業制定的工作激勵制度與員工自身的工作目標相結合的焦點主要是員工物質利益的獲取。在追求更多物質利益時，企業員工確實在一定程度上提高了自己的工作積極性，物質需求也得到了一定的滿足，企業與員工雙方似乎都得到了較為滿意的結果。然而，職場中的員工和組織仍然面臨著一系列的挑戰，具體表現在：

1. 職場中精神匱乏，員工的工作動力不足

首先，組織不斷技術化、大規模裁員使得身處職場的員工身心疲憊、士氣缺乏、內心不安，迫使他們重新思考如何尋找個人能量的來源（Harrington, Preziosi & Gooden, 2001）。其次，組織環境迅速變化使得組織面臨更大的不確定性。組織文化被不信任感和不幸福感所籠罩（Fry & Cohen, 2009）。最後，組織提供給員工的職場環境讓員工缺乏安全感和自我效能感，進而對工作缺乏激情和投入，導致其出現職業倦怠（Mitroff, 1999）。

但是，由於工作已經成為現代人生活的核心部分，人們不得不在職場中度過大部分時間。如果員工只是帶著雙手和大腦來工作，而將靈魂遺失在大門外，那麼他們全部的創造力和潛力將很難得到激發，其績效及個人職業發展都會因此受到限制（Mitroff, 1999）。正如 Moxley（2000）在對美國勞動群體的描述中指出，他們是精神缺失的群體，因為他們在工作中無法全心投入，工作不

能提供給他們內心向往的意義感和目的感。組織和組織內的領導行為常常都在謀殺他們的精神。反觀中國，它的經濟發展在很大程度上也受到了此類問題的桎梏。全球視野下的大範圍、大規模的企業併購，再加上大規模裁員、彈性工作制和短期化的雇傭形式在中國企業中蔚然成風。在這種環境中，員工普遍在職場中缺失自我、意義感不足、與組織之間難以形成心理契約，由此帶來了員工工作滿意度降低、組織承諾降低、離職率升高、績效改善乏力等問題。正如Cavanagh 和 Bandsuch（2002）的研究所言，吸納和實施精神性管理有助於提升員工的工作滿意度和合作精神。組織應該思考如何為員工提供一個富含精神性的職場環境，促使員工感受到精神性，並在工作中展現真實和完整的自我。

2. 物質主義充斥，員工內心感到迷茫

另外，隨著經濟和技術的發展，人們的物質生活越來越豐富。但是，過度的物質崇拜，導致社會道德缺失，價值觀扭曲，出現腐敗等各種墮落行為。我們的物質生活和精神生活因此失去平衡（Sheng & Chen, 2012），我們的內心感到迷失。——我們不禁發問：什麼是我們工作的最終意義和目的？Moxley（2000）將美國勞動群體描述為「精神缺失的群體，他們在工作中找不到內心向往的意義感和目的感。」就現實而言，如今的中國人正在遭遇一場由於精神性缺失所帶來的巨大危機。正如靈性導師 J. Krishnamurti 所說，「世界的危機不是在表面，而是在於人類自身的覺悟，在於對人類千百年來累積的外部事物的覺悟。除非人類有一個猛烈的覺悟，否則外部的事物只會給我們帶來更多的損害，更多的悲傷，更多的迷惑」。

3. 時代變遷，員工不再只滿足於職業發展中的客觀物質表現

傳統的職業生涯理論如以 SuPer 和 Schein 的職業發展理論為指導的職業生涯成功標準多採用外在的客觀標準進行研究，如薪水及其增長、職位及其提升、社會地位等，而忽視了主觀成功標準的研究和運用。到了 20 世紀末 21 世紀初期，專家和學者越來越重視員工職業發展過程中的主觀成功感知，並主張衡量職業成功的主觀和客觀標準兩者缺一不可（Arthur, Khapova & Wilderom, 2005）。在易變的職業生涯時代，直線式的職業發展模式很少，因此員工更渴望尋求那些對他們自身有意義的工作（Feldman, 1989）。很多研究發現，擁有較高學歷、地位及薪酬的人，即在別人眼中的成功人士，並不覺得自己在職業上是成功的（Hall, 等, 2005; Korman, Wittig-Berman & Lang, 1981）。同時研究者發現越來越多的員工在定義他們的職業發展是否成功時，會用一些主觀的指標，而不是薪水或者晉升頻率等這類的客觀指標（Eith, Stummer & Schusterschitz, 2011; Sturges, Guest, Conway & Davey, 2002）。Tischler（1999）的研究表

明，當經濟回報超過某個特定閾值時，內在回報會取代經濟回報成為激勵員工的主要因素。當員工相信組織能帶給他們積極的職業體驗或者內在職業成功的時候，他們可能對組織更忠誠，進而提高工作產出。因此，員工也在不斷思考他們自身職業發展的目標問題，是單純的物質報酬和晉升，還是更多主觀的職業成功體驗等。

在這樣的現實背景下，我們不禁思考，對於當前的員工和企業組織來說，職場精神性在員工職業生活中發揮著什麼作用？企業組織如何才能有效地應對員工職業發展需求由客觀成功轉向主觀成功這個變化？員工的職場精神性體驗是否影響他們自身的職業成長？企業組織或者員工自身是否可以將職場精神性作為激勵員工或自身職業發展的能力來源乃至重要動力？

### 1.1.2 理論背景

1. 職場精神性概念的興起

1954年，馬斯洛提出了著名的需求層次理論。但是隨著研究的深入，馬斯洛意識到如果一味地強調自我實現，則會使人變得殘暴、空虛和冷漠，在自我實現需要之上還有一個層次——精神性需要（spiritual need）。精神性需要是一種基本的人性需求，能夠促使個人努力超越現狀，追求心靈的提升與自我的超越。「精神性（spirituality）」一詞於1990年首次出現在管理學論文的標題中。關於職場精神性的研究從1992年開始迅速發展，1999年美國管理學會設立了管理和靈性興趣小組，而 *Journal of Management, Spirituality & Religion* 在2004年的創刊更是標誌著職場精神性的研究進入了一個全新的發展階段。「職場精神性」中「精神性」一詞起源於宗教，但是大多數學者認為職場精神性和特定的宗教傳統無關，它關注的是個體在職場中感受到的整體意義感、完整的自我及超越的自我，具體表現為感受到有意義的工作（與工作的聯繫）、團隊歸屬感（與工作中他人之間的聯繫感）及與組織價值的一致感（與組織之間的聯繫感）這樣的內心體驗（Mitoff, 等，1999；Milliman, 等，2003）。這種精神性體驗強調整體的意義感、完整的自我及超越自我感，這種體驗不僅來自工作本身，也來自與他人、與組織，甚至與社會及整個世界的聯繫感，因為只有感知到這些聯繫才能實現完整的自我和超越的自我。

2. 職場精神性研究的不斷發展

在過去的二十多年裡，西方管理科學領域發生了所謂的「靈性運動轉向」，從關注個體的心理轉向關注個體的精神領域，而職場精神性從20世紀90年代起開始在流行雜誌領域受到廣泛關注。2001年，紐約時報刊登的關於

職場精神性的封面文章專門談到這一話題受到的關注度，一些關於精神性領導及精神性企業家（Cohen & Greenfield, 1997）的書刊相繼出版。隨後十年中，職場精神性吸引了學者的更多關注，成為美國學者和企業研究的熱點問題（Karakas, 2010）。Oswick（2009）在梳理關於職場精神性的研究中發現，1998—2008 年，關於職場精神性的書籍從 17 本增加到 55 本，而學術論文從 40 篇增加到 192 篇。一些頂尖學術期刊，如 *Journal of Business Ethics*，也發表了相當數量的關於職場精神性的研究成果。從流行讀物到學術期刊，再到企業實踐及大學課程，多個領域對職場精神性的關注都表明職場精神性值得進一步研究。

從目前國內外的研究來看，學者們對於職場精神性的研究進展大致可以歸納為以下幾點：

（1）學者們對職場精神性的概念內涵進行了廣泛的研究。Karakas（2010）的綜述發現關於職場精神性/工作中的精神性的定義多達 70 多種。有些學者從員工個人角度出發，如 Ashmos 和 Duchon（2000）強調個人與工作、團隊及組織的關係。另一些學者從組織文化角度出發，認為職場精神性是組織文化所體現的一些價值觀，如 Fry（2009）認為職場精神性是組織通過精神性領導，促發員工的使命感、利他之愛。Jurkiewicz 和 Giacalone（2004）提出組織精神性的價值框架，包括善行、關愛後代、人文關懷等。目前研究領域對於職場精神性還沒有一個統一的定義，但是從文獻可以看出，職場精神性最重要的一些要素包括：工作的意義、歸屬感、工作中和他人的聯繫感、和組織的價值觀的一致、聯繫感（Milliman，等，2003）、超越自我、內在精神生活等。

（2）學者們開發了可操作化的職場精神性的測量工具。儘管職場精神性的定義還沒有達到統一，但是學者們從自己研究的目的和側重點出發，開發了許多可操作的關於職場精神性的測量工具。根據文獻分析，使用較廣的測量工具有以下一些：工作中的精神性（SAW）（Ashmos & Duchon, 2000）、Milliman 等（2003）的三維度量表、工作中的精神性（SWS）（Kinjerski & Skrypnek, 2006）、精神性氛圍量表（SCI）（Pandey, Gupta & Arora, 2009）等。也有一些學者試圖從價值觀體系開發組織精神性量表，如包含善心、包容性、關懷下一代、尊重等維度。需要指出的是，國內學者最近對職場精神性的研究也開始涉及量表開發，這為職場精神性的本土化實證研究奠定了基礎。

（3）學者們對職場精神性的結果變量進行廣泛的實證研究。目前實證研究領域的熱點主要集中於職場精神性對員工個人和組織的影響，以及如何培養組織及職場的精神性。已有研究表明職場精神性對員工心理、行為態度及組織

績效都會產生影響，如職場精神性能夠提高組織的績效（Garcia-Zamor, 2003）、有利於員工的組織公民行為（Kazemipour, 2012）、提高員工的組織承諾（Milliman，等，2003；Rego，等，2008；Kazemipour, 2012）、降低員工的離職傾向（Milliman，等，2003；Chawla, 2010）、降低缺勤率及減少偏離行為（Chawla, 2014）等。隨著研究的深入，有學者開始關注職場精神性在職業領域的作用，如職場精神性能激發員工正面積極的內在能量，使員工將職業視作使命，促使個人在職業中找到意義感（Lips-Wiersma, 2002），增強員工的職業自信及職業決策自我效能感（Duffy & Blustein, 2005；Duffy, 2010）；意義感和精神性讓人能夠更好地應對壓力因素並且滿足人們的基本需求，如關係需求和支持需求（Karakas, 2010）。意義感和精神性從情感方面帶給人們快樂、幸福等積極情緒，從而提高個體的工作滿意度。而工作滿意度或者職業滿意度在很多研究中被作為衡量職業成功的主要標準之一，由此可見職場精神性在一定程度上對員工的職業成功有重要影響。

（4）較少的研究探討了職場精神性對結果變量的仲介影響機制。從現有的文獻來看，大多數研究直接考察職場精神性對個體或者組織的結果變量的直接影響（Geigle, 2012），而很少有研究深入探討職場精神性與結果變量之間的仲介機制或者情境變量。儘管最近一些學者開始關注職場精神性對影響結果變量的內在機制，如將組織承諾作為職場精神性與組織公民行為之間關係的仲介變量（Geh，等，2009；Kazemipour, 2012）以及將情緒勞動作為職場精神性與主觀幸福感間的仲介變量（鄒文篪，等，2015），但職場精神如何產生後效影響在一定程度上仍處於「黑箱」狀態。因此，有必要對職場精神性與結果變量之間的仲介機制及情境因素進行更深入的探討。

（5）國內學者對於職場精神性的研究還處於起步階段。目前較有影響力的學術論文還只是綜述性的（參看王明輝，等，2009；張志鵬，和萍，2012；柯江林，2015），而且關於職場精神性的實證研究相對較少。而近幾年學者們對於精神性領導卻給予了相對較多的關注（楊付，等，2014），可見國內學者也開始重視精神性這一主題。但是國內對於精神性及職場精神性的研究都遠遠滯後於國外的研究，也滯後於國內實踐的需求。另外，雖然中國傳統文化不是宗教式的，但是我們不能否認中國人的精神追求，中國人依然會追求人生意義、歸屬和幸福（張志鵬，和萍，2012）。與此同時，隨著中國人民物質生活水準的不斷提高，員工期待在組織不斷滿足其物質需求的同時，能更加關注精神層面和心理方面的感受。而職場精神性關注的正是職場中個體心理的體驗與工作的意義和目的，因此職場精神性的研究在國內非常有必要。因此在中國情

境下研究職場精神性這一主題顯得十分有必要性。

另外，以往的研究已經證明，職場精神性能對員工的行為及態度產生影響，但是大部分的研究都是從組織利益出發，關注的是員工的組織公民行為（Rego, 2008）、組織績效等，較少關注職場精神性對員工自身職業發展的影響，那麼職場精神性是否能真正影響員工的職業發展呢？這是值得我們研究的一個問題。

## 1.2　研究意義

### 1.2.1　理論意義

本研究的理論意義包括：

第一，以中國員工為研究對象，對「職場精神性」的結構維度進行本土化驗證。

基本上，國內學者目前對職場精神性的研究還停留在文獻綜述階段，缺乏相關實證研究。本書在參考國內外文獻的基礎上，結合國內員工的特點，探討員工在職場中感知的整體意義感，如「有意義的工作」「團隊感」及「與組織價值一致感」等精神性內容，並通過初步訪談確定適合中國員工特點的「職場精神性」的構念內涵及維度，為將來探討本土情境下的職場精神性研究提供參考。

第二，揭示職場精神性與員工職業發展之間的關係。

以往國內外研究者對職場精神性的研究中，更多的是從組織利益角度出發探討職場精神性對於員工工作態度（組織承諾、組織認同等）、工作行為（組織公民行為、離職等）等的影響，而較少關注職場精神對於員工自身職業發展方面的影響，本研究為職場精神性的研究開拓了新的路徑。同時，本研究建立了認識員工職業成功的全新視角，從而在某種程度上豐富和拓展了關於影響員工職業發展和職業成功的因素的研究，為該領域的研究提供了一個新的方向。

第三，明晰了職場精神性與職業發展之間關係的具體影響路徑。

本研究從職場精神性出發，將基本心理需求、職業自我效能感及職業認同作為仲介變量，從三個不同的視角詮釋了職場精神性影響員工職業發展的仲介影響機制，職業發展以客觀職業成功及主觀職業成功為測量指標。以往的研究中對於職場精神性與結果變量之間的仲介機制的研究很少，僅有的一些仲介機

制探討也只是從單一的角度出發，如社會交換的角度等。從單一的視角往往不足以解釋變量之間的複雜作用機制（Walumbwa，等，2011），因此本研究試圖從多個不同視角去探討職場精神性對員工行為態度等的複雜影響機制。本研究從自我決定、社會認知及社會認同三個理論視角，打開職場精神性對職業成功影響的「黑箱」，以便能夠更加清晰深入地解釋職場精神性與員工職業成功之間的複雜關係。仲介機制的揭示加深了我們對職場精神性發揮效應的認識和理解，為今後的理論研究奠定了基礎。

第四，為職場精神性的研究引入邊界條件，豐富了職場精神性的理論研究。

在關於職場精神性的研究中，學者們較少探討情景因素，僅有的一些邊界條件的探討也是從個體因素，如情緒智力等出發的。根據工作家庭邊界理論、資源保存等理論，員工在職場中的行為態度，除了受到職場內部因素的影響，也受到職場外部因素，如家庭因素的影響。本書在梳理相關文獻綜述的基礎上，將家庭需求作為調節變量，研究了職場精神性與職業發展之間關係的邊界條件。通過考察情境條件，我們對職場精神性影響員工職業發展的複雜過程能有更全面的認識，也為將來探討職場精神性對員工影響的邊界條件研究提供參考。

### 1.2.2 現實意義

本研究通過對職場精神性作用於員工職業發展的機制及影響這一機制的邊界條件進行研究，得出了基於員工個體層面和組織層面兩個角度的現實性研究意義。即對員工個體而言，本研究找到了一條員工實現職業發展的新途徑，這有利於提升員工職業生活的精神境界。對組織而言，有效地發揮職場精神性豐富了組織的激勵機制，增強了組織相關政策制度的適應性，有利於精神性組織文化和職場氛圍的培養。

1. 對員工的意義

（1）幫助員工尋求新的職業發展途徑

員工實現職業發展的途徑有很多，但尚未有學者細緻地探討過職場精神性對員工職業成功的作用機制。首先，對於體驗到高職場精神性的個體而言，其感覺到與工作中他人的密切關係有助於滿足其關係需求；當個體感覺到工作是有意義而且贊同組織的價值觀時，個體會以主人翁的態度和飽滿的熱情對待自己的工作，這就有利於其自主需求和勝任需求的滿足。當三種基本需求得到一定程度的滿足後，員工會更自覺、更長久地堅守工作崗位，履行好工作職責，從而提高個人績效及激發職業潛力。同時，當職場精神性滿足了個體的基本需

求之後，便會促進個體的心理健康（Romero，等，2006；Baetz，等，2002；Shannon，等，2002），促使其產生更多的積極情緒，如職業滿意度等，而這些都有利於員工職業成功的實現。其次，能夠感知到高職場精神性的員工，會認為工作是有意義的、對團隊有歸屬感，覺得與組織價值觀一致，這能提高個體的職業自我效能感，並進而影響個體的相關態度和行為。當員工感知到的職場精神性很高時，便會對工作中他人的支持形成正面預期或進行正面感知，這將進一步增加個體對於完成相關工作任務的自信，進而形成高度的自我效能感（Duffy & Blustein，2005），激發出更強的創造力，並最終促使職業成功的實現。最後，職場精神性體驗會讓員工感受到與同事的緊密聯繫感、對自己目前所從事工作和職業的意義性的認可、價值觀的肯定，因此員工願意將自我歸於這個職業群體，並強烈地希望能被該職業群體接納和認可。並且這種職業認同感會使員工產生更多的積極心理反應，得到更多的外部資源和支持，以有效地應對職業障礙（Gushue，等，2006），從而產生積極的工作態度和行為等（Gümüs, Hamarat, Colak & Duran, 2012；Loi, Yue & Foley, 2004；劉彩霞，文若蘭，沙立民，等，2014），進而幫助個體在組織和職場環境中有更大的職業發展等。因此，若個體想要實現職場上的成功，可以從職場精神性這條新路徑出發，通過滿足其基本心理需求、提升其職業自我效能感和職業認同感，從而實現職業成功。

（2）有利於提升員工職業生活的精神境界

20世紀中後期以來，在外部競爭日益激烈的情況下，各組織有意無意地逐漸將外部競爭壓力轉移到了組織內部，並間接地轉移到員工身上，導致員工逐漸出現工作壓抑、身心疲憊和缺乏安全感等非幸福體驗（Fry & Coen, 2009），這讓人們不得不重新思考如何尋找個人能量新來源（Harrington，等，2001）。職場精神性最突出的特徵就是個體渴望在職場中追求意義感，追求一個完整的自我、一個超越的自我的實現（Ashforth & Pratt, 2010；Giacolone & Jurkiewics, 2010）。它從倫理道德以及價值觀等層面來幫助員工實現其自我價值，其內核是完整性和超越性，反應了個體最高層次的需求。職場精神性的出現，讓整日困惑於如何安頓自我身心的、如何提升自我修養的員工找到了方法，激勵他們不再為工作中的瑣事和鈎心鬥角等俗事擾亂心境，因此職場精神性有利於提升員工職業生活的精神境界。

2. 對組織的意義

（1）有利於精神性組織文化的培養

工作倫理、情緒勞動等得到更多管理者及學者的關注，他們發現，員工似

乎不再只是滿足於物質的需求，而是有了智力、情緒、精神等層面上的更高需求。在職場中，員工的精神性需求作為一種最高層次的需求，不僅僅需要自身的培養，也需要組織提供一種具有精神性的職場氛圍，一種更為人性化的和關愛員工及社會的氛圍。因此組織文化理所應當地充當這個角色。很顯然，精神性的組織文化和職場氛圍容易被員工認同和接受，而不需要組織過多地強加推動，因為精神性的內涵在於自我完整和自我超越，是完全符合個體利益及其內在心理訴求的。而組織建設精神性文化的動因在於新時代背景下，員工與組織的協同發展、互利共贏。因此，職場精神性既符合雇主與雇員雙方的利益，又符合當今時代的發展趨勢，它的出現有利於一種新興的組織文化——職場精神性文化的發展。

（2）豐富組織的激勵機制

長期以來，管理學、心理學和組織行為學等學科為研究激勵理論和激勵實物做出了重要貢獻。然而，隨著時代的發展，新的組織現象在部分傳統的激勵理論中得不到解釋，同時某些傳統的激勵方法也很難在當下的環境裡發揮以往的效用。職場精神性是新時代下員工的一種新訴求，組織應加以利用並將其納入激勵機制中，使之成為新時代背景下調動員工工作積極性、激發員工工作潛能的新利器。這是因為職場精神不僅能夠使員工自發地提高自身的工作能動性，提升其對組織的承諾，進而實現組織績效的增長，也能促進員工產生工作滿意度及幸福感等（Milliman，等，2003）。同時，組織實施的精神性管理除了可以幫助組織實現更多績效之外，還可以促進員工自身的成長及發展。因此，在管理實踐中，組織應在當前背景下，思考如何由內而外地激勵員工，比如充分考慮員工內在的精神訴求，發揮職場精神性的激勵作用。

（3）促使組織增強對相關政策制度的適應性

組織制定的相關政策和制度，不一定能取得預期的效果。究其原因，多數組織現行的政策和制度是基於員工處於職業領域，只受職場中各種因素的影響這一假設。但事實上，員工雖身處職場但也在很大程度上受到家庭領域等諸多因素的影響，正是這種影響導致了組織的部分政策和制度的可行性和適應性程度降低。本研究以家庭需求為調節變量，試圖探討能影響個體的職業成長的重要家庭因素，並通過模型推導、數據驗證等來論證家庭需求分別通過調節員工個體的職場精神性與心理需求、職業自我效能感、職業認同的關係從而對其職業成功造成影響。我們通過家庭需求的邊界條件的研究，試圖驗證之前眾多學者所得出的研究結論，即工作個體的家庭因素能夠對其職業生涯造成一定程度

的影響（Dust & Greenhaus，2013）。因此，本研究結論有助於組織綜合分析員工在工作和家庭兩個領域面臨的角色要求，提高和精進組織對員工的認識，進而提高組織制定的相關政策和制度的可行性與適應性。

## 1.3 研究內容

本研究首先通過回顧相關文獻和理論分析，以自我決定、社會認知、社會認同理論和相關實證文獻為基礎，構建了職場精神性對職業發展的影響機制模型；其次以職業成功為職業發展的測量標準，重點研究職場精神性與職業成功之間的傳導機制，以及職場精神性和職業成功之間的邊界條件；最後結合實證研究結論對組織及員工提出相應的對策和建議。本研究主要包括以下幾個方面內容：

1. 探討職場精神性對職業成功的影響

早期有關精神性問題的研究多與宗教、康復醫療等主題相聯繫。其後，隨著積極心理學和積極組織行為學的興起，國外學者（Cavanagh & Bandsuch，2002）指出，將精神性問題融入人力資源管理政策和過程將有助於提升員工的工作滿意度及合作精神。然而，國內外現有的關於職場精神性與員工相關結果變量的研究卻多是從組織利益角度出發（如組織承諾、組織認同、組織公民行為等），而非從員工個體利益角度出發對職場精神性的結果變量進行探討。並且，已有的關於職場精神性及其結果變量之間關係的探討還多停留在短期行為或態度變量上，並未對與員工長期利益相關的職業成長變量進行充分探討，更缺乏對職場精神性與員工職業成功關係的探討。基於此，本研究將從職場精神性入手，探討職場精神性對員工職業成功的影響，從而為今後進一步的相關研究提供理論依據。

2. 研究職場精神性對員工職業成功影響的仲介傳導機制

在現有的關於職場精神性及其結果變量的關係的研究中，學者們對仲介機制的探討尤其不足，並且僅有的一些關於仲介機制的探討只是從單一的角度出發（如社會交換、資源保存），而現有的學術界還比較缺乏職場精神性與員工職業成功仲介機制的研究。仲介機制的缺乏使得職場精神性對職業成功的影響機制還處於「黑箱」狀態，使我們無法清晰地認識到職場精神性與員工職業成功之間具體的作用過程。據此，本研究基於自我決定、社會認知和社會認同

三個理論，引入基本心理需求、職業自我效能感及職業認同作為職場精神性與職業成功之間的仲介變量，對職場精神性影響員工職業成功的作用機制進行全面深入的探討，打開職場精神性對職業成功影響機制的「黑箱」，清晰而深刻地構建了職場精神性對員工職業成功影響的傳導機制。

3. 討論家庭需求分別在職場精神性和基本心理需求、職業自我效能感及職業認同之間的調節作用

根據工作家庭邊界理論，個體在家庭領域的高水準捲入會導致個體在工作領域的低水準捲入（Clark, 2000）。家庭需求作為家庭領域的一種捲入，其高低程度會對個體工作領域的其他捲入造成不同的影響。具體而言，家庭需求的高低會調節職場精神性分別與基本心理需求、職業自我效能感和職業認同感之間的關係，對工作個體的認知和心理狀態造成不同程度的影響。雖然很少有學者在職業與家庭界面探討精神性問題（Dust & Greenhaus, 2013），但家庭需求作為工作/職業與家庭的互動情境，其高低程度確實能影響職場精神性對於基本心理需求、職業自我效能感和職業認同作用的發揮。因此，本書根據 Dust 和 Greenhaus（2013）所提出的工作–家庭界面職場精神性理論研究框架，選擇家庭需求作為調節變量，通過驗證家庭需求分別在職場精神性與基本心理需求、職業自我效能感及職業認同感之間的調節作用，從而揭示出家庭需求分別在這三對關係上的邊界條件。

4. 結合實證結果為組織和員工提供相應的對策和建議

理論需為實踐提供指導和服務。本研究首先根據當前的現實背景和理論研究現狀，從理論上構建了一個職場精神性影響員工職業成功的研究框架，其次結合實證數據對所提出的假設進行驗證，對實證所得的研究結果進行解讀和闡釋，最後，本研究根據實證結果從組織和員工角度出發，對組織及員工提出了相應的管理建議，這對於組織改善管理、提高員工的績效產出和幫助員工形成積極的心理和精神感受具有重要意義。

## 1.4 研究方法與技術路線

### 1.4.1 研究方法

我們在閱讀大量文獻的基礎上提出本書的研究假設，然後採用問卷調查法收集相關數據，並採用數據分析對假設進行驗證，本研究主要研究方法如下：

1. 文獻研究法

任何研究都需要以前人的成果為基礎,因而文獻研究法理所應當地成了本研究初期階段一項最基本的研究方法。通過該方法,我們以「spirituality」「psychological need」「self-efficacy」「career identity」「career success」「family demand」以及「職場精神」「心理需求」「自我效能」「職業認同」「職業成功」「家庭需求」等詞在谷歌學術、知網、國內外某些大學數據庫等進行了中外相關文獻搜索,並通過搜索到的文獻對本研究中所涉及的主要變量如職場精神性、職業認同、心理需求、家庭需求及它們之間的關係進行了梳理,以此界定了本研究中主要變量的概念和維度,發現了現有研究中的不足之處,進而奠定了本研究中理論模型和研究假設的基礎,為後續研究的展開提供了前提條件。

2. 問卷調查法

本研究在文獻研究法的基礎上,通過借鑑國內外相關成熟量表作為調查問卷的基礎內容,並按照問卷設計原則(如詞句表達要明確、用詞盡量中性等)和問卷設計方法(如英漢對譯、小組討論等)初步確定了本研究的調查問卷。通過對小樣本預調研,檢驗初始問卷在中國情境下的信度和效度問題,發現問卷的不足之處並加以修正和完善,最終形成了大樣本問卷。以最終確定的問卷為基礎,本研究通過便利抽樣和滾雪球抽樣的非隨機抽樣方式以及採用紙質問卷和電子問卷兩種調查方式對成都、重慶、杭州等地的調查對象進行了大樣本調查,並在調查過程中採用周浩和龍立榮(2004)的方法對共同方法偏差問題進行程序控制和統計控制,同時通過匿名等手段降低社會贊許性偏差對本研究造成的干擾。據此,所收集的大樣本信息為後續實證研究的開展提供了數據支持。

### 1.4.2 技術路線

本研究的研究思路為「研究問題的提出—理論基礎與文獻回顧—理論模型構建和研究假設—研究設計—數據分析及假設檢驗—研究結論與討論」,後文將按照此思路展開相關研究,具體研究線路如圖 1-1 所示。

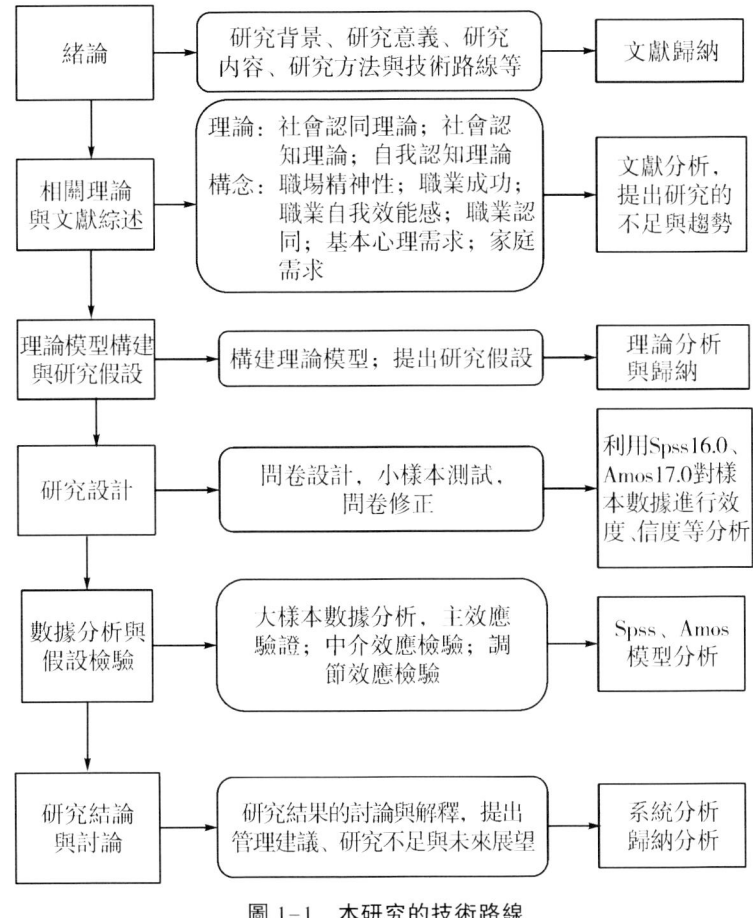

圖1-1　本研究的技術路線

## 1.5　本書結構

根據以上的研究內容、研究方法和技術路線，本書各章的具體內容安排如下：

第一章：緒論。本章通過對現有文獻的簡要歸納，首先結合現實背景及理論背景提出研究的問題，分析了研究的理論意義和現實意義所在及本研究的主要研究內容，其次提出了研究思路和將要用到的研究方法、技術路線，交代了本書的整體結構，最後總結了本研究可能的主要創新點。

第二章：相關理論與文獻綜述。本章著重對本研究涉及的自我決定、社會認同及社會認知理論進行詳細介紹，並對本研究的構念進行文獻梳理與綜述，重點是找出員工的職場精神性、基本心理需求、職業自我效能感、職業認同、職業成功以及家庭需求等構念之間的關係脈絡，並為構建理論模型找尋理論依據。

第三章：理論模型構建與研究假設。本章在基於文獻回顧和相關理論的基礎上，對相關變量之間的關係進行梳理和推演，論證明確模型內各變量間的邏輯關係，提出研究的理論假設和整體研究框架。

第四章：研究設計。本章首先對研究所涉及的所有變量的量表進行收集、歸納和整理，在小樣本測試前進行了初步訪談，確定了初始的問卷。其次，通過小樣本測試檢驗問卷的信度及問卷內條款的合理性，在小樣本測試的基礎上對問卷進行合理的修正及完善，最終形成後續大樣本測試檢驗的正式問卷，然後進行大樣本數據收集。

第五章：數據分析與假設檢驗。本章首先是對收集的大樣本數據進行描述性統計分析，以及對人口統計學變量的因素方差進行分析，其次，本章最重要的部分是採用 Amos 17、SPSS19.0 等軟件以及 Pearson 相關分析法分析變量之間的相關關係，利用多元層次迴歸的方法對第三章提出的假設進行驗證，主要進行了職場精神性與職業成功的主效應檢驗，另外還對基本心理需求、職業自我效能感及職業認同的仲介作用以及家庭需求的調節作用進行了檢驗。

第六章：研究結論與討論。本章的內容主要包括：討論第五章的統計檢驗的研究結論，分析總結研究結論的價值，闡述研究結論對管理實踐的啟示，分析本研究的局限及未來的研究方向。

## 1.6 本章小結

本章通過對現有文獻的簡要概括，首先對研究的現實背景及理論背景進行闡述，指出在中國情境下研究職場精神性的必要性，並指出職場精神性對員工個人職業發展的重要作用，分析了研究的理論意義和現實意義所在及本研究的主要研究內容，其次提出了研究思路和將要用到的研究方法、技術路線，交代了本書的整體結構，最後總結了本研究可能的主要創新點。

# 2 相關理論與文獻綜述

## 2.1 理論基礎

### 2.1.1 自我決定理論

自我決定理論（Self-Determination Theory，SDT）是由 Deci 和 Ryan 兩位學者提出的，用以研究個體行為的動機理論。Deci 等（2000）認為，自我決定除了是個體的一種能力之外，它還是個體的一種需要。人們擁有一種自我決定的傾向，這種傾向是基本的、內在的，它引導人們從事有利於發展能力和感興趣的行為，以及形成對社會環境的靈活適應能力。自我決定理論區別於其他動機理論的特點是，它並未把動機簡單地區分為內部動機和外部動機，也不是把動機看作一個單一的概念，而是把動機的養成看作一個從完全無動機到外部動機再到內部動機的連續體。其中，外部動機又可細分為內攝、外部、認同及整合四種調節類型。並且，內攝和外部兩種調節的自主成分不高，因而也被稱為控制動機。而另外兩種調節類型隨著個體自主成分的逐漸增加而開始佔有較強的主導地位，因而也被稱為自主動機。在不同動機的調節下，個體的心理活動及其行為表現通常表現出較大的差異。其中，內部動機是一種天生的、使人具有積極傾向的動機，它通過激發個體內在的興趣而使個體在諸如知識和技能等的獲取方面具有強大動力優勢。然而，這種存在於個體身上的內在積極動力卻與個體心理需求的滿足程度密不可分（Deci & Ryan，2000）。

實際上，個體在從事某一項特定工作時對於心理需要的滿足程度就決定了其對該項活動所具有的內部動機的強弱。根據 Deci 和 Ryan 的研究，任何個體都存在自主需求、勝任需求以及關係需求三種基本的心理需求。自主需求的滿足處於主導地位，指的是當個體在開展某項工作時，內心深處渴望有心理自由感和選擇的體驗（Ryan & Deci，2006）；勝任需求與班杜拉的自我效能感的意

義相似，指個體在某項活動中感到自己是有效的；關係需求是個體在所處環境中體驗到的，渴望與目標人或目標人群發生聯繫的內在心理傾向（Baard, Deci & Ryan, 2004）。總之，個體的自主需求、勝任需求和關係需求的滿足程度在社會情境中越高，其動機調節的方式就會越傾向於內在動機調節，個體才會在某項任務上具有更持久的韌性和更積極的心理狀態；反之，環境因素對於個體三種基本心理需求的滿足度越低，則越容易導致個體績效成果和幸福感的降低（Reis, Sheldon, Gable, 等, 2000）。

經過40多年的發展，自我決定理論已經形成了涵蓋五個子理論並以基本心理需求理論為核心的一套理論體系，在教育、宗教、組織、和人際關係等多個實踐領域具有重要的指導作用。根據研究的需要，我們主要採用這些子理論中的基本心理需求理論，來構建並論證職場精神性通過基本心理需求來影響職業成功的仲介路徑。因此，本書只對自我決定五個子理論中的認知評價理論和基本心理需求理論進行闡述。

1. 認知評價理論

認知評價理論（Cognitive Evaluation Theory, CET）由 Deci（1975）提出，是自我決定理論的早期思想。認知評價理論強調外在獎酬對內在激勵的負面作用，它將外部環境區分為信息性環境和控制性環境兩類，並認為這兩類外部環境對個體內部動機及相關行為具有截然相反的影響，控制性環境起抑制性影響，而信息性環境起促進性影響（Deci & Ryan, 1985）。認知評價理論認為，個體可以分別被內在和外在兩種因素激勵，然而這並不意味著這兩類因素不具有相關性。內在激勵因素對於個體的影響作用會因為外在激勵的增加而有所降低，這是由於個體對自主需求的滿足程度產生了改變性認識所導致的，這是認知評價理論的一個基本假設和重要理論內容。

2. 基本心理需求理論

基本心理需求理論（Basic psychological need theory）（Deci & Ryan, 2000）作為自我決定理論的核心，主要闡釋了基本心理需求的內在含義以及主觀幸福感和心理需求的關係。自我決定論認為，每個人都有自我發展的需求——這是人類的基本心理需求，並且已經被證明可以跨越情境和文化因素而廣泛地存在。該理論從促進個體自我整合的社會環境入手，提出了人類最基本的三種心理需要，即自主需要、能力或勝任需要、關係或歸屬需要。並且這三種需要是人們與生俱來的，所有個體都為了滿足它們而努力，具有普適性。

基本心理需求理論研究的核心問題是環境因素如何通過個體的三大基本心理需要而作用於個體的心理健康及其後續的相關行為，本研究採用的仲介變量

之一——基本心理需求正是基本心理需求理論的核心構念。研究表明，人們對幸福的體驗和基本心理需求的滿足程度呈正相關。若人們的基本心理需求得到滿足，則會沿著最佳選擇的方向發展，且能夠體會到一種實際存在的完整感和「因積極或理性生活而帶來的幸福感」（Ryan & Frederick，1997），否則就會產生消極的作用，如病態和憂傷。Williams，Deci 和 Ryan（1998）的研究發現，通過對職員能力、自主性和關係等這些基本心理需求滿意程度的調查就可以預測他們在工作時的愉快程度和業績。有跨文化研究發現，在不同的文化類型中，自主需求的滿足程度與人們的積極行為和方式幸福感總是呈正相關的（Kasser & Ryan，1996）。基本心理需求的理論已經成為自我決定理論許多重要假設建立的基礎。

### 2.1.2 社會認知理論

班杜拉（1986）的社會認知理論（SCT）強調，心理學應該具有基本的社會屬性，因為它的研究對象——人具有基本的社會屬性。也就是說，心理學不僅僅是意識、行為或認知的簡單疊加，因而，在對個體的自我調節過程進行研究時不能忽略相應的社會情景和人際關係以及社會影響及社會評價。「社會認知」作為一個獨立的研究領域興起之後，不同的學者在各自的研究領域對其定義有不同的界定。總體說來，社會認知是人們關於社會關係和社會現象等方面的人類自身事件的認識，主要包括以下三個層次：首先，是關於個體自身的認知，包括自己對他人的品質特徵、思想觀念和心理活動等的認識；其次，是關於人與人之間的關係（比如合作、衝突、友誼和權威等）的認知；最後，是關於組織內部和組織之間各種社會關係的認知。班杜拉（1986）認為，個體的認知活動與他們的行為之間有著前後相繼的因果關係，個體認知在外部環境因素和內在思維活動的共同作用下，決定了個體的相關社會態度、社會動機和社會行為，並且內在思維活動對個體社會行為的影響遠大於外在環境。社會認知理論主要包括三元交叉理論、觀察學習和自我效能感三方面的內容。在三元交叉理論模式中，來自個體的認知、來自個體的行為以及來自外部的環境事件三者之間存在相互決定的關係。環境事件與個體行為互相依存，個體對行為結果的預判性認知影響著他接下來的行為表現（包括表現方式和表現程度等），而行為結果也會反饋到個體，形成新一輪的思維活動（具體表現為思想和認知的調整）。而班杜拉的社會學習則包括兩種學習方式，一種是個體從自我相關行為結果中通過分析、總結、領悟等方式而進行的直接性學習，另一種是個體通關觀察社會其他個體以觀察、模仿等方式而進行的間接性觀察學習。就

社會實際而言，觀察學習是兩種學習方式中最常見的學習方式（成曉光，2003）。

而作為班杜拉（1997）社會認知理論的重要部分，自我效能指的是人們所感知到的，對自己是否具有相應能力以掌控左右其生活的環境事件的信心。它包括了四個主要來源，即成功經驗、替代性經驗、言語勸導和生理喚醒水準。成功經驗和生理喚醒水準是偏向於自我本身的兩個效能感來源。成功經驗是指個體自我的成功及其對於成功的總結性認知會增強自我的效能感知，而自我失敗的經驗卻會弱化它。生理喚醒水準則是從個體的情緒控制角度來尋找自我效能感的來源，它認為個體在面對某項特定的情緒化事件時，所表現出來的「平常心」會使人產生自信，而焦慮、急躁等劇烈的情緒化反應則會使個體降低對自我能力的認知。替代性經驗和言語勸導都是從自我本身以外的其他個體或群體上尋找效能感來源。替代性經驗是指個體通過將自己與同自身條件差不多的其他個體進行對比，通過對比結果而獲得相應水準的自我效能感。即如果作為對比對象的其他個體能取得或輕易取得成功，則個體就會形成對自我的高效能感水準認知，反之則會形成低自我效能感水準認知。言語勸導是通過個體本人所看重的其他個體（如父母、老師、配偶等）的鼓勵性言語來增強自我效能感。在一定程度上可認為，個體是將自己對於其他重要個體的信任轉換為對自我能力的信任，因而個體對於發出鼓勵性言語的個體越信任，自己也就會形成越高的自我效能感。

在自我效能感理論的影響下，社會認知的職業理論（Social Cognitive Career Theory, SCCT）逐漸受到了學者們的關注。社會認知的職業理論強調三種個人變量，即自我效能、結果預期和個人目標分別在職業發展中所起的作用。社會認知職業理論還包括職業興趣、職業選擇和工作績效三個相互聯繫的子模式。在每個子模式中，自我效能、結果預期、個人目標連同個體的其他重要特點（如背景、經驗等）共同對個體的職業選擇和發展過程產生聯合性影響。比如職業興趣模式認為，職業興趣一經形成便會連同結果預期以及自我效能感共同促進個體目標的形成，並通過目標的仲介作用而對個體的行為績效產生正向影響。同時，行為績效也會對結果預期和自我效能產生反作用，形成一個動態往復的反饋過程（高山川，孫時進，2005）。職業自我效能感是自我效能感在職業領域的運用。赫克特（Hackett）和貝茨（Betz）兩位學者可謂職業自我效能感研究的先驅，他們在20世紀80年代就開始將自我效能感理論引入職業領域以進行相關研究（Hackett & Betz, 1981）。隨著自我效能感在職業領域應用範圍的擴大（比如將自我效能感用於擇業、工作的再次尋找等方面），研究者逐漸使用職業自我效能感的構念來闡釋影響職業選擇、職業發展

以及職業行為等的自我效能。

由以上內容可知，社會認知是個體對社會性客體和社會現象及其關係的感知和理解（龐麗娟，田瑞清，2002），而個體的自我認知作為社會認知的一種高級認知和主要內容（劉豔，鄒泓，2007），其私密我（private self-knowledge）與延展我（extended self-knowledge）的認知加工方式使個體知覺到他對所做事情可以有怎樣的調節，這就增強了行為的人為目的性和自我掌控性（姚項哲惠，等，2014）。同時，自我認知中自信、自立、自強、自尊的重要特徵在個體的自我效能感中得到充分的體現，並且自我效能感本身就是有關自我認知的重要概念（田在蘭，黃培倫，2014），而職業自我效能感是自我效能感在職業領域一種更加具體的形式。因此，本研究以社會認知理論為基礎，通過引入職業自我效能感這一仲介變量來探討職場精神性與職業成功的問題。

### 2.1.3　社會認同理論

亨利·泰費爾（Henry Tajfel）等在20世紀60年代最早提出了社會認同理論。其後，Tajfel（1982）把社會認同定義為，個體知道自己歸屬於某類特定的社會群體，並且通過這種歸屬的劃分而使其獲得的群體資格會賦予自己某種價值性的意義或者情感。隨著該理論的興起，研究者數量不斷增加，並在20世紀80年代後取得了顯著的成績。社會認同作為解釋群內、群際現象的研究取向，集合了多個理論方向，如特納（Turner，1985）在研究基礎上提出的自我分類理論（Self-Categorization Theory）、Hogg（2001）以自我分類理論為基礎提出的領導力的社會認同理論（The Intergroup Theory of Leadership）、群際情緒理論（Intergroup Emotions Theory，IET）等，這些理論對社會認知理論做了進一步的完善。

1. 自我分類理論

自我分類理論是特納等學者在社會認同理論的背景下發展而來的，它所關注的是「個體中的群體」，這個群體是心理化的群體。自我分類理論關注的是個體將群體通過主動化心理活動後所得到的具有正向價值意義及正性情感，並借此與其他個體相區別的動力過程（Turner，1985）。這裡的社會群體不僅包括了客觀存在的群體，還涉及具有心理意義的主觀群體（楊宜音，2005）。自我分類過程受到自我提升和減少不穩定性這兩個因素的影響，在自我提升方面，個體會將他人對於所在群體的評價等同地視為他人對自己的評價，因此個體會通過各種方式為提高自己所在群體的具有積極價值的評價（如社會地位、社會形象等）而努力；在減少不穩定性方面，個體致力於增強他們所處社會位

置的主觀穩定性。自我概念的穩定性，使得個體知曉自己應當如何進行感知以及做出相關行為，而且能夠較準確地進行相關計劃，進而做出使自身免受不確定性傷害的相關行為。通常而言，個體的自我概念越不穩定，他便越傾向於從屬於具有明確而統一規範的高度一致化的群體。

2. 群際情緒理論

群際情緒理論（Intergroup Emotions Theory，IET）是近年來由美國學者Mackie等在情緒評價理論的基礎上，通過引入社會認同理論以及自我分類理論並進行整合所提出的。該理論從社會認同的角度去挖掘群際關係，促進了社會心理學的進一步發展。

群際情緒是指當個體認同某一社會群體，並把該社會群體認可為自我的一部分時所體驗到的自己對內群體和外群體所具有的差異性情緒（Smith，等，2007）。該理論認為群際情緒可以對個體行為和群體行為進行調節，當個體基於內群體和外群體的基本認知而對兩者進行比較性評價時，對自己所處的群體產生認同的個體便會從內群體的視角出發對所發生的特定事件進行有情緒偏向的評價，將群體事件認定為個體自我事件，進而做出非公正性的、有情緒偏向的評價，並最終對個體行為和群體行為產生調節作用。在早期階段，群際情緒理論主要將關注焦點鎖定在某些指向外群體的情緒體驗上（如恐懼、懷有敵意等）。之後，研究者發現個體也會有習慣性或普遍性的情緒狀態（Smith & Seger，2007）。例如，Smith等（2007）的一項研究發現，習慣性群際情緒比個體情緒能更好地預測群際態度和行為傾向，這不僅證明了習慣性或普遍性群際情緒狀態的存在，也證明了它對於預測個體群際態度和群際行為的意義。

而職業認同是從社會認同領域發展而來的概念，職業認同（career identity，professional identity）也叫職業同一性，是在自我同一性（ego identity）的基礎上發展而來的。同一性的過程就是個體逐漸認清自我和社會角色定位的過程。職業認同是個體在職場或職業領域這個「小社會」所形成的一種社會認同形式，它將個體的關注焦點鎖定在該職業為自己所帶來的正向價值意義及正性情感上，因而能很好地解釋個體在職業生活中的群內和群際現象，以及個體對於工作或職業的積極態度與正向產出行為。為此，本研究以社會認同理論為基礎，通過引入職業認同這一仲介變量而探討職場精神性與職業成功的問題。

根據上述現實背景和理論背景，本研究基於社會認知、社會認同、自我決定等理論，探索職場精神性對員工職業成功的影響及作用機制，嘗試從員工職業自我效能感、職業認同、心理需求三個不同的視角出發，對職場精神性作用於員工的職業發展機制進行研究，並挖掘影響該作用機制的可能性情境變量。

## 2.2 文獻綜述

### 2.2.1 職場精神性文獻綜述

1. 職場精神性的概念內涵

國外學術界對於職場精神性的概念、測量及結果變量有大量的研究。在概念研究方面,「職場精神性」是從「精神性」這一概念開始的。精神性（spirituality）是人類品格中的一個關鍵維度（Krishnakumar & Neck, 2002），該詞源於拉丁語，意即呼吸、空氣、風（Merriam-Webster）。這暗示著「精神」（spirit）是一種讓我們得以呼吸和生存的生命的力量（Garcia-Zamor, 2003）。在國內現有的相關著作中,「spirituality」等詞被不同的學者翻譯為「精神性」「靈修」「靈性」以及「信念」等。精神性一詞最先用於宗教領域，指的是個人感知的與超自然力量的聯繫。但是後來學者的研究普遍認為，精神性應該和宗教區分開來，而不一定要依附於某種宗教信仰或者特殊的宗教組織或傳統。比如，Mitroff 和 Denton（1999）的研究發現，60%的被採訪者認為精神性是積極正面的，而宗教是消極負面的。由此證實了精神性不只局限於宗教領域。而中國學者王明輝等（2009）認為,「精神性的研究起源於宗教，但是工作場所中的精神性與特定的宗教傳統無關，它所關注的是工作場所中個體的內心體驗與工作的意義和目的」。從這個觀點可以看出，精神性已經獨立於宗教而不受其影響。

職場精神性是精神性在工作場所中的一種具體表現。在已有的研究文獻中，有諸多詞語來描述職場精神性這一現象，比如：「organizational spirituality」「spirituality in the workplace」「spirituality at work」「spirituality in business」「workspace spirituality」等（Gotsis & Kortezi, 2008）。職場精神性的研究目前還處在早期階段（Pawar, 2009；Gupta, Kumar & Singh, 2014），對職場精神性的內涵解釋還未形成一個被廣為接受的概念，Krishnakumar 和 Neck（2002）認為，這是由於每個人對精神性的理解都較個人化而造成的。如 Ashmos 和 Duchon（2000）強調個人與工作、團隊及組織的關係，他們認為職場精神性是員工的一種內在自我感知，這種感知包括有意義的工作，並且這種意義感是在團體的背景下發揮作用的；在工作過程中職場精神性體驗能夠幫助個體在職場中將身、心、智三者結合起來，超越自我，追求多方面地表達自我，實現自我價值。另一些學者從組織文化角度出發，認為職場精神性是組織文化體現的一

些價值觀，如 Fry（2009）認為職場精神性是組織通過精神性領導，促發員工的使命感、利他之愛。雖然職場精神性尚未形成一個被廣為接受的概念（Gotsis & Kortezi, 2008；Kolodinsky, 等, 2008），但較多的研究者採納的是「workplace spirituality」或者」spirituality at work」的英文表達。無論從個人角度還是組織角度出發，我們可以看出，職場精神性最重要的一些要素包括：工作的意義感和終極目的、與工作中的他人之間的聯繫感、自身與組織的聯繫感、超越自我等。

　　國內外一些學者對職場精神性的定義如表 2-1 所示。

表 2-1　　　　　　　　　　有關職場精神性的概念研究

| 作者 | 年份 | 職場精神性定義 | 定義重點 |
| --- | --- | --- | --- |
| Chamberlain & Zika | 1992 | 職場中體驗到的積極的人際關係、意義感和內在的宗教性 | 意義感、人際關係及宗教性 |
| Mitroff & Denton | 1999 | 感受到和真實的自我、他人及宇宙聯繫。探尋人生的最終意義和目的、建立並發展與同事及職場中相關他人的強烈聯繫以及個體自身核心理念與組織的價值觀契合的一種努力 | 聯繫感、最終意義、真實的自我 |
| Ashmos & Duchon | 2000 | 職場承認員工有內在精神生活，這種內在精神生活滋養了工作意義感，同時工作意義感又反過來豐富內在生活 | 內在生活（inner life） |
| Milliman & Fergusen | 2003 | 整體意義感、完整的自我；有意義的工作、團隊感、個人價值和組織價值一致 | 意義、團隊、價值一致 |
| Fry | 2003 | 組織創造一種願景，即領導者和追隨者都體驗到一種使命感，這種使命感讓每個人感受到意義、目的及發揮作用。組織文化通過利他之愛、共同願景、希望及使命感提高員工的組織忠誠及生產力 | 工作的使命（calling）、利他之愛（altruism love）及共同願（vision） |
| Kinjerski & Skrypnek | 2004 | 職場中的精神性指的是員工感覺工作帶給他們激情和能量，在工作中找到意義和目的、在工作中能完善自我，在工作中感到和同事的聯繫感 | 意義感、聯繫感，從個人感受角度的定義 |
| Jurkiewicz & Giacalone | 2004 | 職場精神性是指組織文化體現的的價值框架，包括善心、延續性、人文關懷、正直、公正、相互聯繫性、接納性、尊重、責任及信任 | 價值框架（values framework） |
| Moore & Casper | 2006 | 職場中的善良力量，這種力量可以提高員工在工作中的信心和勝任，接納員工在工作場所中的真實完整自我 | 善良（goodness）、完整自我（wholeself） |

表2-1（續）

| 作者 | 年份 | 職場精神性定義 | 定義重點 |
| --- | --- | --- | --- |
| 王明輝，郭玲玲，方俐洛 | 2009 | 個體在職場環境下的一種超越性體驗，它是通過工作過程來昇華工作的意義和目的、發展與他人之間的緊密聯繫以此來豐富自我的內心體驗，實現個體內在心靈需求與工作意義的互動，實現自我與組織的融合，實現個體的成長與進步 | 是一種超越性體驗，在工作中提升工作意義、培養與他人的關係、實現與組織的融合 |
| Giacolone & Jurkiewicz | 2010 | 職場的各個因素，包括個人、團隊、組織都通過超越自我來提高滿意度。工作的過程讓員工有一種超越物質世界的聯繫感，這種聯繫感讓他們感到完整和愉悅 | 超越性、聯繫感 |
| Ashforth & Pratt | 2010 | 自我的超越感、整體感、和諧及成長 | 從宗教角度定義 |
| Liu & Robertson | 2010 | 感覺到和更高更大力量的相互聯繫以及和人類的相互聯繫、和自然以及所有生靈的相互聯繫 | 相互聯繫（interconnectedness） |

　　從上面的文獻分析，我們可以看到學者由於研究的目的和側重點不一樣，他們對於職場精神性的定義及內涵也不盡相同。Krishnakumar 和 Neck（2002）認為有三種關於職場精神性的觀點，即內生源觀點、宗教觀點及存在主義觀點。內生源觀點認為，職場精神性源於個體，是個體的內在感受；宗教觀點認為，精神性與某種特定宗教相關；而存在主義觀點則強調人存在於任何情境都要尋求意義所在，如在職場中我們會不停尋求這份工作的意義，和他人及組織之間的意義。在中國情境下，雖然宗教文化對中國員工和組織的影響程度都遠低於西方，但是精神性是普適性存在的，而不僅僅局限於有某種特定宗教信仰的人群，因為我們每個人在生命中、職場中都在尋求存在的深層意義和超越感。因此，本研究採用存在主義觀點並結合 Mitroff 和 Denton（1999）、Ashmos 等（2000）及 Milliman 等（2003）關於職場精神性的定義給職場精神性下的定義為，職場精神性指的是個體在職場環境中感知到的整體意義感及完整的自我，這種意義感和完整感讓個體的內在精神生活得到充實與超越。它包括了有意義的工作、團隊歸屬感及與組織價值觀的一致性三個結構維度。

2. 職場精神性的測量

　　目前國外研究者對職場精神性進行了很多的實證研究，因此有相當一部分學者提出了可操作化的職場精神性的測量工具。根據文獻分析，使用較廣的測量工具主要有：

（1）工作中的精神性（SAW）（Ashmos & Duchon, 2000）

工作中的精神性（SAW）這一測量量表中涉及職場精神性的三個方面，分別是：有意義的工作、與工作中他人的聯繫感、精神生活。這個工具不僅可以測量個人看法也可以測量組織觀念。Milliman 等（2003）檢驗了職場精神性的三個維度（有意義的工作、團隊歸屬感、價值觀一致性），並論述了職場精神性是如何解釋五種工作態度（情感承諾、離職傾向、內在工作滿意度、工作投入和基於組織的自尊）的。這個有意義的工作維度代表著人在工作中感到意義和目的的程度。團隊歸屬感指的是人們認為自己是彼此聯結的，並且一個人內心的自我和他人內心的自我間存在著某種關聯。價值一致性維度測量的是，個體的價值觀與組織的任務和目的之間是否有著很強烈的一致性。Milliman 等（2003）的研究在很大程度上是基於 Ashmos 和 Duchon（2000）的研究，但是他們只選擇了以上提到的三種維度。

（2）工作中的精神性（SWS）（Kinjerski & Skrypnek, 2006）

SWS 致力於研究個體在工作中的精神體驗。該研究的目的是確定「工作時的精神」是否僅僅意味著精神本身。為了探討這一點，SWS 衡量了四個因素：工作的從事、集體感、精神聯繫和神祕體驗。他們的研究表明，在工作中的精神是一種獨特的狀態，其特點是認知性、人際體驗、精神體驗和神祕體驗。

（3）精神性氛圍量表（SCI）（Pandey, Gupta & Arora, 2009）

這個工具的目的是為個人提供整合他們的工作和精神的方法，在一個人所處的職場環境中提供工作和精神的整體性。該工具測量了自我的和諧、工作環境的和諧和自我超越。自我的和諧關注的是一個人發現自我的意義、目的和從工作中的自我完善。工作環境的和諧，關注的是對他人的尊重和關係的不同性質。自我超越關注的是神聖且神祕的與個體存在的直接連通。

（4）精神性領導量表（Fry, 2003）

Fry 的研究關注的是精神領導力，理論基礎是積極心理學，它闡釋了精神性對人類品質的直接貢獻，尤其是利他主義。Fry（2003）認為領導的首要任務之一就是創造一種基於利他主義的文化，這種文化包含真誠的關愛、關心、對自己和他人的欣賞。這個層次假定在領導和追隨者之間建立起價值觀的契合，尤其是在戰略、團隊授權和最終轉化成為偉大的組織承諾、生產率及員工福祉方面，去測量精神領導力。

需要指出的是，中國學者柯江林（2014）以經典三維結構（工作意義、團體感、與組織價值觀一致）為基礎，開發了一份包括 27 項測量條目的本土

化職場精神性量表，該量表具有良好的信度與效度，但目前還沒有得到廣泛驗證。

基於以上對於測量工具文獻的分析，職場精神性是一個多維的結構（Gupta, Kumar & Singh, 2014），比如有意義的工作（Ashmos & Duchon, 2000；Kinjerski & Skrypnek, 2004）、團隊感（Ashmos & Duchon, 2000）、同情心（Petchsawang & Duchon, 2009）、完整感（Kinjerski & Skrypnek, 2004；Ashforth, Rogers & Pratt, 2010）、自我超越（Ashforth, Rogers & Pratt, 2010；Giacalone & Jurkiewicz, 2010）、社會貢獻感（Rego & Cunha, 2008）、組織價值（Milliman, 等, 2003）、憐憫之心（Gupta, Kumar & Singh, 2014）等。本研究在選擇職場精神性這一構念的結構維度時主要考慮了以下兩點：首先結合國外研究，選用職場精神性的普適性維度，即不包含宗教維度，這也更加符合絕大多數中國員工的具體情況；其次，選取了與工作特徵和組織特徵聯繫比較緊密的維度。因此在本研究中，我們將職場精神性構念的維度確定為有意義的工作（meaningful at work）、團體歸屬感（sense of community）以及與組織價值觀一致（alignment with organizational values）。我們選用的這三個維度是在 Ashmos 和 Duchon（2000）所提出的職場精神性七個層次上精煉而成的。它們分別從工作角度、同事角度、組織角度三個方面概括了職場精神性，因而具有廣泛的代表性（Crawford, Hubbard, 等, 2008；Pawar, 2009），另外，其他學者（如 Milliman, 等, 2003；Gupta, Kumar & Singh, 2014）也較多地採用或認可這三個維度以進行相關研究，因而我們覺得選用這三個維度較為合適。本研究採用 Milliman 等（2003）修訂自 Ashmos 和 Duchon（2000）的 21 題項量表測量職場精神性。這一量表也被較多的研究者採用，如 Rego 等（2008）、Kazemipour（2012）等，得到了較好的驗證。典型題項有「我感覺得到工作是有意義的」「我覺得自己的工作能為社區或者社會的更大利益服務」等。

3. 職場精神性的影響因素

從目前國內外的研究來看，關於職場精神性的影響因素的研究還相對較少。有學者從個人精神性、組織文化等角度研究職場精神性的前因影響因素，但較多的學者是從人口統計學角度來進行研究的。比如，Huma 等（2011）發現年齡、教育和經驗影響著領導的精神行為。對其他影響因素進行探索的研究也有，諸如 Beekun 和 Westerman（2011）發現精神性在挪威比在美國能產生更大的影響，由此可見不同國籍或者文化對精神性會起到不同程度的作用。Smith 和 Snell（2009）的報告顯示不同的年代的人對精神性定義不同。

4. 職場精神性的結果變量

以往學者的研究更多地關注職場精神性對於員工行為態度及組織績效的影響，他們的研究發現職場精神性能夠提高工作績效、員工的組織公民行為、員工的組織承諾、組織認同、職業持久性、工作滿意度、職業滿意度、職業成功，並能夠降低員工的離職率、缺勤率、工作壓力及偏離行為等（Miner, Bickerton, 等, 2015; Petchsawang & Duchon, 2012; Erdogan & Kraimer, Liden, 2004; Bozionelos, 2008; McCallum, 2008; Ucol-Ganiron Jr, 2013; Gao & Wu, 2014; Crawford, 等, 2008; Pawar, 2009; Kolodinsky, 等, 2008; Milliman, 等, 2003; Chawla, 2014; Duffy, 2010; 鄒文篪, 等, 2015）。如 Pawar（2009）以印度的管理層員工為被試，探討了職場精神性的三個維度（有意義的工作、工作中的團隊感、積極的組織目的）對個體的工作態度（工作滿意度、工作捲入、組織承諾）的影響機制。研究發現，職場精神性的其中兩個維度（有意義的工作、工作中的團隊感）均正向影響工作滿意度和工作捲入，另外職場精神性的三個維度均正向影響個體的組織承諾。Crawford 等（2008）以美國旅店業的員工為被試，探討了職場精神性對員工相應變量的影響。研究發現，職場精神性對個體的內在工作滿意度、工作投入、組織承諾等都有正向影響，對離職傾向有負向影響，即職場精神性對個體的主客觀職業成功有促進作用。雖然 Duffy 等（2010）的一些研究關注了精神性對於職業決策、自我效能感等和職業相關變量之間的關係，但是關於職場精神性對員工職業方面變量的影響還是相對較少。從定義上看，職場精神性關注員工的內在生活和意義感，關注員工對於工作使命和價值感的追求、與同事及組織之間的聯繫感的體驗。當員工在職場體驗到精神性滿足的時候，他們將會感受到工作帶來的能量和激情，促使其關注自身與同事及組織的一種聯繫感和和諧感（Ashmos & Duchon, 2000; Milliman, 等, 2003）。因此，職場精神性能激發員工正面積極的內在能量，增強員工的自我效能感。大多數員工都有追求職業成功的心理動機，因此當面對有意義的工作時，他們更願意主動去做，而不會僅僅被動地滿足於工作任務的完成。

目前國內外雖然沒有關於職場精神性對職業成功產生直接影響的研究，但我們發現有相當一部分學者認為，職場精神性與工作滿意度、幸福感等存在相關性，精神性與職業決策、職業適應力（Duffy, 2010）等相關，這為我們研究職場精神性與員工職業成功之間的關係提供了很好的實證參考。具體研究見表 2-2。

表 2-2　　有關職場精神性對工作滿意度及幸福感的影響的研究

| 作者 | 年份 | 已研究的概念 | 研究結果 |
|---|---|---|---|
| Cavanagh & Bandsuch | 2002 | 倫理道德、創造性、工作滿意度 | 將精神性管理融入人力資源管理政策和過程有助於提升員工的倫理道德水準、創造性、工作滿意度等 |
| Robert，等 | 2006 | 滿意度 | 精神幸福與工作滿意度呈正相關 |
| Clark，等 | 2007 | 滿意度 | 擁有堅定精神信仰的員工，工作滿意度更高 |
| Chawla & Guda | 2010 | 滿意度 | 銷售專業人士的職場精神性與工作滿意度呈正相關 |
| Usman | 2010 | 滿意度 | 工作精神性與工作滿意度呈正相關 |
| Altaf & Awan | 2011 | 滿意度 | 職場精神性與工作滿意度呈正相關 |
| Bodia & Ali | 2012 | 承諾、生產率、滿意度 | 精神領導力與承諾，生產率和滿意度正相關 |
| Awan & Sitwat | 2014 | 心理幸福感、自尊 | 職場精神性帶來更高的自尊體驗，從而提高員工的心理幸福感 |
| 鄒文篪，等 | 2015 | 主觀幸福感、情緒勞動 | 職場精神性是情緒勞動的前因變量，同時它也會提升員工的主觀幸福感 |

在職場精神性的結果變量研究中，敬業度、工作態度、留職、承諾等也是研究的一大熱點。具體的研究見表 2-3。員工個體的敬業度是預測其職業認同的良好變量，同時員工的工作態度、留職、承諾等也能在一定程度上解釋其對該職業的認同。

表 2-3　　有關職場精神性對工作態度、行為等的影響研究

| 作者 | 年份 | 已研究的概念 | 研究結果 |
|---|---|---|---|
| Milliman，等 | 2003 | 組織承諾 | 通過實證研究驗證了職場精神性與組織承諾之間的正向影響關係 |
| Milliman，等 | 2003 | 承諾、滿意度、留職 | 職場精神性與承諾、滿意度和留職呈正相關關係 |
| Kinjerski & Skrypnek | 2004 | 承諾、滿意度 | 工作項目中的敬業精神增加了工作滿意度、承諾和留職 |
| Rego，等 | 2008 | 組織承諾 | 驗證了職場精神性對組織承諾的正向影響，並從而影響組織績效 |

表2-3(續)

| 作者 | 年份 | 已研究的概念 | 研究結果 |
|---|---|---|---|
| Kolodinsky 等 | 2008 | 滿意度、參與度、認同度 | 組織精神性與工作參與度、組織認同度、回報滿意度呈正相關 |
| Pawar | 2009 | 承諾、滿意度、留職 | 職場精神性與承諾、滿意度和留職呈正相關關係 |
| Geh & TAN | 2009 | 組織認同、基於組織的自尊 | 工作中的精神性能帶來更高的組織認同，從而讓員工感受到來自組織更多的認同 |
| Khanifar, 等 | 2010 | 職業承諾 | 職場中的精神性讓員工有更高的職業承諾 |
| Duffy | 2010 | 效能感、職業成熟度 | 工作的精神性能帶來更高的職業自我效能感及職業成熟度 |
| Golparvar & Abedini | 2014 | 積極情緒 | 工作中的意義感和精神體驗能帶來積極情緒 |
| Miner, Bickerton, 等 | 2015 | 離職傾向 | 職場精神性越高，員工工作投入越高，從而離職傾向減弱 |

在職場精神性的結果變量研究中，還有些變量值得關注，比如歸屬感、動機（Lee, 2005）。當個體缺乏某種東西的時候就會引起其產生相關心理需求，進而激發其動機（陳華偉，周豔球，汪傳信，2006），因此職場精神性對個體心理需求也有一定影響。

5. 評析

員工對於自身職業發展及職業成功的訴求不僅是員工自身迫切需要思考的問題，同時也是現代企業必須重視的問題。因為職場精神性可能幫助員工提高職業自我效能感及職業認同，滿足員工的基本心理需求，一方面幫助員工提高工作滿意度（Milliman，等，2003），實現更大的職業成功；另一方面，也可以使員工為組織貢獻更大的績效。雖然國外研究者對職場精神性的研究已經有一定的成就，但是還存在以下一些問題：首先，學術界對於職場精神性沒有較為統一的定義。因此，學者們根據自己研究的重點，對職場精神性進行了各種定義。有些從無神論和物質化角度定義職場精神性（如 Mitroff & Denton, 1999; Ashmos & Duchon, 2000），而有些則從泛神論和自然神論角度定義（Mohamed, Hassan & Wisnieski, 2001）。其次，學術界對於精神性運用到組織環境下的作用褒貶不一。有人擔心精神性被組織操縱，成為控制員工的工具，以達到更高的組織利潤。最後，目前為止對於職場精神性的實證研究還相對較少，而且這些實證研究更多關注的是從職場精神性對員工工作態度、工作行為等的影響，

從而提高組織績效或者利潤等。如 Milliman 等（2003）提出職場精神性對於員工組織承諾、內在工作滿意度等的影響；Fry 等（2005）的研究結果表明職場中的精神性領袖可能積極影響組織中員工的績效及承諾，但很少有研究關注職場精神性對與員工個人職業成長相關變量的影響。另外，從文獻資料來看，目前的研究缺乏對於職場精神性與結果變量之間的仲介機制的探討，僅有的一些仲介探討也主要從社會交換或內在激勵出發，較少從社會認知、認同等角度出發。因此，有必要對職場精神性是通過什麼路徑影響員工的職業行為和態度的進行研究。員工在獲得了物質滿足的同時，更期待一種精神滿足。當員工感受到職場環境中的工作本身、團隊、組織三方面的因素帶來的意義感和聯繫感的時候，他們可能會產生更高的自我效能感和職業認同感，基本心理需求得到滿足，從而促進員工的職業成功。因此，本研究認為有必要對職場精神性與員工職業發展之間的關係進行探討，並挖掘這種關係的作用過程。

### 2.2.2 職業成功文獻綜述

員工職業發展在國外有各種名詞，如 career development，career advancement 等，如有學者將 career development 定義為所有影響員工一生中的工作性質和工作成功的一些因素。career advancement 指的是職業晉升，可以指職位的獲取或職業夢想的實現，也可以指職業相關的技術能力的累積。本研究更多側重於員工職業發展的結果表現，可以體現在職業晉升（客觀職業成功），也可以是員工對自己職業發展的進步及技能累積是否滿意（主觀職業成功）。因此，本研究在後續論述中，均採用職業成功這個概念對職業發展進行結果測量，後文將不再對這一問題多做敘述。

有關職業成功的研究最早可追溯到英國牛津大學於 1934 年出版的 Thorndike 的《預測職業成功》一書。經過 80 餘年的發展，其研究內容主要涵蓋了職業成功的定義、標準及測量、影響因素三大方面（周文霞，2006）。

1. 職業成功的定義

職業成功（career success）亦稱為職業生涯成功，它是由 Thorndike 於 1934 年首次提出的概念。其後，學者們對其進行了更明確的定義。根據 London 等（1982）對職業成功的界定，職業成功是指個體在其職業生涯中所逐漸累積起來的與工作相關的成就及積極的心理感受（London & Stumpf，1982）。這一定義得到學者們的廣泛採用。職業成功主要包括兩方面：一是客觀職業成功（Objective Career Success，OCS），它以個體外在的社會價值評價為標準；二是主觀職業成功（Subjective Career Success，SCS），它主要是從心理

角度及個體層面進行定義並以個體內在自我感受為評價標準，如個體的自豪感、內在平靜等（Hall，2005）。Hughes（1937）將客觀職業成功定義為可被公正的第三方直接觀察、測量和檢驗的成果。而主觀職業成功則被定義為個體對其職業發展過程的自我反應（Hughes，1937；Heslin，2005），它是個體對其所從事職業的感知性評價及情感反應（Greenhaus，等，1990）。

20 世紀 80 年代以前，由於職業環境較為穩定，因此客觀職業成功作為個體職業成功的標準得到西方學者們更為廣泛的認同。20 世紀 80 年代以後，隨著知識經濟時代的到來，工作中的個體逐漸從傳統的職業發展模式向「無邊界職業生涯」模式轉變，逐漸從忠於組織向忠於職業轉變。同時，學者們也發現越來越多的工作個體對其職業成功的界定是從主觀指標進行的，而非從薪酬水準、職位晉升等客觀指標進行（Eith, Stummer & Schusterschitz, 2011）。顯然，傳統的職業評價方式已經不能適應這種變化。在這種環境之下，學者們開始更多地強調主觀職業成功作為個體職業成功的標準。Eby 等（2003）順應無邊界生涯時代發展的要求，提出了包括主觀成功和客觀成功兩方面內容的職業成功評價新標準。他們以職業滿意度為主觀職業成功的測度指標，以組織內部市場競爭力和組織外部市場競爭力作為客觀職業成功的測度指標。從 20 世紀 90 年代開始，學界湧現出越來越多的學者從主客觀兩個方面來定義職業成功（Korman，等，1981；Poon，2004；Ballout，2009）。他們認為，儘管主觀職業成功與客觀職業成功具有相關性，但在潛在的前因影響方面是有所區別的，因此必須將職業成功的主客觀兩個方面結合起來進行研究。Arthur 和 Khapova 等（2005）對職業發展所做的一項統計性研究發現，在 1992—2002 年，職業發展類的 68 篇重要文獻中有 57% 都是從主客觀兩方面進行研究的。

通過結合現實背景及上述學者的觀點，本研究將職業成功定義為：個體在職業發展進程中所獲得的，與職業生涯發展相關的，積極的工作成果和心理成果，包括客觀職業成功和主觀職業成功兩方面的內容。

2. 職業成功的標準及測量

20 世紀 90 年代初期以前，有關職業成功的測量指標大多是客觀的，如薪水（Ng, Eby, Sorensen & Feldman, 2005）、職位晉升（Judge & Hurst, 2008）、頭銜（Seibert, Kraimer & Liden, 2001）等。Abele 等（2011）認為，薪水、職位晉升和地位之所以被學者們作為研究客觀職業成功時最經常使用的指標，是由於它們能被直接地測量和檢驗。Nicholson 等（2005）對客觀職業成功的標準做了較深入的研究。他們通過人類比較學方法，將客觀職業成功具體劃分為六大指標：物質成功（收入能力、財富等）；地位和頭銜（等級位置）；社會

聲譽、威望與影響力；友誼和社交網絡；知識與技能；健康與幸福。

隨著組織扁平化結構的發展以及控制人力成本以應對日益劇烈的競爭的需要，以往的客觀評價指標的作用不斷弱化，因此，部分學者或者通過加入一些新的指標來應對這種情況，如管理幅度指標（Tharenou, 2001）、自主權指標（Martins, Eddleston & Veiga, 2002），或者重新對客觀職業成功的標準提出看法。如Eby等（2003）基於無邊界職業生涯背景提出了客觀職業成功的標準，即個體的內部市場競爭力和外部市場競爭力。隨著時代的進一步發展，傳統的評價指標已不能很好地反應個體的職業成功。在這種情況下，無邊界職業生涯時代的主觀職業成功測量指標比客觀職業成功測量指標更為重要（Weick, 1996）。越來越多的學者開始更多關注個體無形的、主觀的收益，以更好地測量個體的職業成功。如Hall等（2005）就曾提出，個體在心理上的成功可作為衡量其職業成功的一個重要指標；Ng等（2005）認為，職業滿意度是個體主觀職業成功的唯一預測指標；Boudreau和Boswell（2001）通過添加「生活滿意度」來測量經理人員的職業成功；其他主觀指標如為組織和社會做貢獻（Hall & Chandler, 2005）、工作意義（Wrzesniewski, 2002）、工作－生活平衡（Finegold & Mohrman, 2001）也得到了學者們的研究。Arthur等（2005）在他們所進行的一項統計性研究中發現，職業參與度、生活滿意度等指標也被某些學者用來衡量主觀職業成功與否。

事實上，主觀職業成功是一個較為寬泛的概念（Dries, Pepermans & Carlier, 2008），它所涵蓋的方面根據學者們研究的不同而呈現出較大程度的變化（Ng & Feldman, 2014）。比如Gattiker和Larwood（1986）認為，主觀職業成功是一個多維度的構念，它包括了個體對工作成功的感知、對社交關係成功的感知、對財務成功的感知，以及對生活成功的感知等。同時，部分學者表示，將主觀職業成功以一定的標準來衡量是一種客觀主義者方法（objectivist approach），沒有考慮到它的社會建構主義特徵（Dries, 等, 2008；Arthur, 等, 2005）。主觀職業成功對於不同的個體、不同的文化來說是不同的，甚至它還會隨著時間的推移和個體不同的職業階段的不同而出現動態的變化（Abele, Spurk & Volmer, 2011）。例如，Dries等（2008）認為，我們可以從兩個維度來看待個體的主觀職業成功。橫向維度用影響和結果來描述，縱向維度用自我和人際來描述。另外，周文霞和孫健敏（2010）認為，職業成功的標準是個體自我形成的有關職業成功的看法，因此他們提出了「職業成功觀」這個構念，並認為個體由於其不同的價值取向，導致對職業成功的評判標準會有所不同。

我們贊同以上學者對於主觀職業成功的觀點，但本書中我們仍將個體的主觀職業成功標準進行統一，並以職業滿意度這個指標來衡量。這樣做的原因有二：首先，使用統一的指標來衡量個體的主觀職業成功會極大地降低研究的困難程度從而便於實證研究的開展。其次，職業滿意度是大多數個體認可的指標。另外，職業滿意度作為衡量個體主觀職業成功的指標也得到眾多學者的採用（如龍書芹，2010；Abele, Spurk & Volmer, 2011；Eby, Butts & Lockwood, 2003）。對於客觀職業成功指標，我們選用被眾多研究者使用的薪酬水準、職位晉升（次數）。需要指出的是，我們測量個體職業成功採用的主客觀指標與Abele等（2011）所採用的類似，它們以薪水、職位兩個指標衡量個體的客觀職業成功，而以工作滿意度、職業滿意度和其他相關成功共三個指標來衡量個體的主觀職業成功。

3. 職業成功的影響因素

回顧相關文獻，我們發現學者們從多個方面探討過個體職業成功的影響因素。而對於職業成功前因變量的分類，不同學者也提出了大同小異的分類方法。如Eby等（2003）將個體職業成功的影響因素劃分為三大類，即「知道為什麼」「知道誰」「知道如何做」。其中，「知道為什麼」代表的是個體的職業動機、職業認同等，他們在文章中以職業洞察力、主動性人格以及開放性的人格特徵作為該方面的預測變量。「知道誰」代表的是與個體職業聯繫的關係網絡資源，包括組織內外部的人際關係等，他們在文章中以導師/師徒關係、組織內關係和組織外關係作為該方面的預測變量。「知道如何做」代表的是個體所具有的與工作或職業相關的技能和知識，它重在強調個體應該具有更加寬泛的、彈性的技能以及應該立足於職業的學習而非工作相關的學習。中國學者周文霞（2006）認為，以往研究中關於職業成功的影響因素可以大致分為以下幾個方面：人口統計變量（如性別、種族、年齡等）、人力資本變量（如教育水準、工作經驗等）、行為動機變量（如野心、抱負等）、人格特徵和組織變量（如控制點、組織支持等）。Hogan等（2013）認為，以往關於職業成功影響因素的研究可以大致歸結為三個方面，即人力資本類因素、結構化因素和社會化因素。Ng等（2005）則將職業成功的影響因素劃分為個人角度、組織角度、社會角度和家庭角度四個方面。值得一提的是，在有關個體主觀職業成功的影響因素研究中，大多學者都是從正面進行，即研究有哪些因素會促進主觀職業成功的實現（如Abele & Spurk, 2009）。但從反面研究職業成功的影響因素也是非常重要的。有研究發現，個體消極的工作經歷比其積極的工作經歷對個體產生的心理影響更大（Duffy, Ganster & Pagon, 2002）。因此，Ng和

Feldman（2010）以資源保存理論為理論基礎，從反面視角對過去三十年來影響個體主觀成功的消極因素進行了元分析。結果發現：在影響個體職業成功的六大類因素中，背景相關類障礙因素（如低社會經濟出身、女性、配偶在工作、有小孩）以及技能相關類障礙因素（如低教育水準、低國際化經驗等）與個體的主觀職業成功無關係。而個體特質相關類障礙因素（如低工作主動性、低核心自我評價、低情緒穩定）、激勵類障礙（如工作不滿意、低職業認同等）、社交關係障礙（如低領導成員交換質量、低主觀支持、低社會支持、低社交行為）、組織及工作障礙（如低組織支持、低工作挑戰度、角色模糊、程序不公正等）與個體的主觀職業成功呈顯著負相關。

　　根據本研究的需要，我們以 Ng 等（2004）關於職業成功的影響因素為基礎，對相關文獻進行梳理。個人角度包括人口學變量、人力資本變量等。人口統計學變量（如年齡、性別、婚姻狀況、孩子個數等）和人力資本特徵（如培訓、工作經驗、教育、自我效能、主動性等）是學者們用以研究影響個體職業成功中最常用的兩類因素（Judge，Higgins，Thoresen，等，1999）。人口學變量方面，研究者多研究個體的年齡、性別、婚姻狀況、種族等對職業成功的影響（Judge，等，2002）。人力資本變量方面，主動性人格對職業成功具有正向預測作用（Bertolino，Truxillo Fraccaroli，2011）。自我效能也能提高個體職業成功的可能性（劉華芹，黃茜，古繼寶，2013），如 Ballout（2009）討論了職業自我效能感對職業成功的間接影響。他的一項研究發現，個體中高度的自我效能感在職業承諾與主客觀職業成功之間起調節作用，而低度的自我效能感則不起作用。劉華芹、黃茜和古繼寶（2013）以中國 261 名來自不同企業的員工為被試，實證表明了個體的自主性職業態度、自我效能感能正向影響其職業成功。職業承諾體現的是工作中的個體對當前職業所持有的肯定性態度，包含了個體對當前職業的認同、積極投入及情感依賴等一系列的內在動機過程（龍立榮，方俐洛，凌文輇，2000）。而職業承諾作為個體職業成功的一個重要預測變量，它已經被廣大學者證實（任皓，溫忠麟，陳啟山，2013；餘琛，2009；Ballout，2009；Poon，2004）。如餘琛（2009）通過對 149 名知識型人才的研究發現，個體的職業承諾可以預測其職業滿意度。Poon（2004）通過對馬來西亞的白領進行研究發現，職業承諾對客觀職業成功中的薪酬水準有正向預測作用，對主觀職業成功中的職業滿意度有正向預測作用。Ballout（2009）研究發現，個體的職業承諾對客觀職業成功中的薪酬水準指標以及主觀職業成功中的職業滿意度指標具有正向的預測作用。

　　個人角度方面的其他變量如基本心理能力（Judge，Higgins，Thoresen，等，

1999)、生涯適應力（寧甜甜，張再生，2014）、情緒智力（劉燕，張秋惠，2014）、可雇用性（De Vos，等，2011）等對個體職業成功也有正向預測作用。如 De Vos 等（2011）探討了個體的能力發展、可雇備性與其職業成功的關係。研究發現，個體的能力發展正向影響其可雇備性，可雇備性正向影響職業成功，可雇備性在能力發展與職業成功之間起完全仲介作用。

從社會角度、組織角度、家庭角度方面來探討職業成功的影響因素也得到了廣泛的研究。組織角度方面，個人績效、薪資、離職率會受到組織結構與產業特徵的影響（Judge，2002），也會受到組織支持（如主管支持、組織政策支持等）資源的推動作用。如有學者（Zafar & Mat，2013）探討了組織的人力資源管理政策（如績效管理、職業生涯發展等）對個體職業成功的影響。社會角度方面，社會網絡關係是學者們研究的一個重要前因變量（李太，涂乙東，李燕萍，2013；周文霞，潘靜洲，龐宇，2013）。如李太、涂乙東和李燕萍（2013）基於戲劇理論，以下屬迎合為仲介，以人際公平氛圍為調節，探討了領導-下屬關係對下屬職業成功的影響。周文霞、潘靜洲和龐宇（2013）研究發現，中國社會的關係（組織內部關係、組織外部關係）對個體職業發展（績效提升、晉升速度、薪酬水準等）有正向促進作用。人際關係資源對於個體職業成功的作用甚至會高於人口特徵和其他人力資本（Zafar & Mat，2013）。家庭角度方面，家中孩子的數量和年齡、家中贍養老人數量、個體順從配偶工作的意願等都會影響個體的職業成功。如 Monique 和 Jamie（2008）探討了家庭因素及職業發展路徑對女性工作者的主客觀職業成功的影響。研究發現，家庭因素中女性工作者的第一次生育年齡與其職業成功呈正相關，而孩子數量及其對其丈夫工作的順應則與其職業成功呈負相關。Judge 等（1999）的一項研究指出，個體的人口統計學變量比其他變量更能解釋其客觀職業成功，而組織變量對個體主觀職業成功的解釋力要強於其餘變量。

4. 評析

從國內外現有的文獻資料可以判斷，學者們對職業成功的研究已經取得較為豐富的成果，影響個體職業成功的諸多因素已被人們廣泛知曉，進一步地，人們對於個體獲得職業成功的內在過程有了更深刻的理解，這對今後個體積極尋求職業成功起到了巨大的作用。通過對已有文獻進行回顧，我們發現影響個體職業成功的因素是很多的，通常個體的職業成功並非單獨某個因素在起作用，而是諸多影響因素共同作用的結果。

從心理學上看，客觀成功的指標是一種數量化指標，它主要通過數量的多少及其變化幅度來對職業成功進行刻畫，這種刻畫不包含任何主觀思維。然而

實際上，這樣的操作在現實生活中既是很難實現的也是不完全正確的，所以國內的學者（如周文霞，孫健敏，2010）便提出將職業成功的標準與價值觀進行整合，通過提出「職業成功觀」而將職業成功的本質特徵進行細化，將職業成功的測量指標和研究進一步加深。在有關職業成功的影響因素研究方面，學者們既考慮了個體方面的人口社會學特徵和人力資本特徵，也考慮了來自組織方面的支持對職業成功的影響（Ng, 2005），但是並沒有對個體方面的動機性因素以及組織方面的群體性交往因素，尤其是從內心精神層面感受上對職業成功的影響進行研究。目前與精神性研究較為接近的是職業呼喚與職業成功的關係，這些前期研究的空缺都為本研究拓展職業成功的影響因素提供了契機。

### 2.2.3 基本心理需求文獻綜述

20世紀80年代以前，中國學者對需求的研究較少。80年代後國內學者開始逐漸關注需求方面的研究，並根據馬克思列寧主義的指導方針對需求進行理論探討和研究。如果以「心理需求」為關鍵詞，中國知網的文獻檢索中能夠檢索到900多條相關文獻（包括期刊論文和碩博學位論文）。它們的研究對象各不相同，主要包括消費者的心理需求、醫院患者的心理需求、離退休和老年人的心理需求、學生的心理需求等。

1. 基本心理需求的內涵

長期以來，需求（need）因受到心理學家們的重視而被廣泛地研究。Hull（1943）認為，對需求進行研究的核心是必須要理解個體需求的有機性以及環境如何對個體需求進行滿足，並指出個體的生理需求會因為沒有得到滿足而產生驅動力，這種驅動力進而會引起個體的一系列行為。心理需求則是需求的一個類別，一般與生理需求相對應。心理需求（psychological need）在心理諮詢大百科全書中的定義為：「心理需求亦稱『次級需求』，一種同生理需求對應的分類方法。是指一切起自內心，而非來自生理實體的需求⋯⋯心理需求主要是後天習得的，內容極其豐富，如人的自尊心、榮譽感、責任心、歸屬感、價值追求和成就欲以及學習、探究、創造的需要等都是人的心理需求。⋯⋯」對於心理需求的概念，國內學者給出了各自的見解。霍宗紅、莫玉梅和許邦文（2001）指出，「心理需求系指個人的一種心理要求，此要求如能滿足則能降低或解除個體的焦慮與煩惱，而且能改善目前狀況的立即感覺，能增加舒適及幸福感」。陳華偉、周豔球和汪傳信（2006）認為，「心理需求是指個體缺乏某種東西的狀態，是心理上對自身生存和發展的客觀條件的依賴和要求，是心理活動與思想行為的基本動力」。

自我決定理論（Self-Determination Theory，SDT）認為，個體存在三種先天的心理需求，分別為自主需求（autonomy）、勝任需求或能力需求（competence）、關係需求或歸屬需求（relatedness）。自主需求指的是個體希望自己的行為能夠遵循個人意願和內在渴望，希望在行為中感受心理上的自由（Deci & Ryan, 2000; Broeck, 2008）。勝任需求是指個體渴望自己能很好地擔任某個職位或輕鬆地完成某項工作而不會感到緊張和有壓力，這與 Bandura 提出的自我效能感的概念（Bandura, 1997）有相似和相通之處。關係需求則是指個體渴望與目標對象（通常是自己所重視的他人）保持緊密聯繫和密切交往的需要，是一種能與他人建立互相尊重和依賴的感覺（Deci, 等, 2000）。在美國心理學家 Alderfer（1969）基於馬斯洛需求層次理論而提出的三種人類需求（生存需求、關係需求、成長需求）中，關係需求被定義為人們對維持重要的人際關係的渴望。

本書採用 SDT 對於基本心理需求的界定，即基本心理需求指的是人先天的三種需求包括自主需求、勝任需求和關係需求。

2. 基本心理需求影響因素研究

心理需求在心理學領域得到了廣泛的研究，並不斷地向組織行為學領域滲透。在組織行為學領域，我們將根據個體內在動機的個體性與社會性，從個人因素、工作內容和工作環境因素三個方面考察各變量對心理需求的影響。

首先是個人因素與心理需求滿足的關係。個人因素與心理需求的關係突出表現在個體年齡與心理需求的關係方面。這方面的研究主要有：Warr, Mile 和 Platts（2001）以 16~64 歲的英國人為被試，通過借助學習興趣這一仲介變量，發現年齡與工作動機呈負相關的關係。Kanfer 和 Ackerman（2004）在 Lachman 等（1997）研究結果的基礎上，就年齡與工作激勵問題進行了更深入的研究。他們認為，個體的年齡與成就動機呈負相關，而這種成就動機可被視為心理需求中勝任需求的體現。Warr 和 Fay（2001）考察了年齡與工作主動性（工作主動性體現了一種前攝行為，這與內在動機相似）的關係。他們的研究發現，學習因子會隨著個體年齡的增長而下降，而這裡的學習因子和工作主動性可被視為心理需求中自主需求成分的體現。同時，除年齡變量外，國內有部分學者（吳捷，李幼穗，王芹，2011）對個體的心理需求做了其他人口統計學變量（性別、是否獨生、身體狀況、經濟狀況、文化水準）方面的研究，並發現人口統計學的這些變量與心理需求具有某種程度的相關性。

其次是工作內容與心理需求滿足的關係。由 Hackman 和 Oldham 兩位教授開發出的工作特徵模型側重強調工作內容對心理需求的影響，認為任務的重要

性、完整性和工作自主性等五個核心工作維度對內在心理需求（如對工作意義的體驗、對工作結果的責任感等）有顯著的預測作用，並進一步對個人（內在工作動機、工作滿意度）及工作結果（績效、缺勤、離職等）產生影響。Thatcher, Liu 和 Stepina（2002）的一項研究發現，IT 工作者的工作自主性和多樣性對他們的內在動機起顯著的正向預測作用。

最後是工作環境與心理需求滿足的關係。工作環境成為心理需求滿足的一個重要影響因素是由於自我決定理論認為，工作環境在滿足了工作個體的三大基本心理的心理需求後，就會引發他們的內在動機，進而產生穩定且長久性維持的工作態度、組織承諾和心理幸福感等。工作中友好互助性的同事關係，不僅能滿足個體的關係需求，還會進一步提高員工的工作滿意度。Deci 等（1989）從認知評價理論出發，認為組織中的規章制度、期限、評估等控制性的外部因素會弱化個體的內在動機，而提供合作條件等信息性的外部因素則會使得個體的內在動機得到強化。在領導與成員關係方面，有最新研究（江靜，楊百寅，2014）表明，高質量的領導-成員交換（LMX）關係能促進員工的內部動機。Tierney, Famer 和 Graen（1999）的研究表明，企業內部工作環境中支持度的提高以及資源和信息的交換等與員工的內在動機相關。Deci 和 Ryan（1985）在他們的著作 *Intrinsic Motivation and Self-determination in Human Behavior* 中表示，領導如果能夠做到關心部屬的內在心理感受，鼓勵他們表達出隱藏在自己內心深處的真實想法，就會激發員工的創新動機。從積極心理學的角度而言，企業若想讓員工形成一個積極的心理狀態，除了需要考慮員工個人的積極人格以及積極情感體驗外，還應考慮積極的社會組織系統（在組織內則是積極的工作環境或積極的工作氛圍）。積極的工作環境從物質方面而言，主要包括能滿足員工生理與安全需要的一系列因素，如基本工資、工作條件等。而積極的工作環境從精神方面而言，則主要包括領導者的個人因素、工作制度與工作氛圍等。文化和環境因素也能對心理需求產生影響（Deci, Ryan, 等, 2001）。

3. 基本心理需求對結果變量的影響

通過回顧現有文獻，心理需求的結果變量主要包括了以下幾個方面：心理健康、工作績效、敬業度、工作滿意度與工作幸福感等。

心理需求滿足與個體心理健康的關係得到了眾多學者們的關注。部分實證研究結果也確實表明，心理需求滿足能夠弱化個體的焦慮、失望等消極的心理產出。

工作績效方面，Baard, Deci 和 Ryan（2004）的研究表明，人們在工作中

對基本心理需要的滿足會影響工作中的績效表現和心理調整。Deci 等（2001）探討了保加利亞和美國兩個不同文化背景下的個體心理需求滿足問題。他們的研究發現，兩個國家個體心理需要的滿足程度和工作績效、幸福感均呈正相關關係，這表明儘管存在文化差異，個體內在心理需求始終是其工作績效與主觀幸福感的重要預測因素。另外，國內學者張劍和張微等（2012）也一致認為，心理需求的各個維度（自主需求、勝任需求、關係需求）與員工的工作績效確實存在正相關關係。

敬業度方面，Kahn（1990）認為，員工的關鍵心理狀態在支持性的工作和組織因素與員工敬業度兩者的關係上起著較為顯著的仲介橋樑作用。這也是對於本書模型中心理需求作為仲介變量在起作用的一大佐證。其後，Broeck（2008）等人通過構建自主需求、關係需求和勝任需求三大需求對敬業度產生仲介作用的模型，對工作要求和工作資源與這三大需求的關係進行了研究。他們的研究發現，工作要求對三者心理需求的滿足均起負向作用，而工作資源卻正好相反。員工心理需求的滿足程度決定了其通過認知、精力而投入工作的程度。中國學者楊紅明（2010）以心理需求為仲介變量，考察了工作特徵對員工敬業度的影響，結果發現心理需求的三個維度在工作特徵與員工敬業度之間均扮演了部分仲介作用的角色。

工作滿意度與工作幸福感方面，Porter（1965）從滿足基本需要的角度出發，提出達到工作滿意的五個標準分別是安全、社會、獨立、自尊和自我實現。Ryan 和 Deci（2000）以及 Lynch，Plant 和 Ryan（2005）發現，基本心理需求的滿足和員工的工作滿意度呈正相關關係。Reis 等（2000）在對心理需求滿足的結果變量進行研究時發現，縱向研究的數據結果顯示心理需求滿足對幸福感的促進作用在不同個體間和不同時間上都具有一定的信度。Gagne（2003）借鑑 Reis 等（2000）的研究方法，將之用於研究運動員，也得到了心理需求滿足與個體的幸福感具有跨時間的正向穩定關係這樣的結論。Gagne 和 Deci（2005）認為職場環境對於員工心理需求滿足程度的提升將有助於觸發和提高他們的內在動機甚至會促進外在動機的內化，進而促進積極的工作產出，提高職業成功的可能性，這也是職場精神性通過心理需求影響主觀職業成功的表現之一。楊紅明（2010）認為，工作滿意度是員工認知和評價特定工作滿足自身需求程度而產生的情感體驗和態度，而工作動機往往是它的一大預測因素。

另外，除上述幾個主要的結果變量外，也有學者探討了心理需求與個體情感承諾（Greguras & Diefendorff，2009；張旭，樊耘，黃敏萍，等，2013）、工

作投入（Kahn，1990；李敏，2014）之間的關係。

4. 評析

基本心理需求理論是自我決定理論中一個重大的子理論，學者們對其進行了廣泛的研究。前人對基本心理需求的研究多集中在基本心理需求的內涵、內容、影響因素、結果變量等幾個方面。部分學者研究了自主需求、勝任需求和關係需求三種心理需求對內在動機、職業滿意度、幸福感等變量的影響。另外，大部分研究是以基本心理需求為自變量，研究其對結果變量的影響。當然也有一些研究將基本心理需求作為仲介變量進行研究，如 Broeck（2008）等人的研究顯示出心理需求在工作特徵與敬業度兩者之間起完全仲介的作用，但是基本心理需求作為仲介變量的探討還相對較少，可見有必要對這方面進行進一步的挖掘。自我決定理論認為，員工具有成長和發展的傾向，他能通過與工作環境進行積極的互動而不斷獲得自己對於自主需求、勝任需求和關係需求三種先天需求的滿足。當這三種先天心理需求得到一定程度的滿足後，員工便能夠主動發揮潛力、投入工作（Deci & Ryan，2000），進而影響員工積極的工作產出，嫁接了職場精神性與職業自我效能、職業認同等仲介變量的相互影響，並最終作用於結果變量——職業成功。因此，本研究以自我決定理論中比較核心的內容——基本心理需求為基礎，探討基本心理需求在職場精神性與職業成功之間關係的仲介作用。

### 2.2.4　職業自我效能感文獻綜述

1. 職業自我效能感的相關概念研究

自我效能感（self-efficacy）是由美國著名心理學家班杜拉（Bandura）基於社會認知理論於 1977 年在其發表的論文《自我效能：關於行為變化的綜合理論》中首先提出的概念，在此之後該概念被廣泛地應用於心理學界，進而發展到管理學界，並引發了大量的實證研究，成為成功心理學研究的重要變量。其後，班杜拉又於 1986 年在其著作《思想和行動的社會基礎：社會認知論》中，對自我效能的相關內容做了進一步系統性和較為完整的闡述，使得自我效能感的發展逐漸形成一個理論框架。班杜拉在自我效能感概念的提出之初，將其看作個體在一定的情境條件下對自身是否有能力及有多大能力去執行相關行為的預期，並進一步把這種預期分為效能和結果兩種或者說兩個具體階段的預期。效能預期是個體對自己是否能夠順利地執行某種或某一系列行為以產生一定結果的預期，結果預期是對某種行為導致某種結果的個人預測。在這一點上，自我效能感的提出可能是受到了弗魯姆期望理論的影響，因為它們之

間存在一定的相似性。

同時，自我效能是一個不斷發展的概念，不同的研究者（如周國韜，戚立夫，1993；Maddux，1995；Bandura，1997）因為所處的立場和方向的不同就會有不同的界定。就組織行為這一特定研究領域而言，斯塔科維奇（Stajkovic）和魯森斯（Luthans）兩位學者在1998年提出了實用性強且被廣為接受的自我效能感定義：「自我效能是指個體對自己能力的一種確切的信念（或自信心），這種能力使自己在某個背景下為了成功地完成某項特定任務，能夠調動起必需的動機、認知資源與一系列行動」。

值得關注的是，學者們對自我效能感的維度有不一致的看法。有學者（如Gibson & Dembo，1984）認為，自我效能感由行為效能和能力效能兩個維度構成，而另外一些學者（如周國韜，戚立夫，1993）卻認為自我效能感是一維結構的。我們認為，不管自我效能感是一維還是二維，它反應的本質都是個體對自己通過某種行為或能力去順利達成特定工作目標的一種自信程度。

自我效能感可分為適用性廣的一般自我效能感（general self-efficacy）和適用性有限的特殊自我效能感（domain-specific self-efficacy）兩大類。前一類的研究者是以Jerusalem和Schwarzer等人為代表。他們認為，存在不以領域為轉移的一般自我效能感，因此他們主張從一般個性的視角來研究自我效能感。而後一類的研究者則以Bandura等人為代表。他們認為，在特定的領域，一般自我效能感對個體行為的預測效果並不理想，因此需要將一般自我效能感進一步細化和深化，將一般自我效能感與特定的領域特徵相結合以形成各個領域的自我效能感，例如學習自我效能感、教師自我效能感等。其中，職業自我效能感（occupational self-efficacy）受到了研究者的廣泛關注，至今為止，學者們對它的研究已歷經30年左右的時間。

職業自我效能感是自我效能感在職業領域的運用。自20世紀80年代中期開始，研究者們（Hackett & Betz，1981；陸昌勤，方俐洛，凌文輇，2002；周文霞，郭桂萍，2006）逐漸開始關注自我效能感在組織行為領域中的應用性研究，比如研究自我效能感與員工工作績效之間的關係、探討自我效能感與員工相關工作態度之間的關係等。並且近年來，這方面的相關研究還呈現出逐年增多、研究範圍逐漸細化的趨勢（姚凱，2008）。赫克特和貝茨（Hackett & Betz）兩位學者可謂職業自我效能感研究的先驅，他們在20世紀80年代就開始將自我效能感理論引入職業領域以進行相關研究（Hackett & Betz，1981）。隨著自我效能感在職業領域應用範圍的擴大（比如將自我效能感用於擇業、工作的再次尋找等方面），研究者逐漸使用職業自我效能感的構念來闡釋影響

職業選擇、職業發展以及職業行為等的自我效能。Hackett 和 Betz（1981）對職業自我效能感的最初定義為「個體從事特定職業的能力的信念」。之後，他們又把職業自我效能感定義為「包括個體與職業選擇，各職業調整有關的範圍廣泛的行為效能判斷的總稱」。再後來，他們又將有關職業效能預期（職業效能感）具體解釋為「個體對實施與職業相關的行為、教育和職業的選擇，以及對其堅持性的信念」（Betz & Hackett, 1997）。郭本禹和姜飛月（2003）認為，「職業自我效能感是指綜合各種信息，基於對自身某種職業行為能力的判斷和評估，所形成的對自身能力的信心或信念」。它包括兩個方面的內容，即與職業內容（如該職業所需的教育等）相關的自我效能感和與相關職業行為過程相關的自我效能感（如職業決策自我效能等）。有關自我效能感與職業自我效能感的概念介紹，詳見表2-4。

表 2-4　　　　自我效能感與職業自我效能感概念簡介

| 作者 | 年份 | 概念定義 |
| --- | --- | --- |
| Bandura | 1997 | 自我效能感是關於人們對完成產生預期結果所需行為的能力信念 |
| Hackett & Betz | 1981 | 職業自我效能感是「個體從事特定職業的能力的信念」 |
| Bandura | 1986 | 自我效能感是指個體對自己能否在某個水準上完成特定活動所具備能力的判斷、信念或主體自我把握與感受 |
| 周國韜、戚立夫 | 1993 | 自我效能感是個體對自己能否進行某種特定行為，而對其實施的能力所進行的推測或判斷 |
| Maddux | 1995 | 自我效能感是指人們對發動完成任務要求所需行動的過程、動機和認知資源的能力的信念 |
| Hackett & Betz | 1997 | 職業自我效能感是「個體對實施與職業相關的行為、教育和職業的選擇，以及對其堅持性的信念」 |
| Stajkovic & Luthans | 1998 | 自我效能是指個體對自己能力的一種確切的信念（或自信心），這種能力使自己在某個背景下為了成功地完成某項特定任務，能夠調動起必需的動機、認知資源與一系列行動 |
| 郭本禹、姜飛月 | 2003 | 職業自我效能感是指綜合各種信息，基於對自身某種職業行為能力的判斷和評估，所形成的對自身能力的信心或信念 |
| Rigottih, Schyns, 等 | 2008 | 職業自我效能感是自我效能感在某一領域的運用，指的是個人對自己成功完成工作或職業中的任務的能力的信心 |

根據上述對於職業自我效能感的分析，職業自我效能是一般自我效能感在職業領域的一個延伸。並且根據學者們的研究，我們發現職業自我效能感還能繼續細化，如職業搜尋自我效能感（Duffy，2007）、職業任務自我效能感（如Abele & Spurk，2014）等。但本書的研究目的是探討職場中員工對於自身所從事職業的所具有能力的信心，因此結合 Hackett 和 Betz（1981）、Abele 和 Spurk（2009）以及 Rigotti, Schyns 和 Mohr 等（2008）的定義，本研究認為職業自我效能感是「個體對自己完成所從事的職業的相關任務及要求的能力所持有的信念」。

2. 職業自我效能感的測量

早在 20 世紀 80 年代初，Hackett 和 Betz 兩位學者將自我效能理論引入職業領域中以進行相關研究時就設計出了第一個職業自我效能量表。之後也有更多學者從不同的研究角度開發了一些職業自我效能感量表（具體參看表 2-5）。進入 21 世紀後，國內學者（凌文輇，張鼎昆，方俐洛，2001；姜飛月，郭本禹，2004；邊玉芳，2004）也開始涉足此領域，修訂或編製了各種測量職業自我效能感的量表。有關職業自我效能感的測量，可以分為以下兩大部分。

第一大部分的自我效能感測量研究主要針對的是職業內容。它包括一般意義上的職業、各種具體職業、各種具體任務（如計算機使用、寫作、人際交往等）三個層次的內容，並由此設計出相應層次的職業自我效能感測量工具，如：「職業自我效能量表」「教師效能感量表」「保險推銷員（職業）自我效能感量表」等。第二大部分的職業自我效能感測量研究主要針對的則是職業行為過程，如職業決策、職業尋找、職業調整自我效能感的測量。有關職業自我效能感的測量介紹，詳見表 2-5。

表 2-5　　　　　　　　職業自我效能感的測量簡介

| 作者 | 年份 | 測量 | 特點 |
| --- | --- | --- | --- |
| Hackett & Betz | 1981 | 在傳統性和非傳統性女性職業中各自選擇 10 個職業，共計 20 個條目進行測量 | 是第一個職業自我量表 |
| Taylor & Betz | 1983 | 「職業決策自我效能量表」（CDMSE），是較早編製的與職業行為過程有關的自我效能感 | 經修改後的簡縮版量表（CDMSE-SF）具有更高的信度和效度 |
| Gibson & Dembo | 1984 | 編製出的「教師效能感量表」（TES）包含 30 個情景項目、兩個因素 | 成為當時被廣為接受的教師效能感測量工具之一 |

表2-5(續)

| 作者 | 年份 | 測量 | 特點 |
|---|---|---|---|
| Solberg，等 | 1994 | 「職業尋找自我效能量表」（CSES），該量表由4個維度共計35個題項構成 | 是關於職業尋找自我效能與職業調整自我效能感的測量 |
| Schwarzer & Jerusalem | 1995 | 該量表由10個項目構成，用4點計分法，根據被試最後的總分範圍（從10分到40分）來對其自我效能感進行評估 | 該量表的測評對象包括12歲以上的青少年及普通成人，是典型的一般自我效能感量表（GSES） |
| 凌文輇，張鼎昆，方俐洛 | 2001 | 構建了保險推銷員自我效能感量表，由32個項目、8個因素構成 | 具有良好的信度與效度 |
| Schyns & von Collani | 2002 | 基於Sherer等（1982）及Schwarzer（1994）等編製的一般自我效能感，重新編製了20條目的量表 | 測量的內容是對目前從事職業的能力的信念 |
| Rigotti, Schyns & Mohr | 2008 | 基於Schyns和von Collani（2002）的20條目量表，在不同的國家進行樣本測試，最後修訂為6條目的職業自我效能感量表 | 與Schyns（2002）一樣，測量的是對職業的整體效能感，更加簡短實用 |

3. 職業自我效能感的前因變量研究

有關職業自我效能感的前因變量研究，一方面，學者們較多的是從歸因風格、工作績效、性別、工作年限、職稱、學校類型、家庭職業指導、社會原因、習俗和偏見等變量進行的（魏立瑩，1999；劉雅玲，袁園，2013）。另一方面，幾乎沒有學者將職場精神性作為職業自我效能的前因變量來進行研究，而只有少數學者對精神性與自我效能之間的關係進行了探討（Konopack & McAuley, 2012；Duffy, 2010）。比如，國外學者的研究發現精神性能影響成人的職業決策自我效能、職業忍耐力（Duffy, 2006；Duffy, 2010）等。此外，也有學者（Bandura, 1986；周笑平，2009；樓玲娣，2012；劉雅玲，袁園，2013）進行了這方面的相關性研究。如與職場精神性中「發展與同事及工作中他人強烈聯繫」維度緊密相連的變量（如社會支持、他人的評價和勸說、團體輔導）以及與職場精神性中「探尋人生最終意義及目的」維度密切相連的變量（如自我目標定位、目標設置狀況）都可以影響個體的職業自我效能感。具體見表2-6。

表 2-6　　　　　　　　職業自我效能感的前因變量研究

| 作者 | 年份 | 前因變量 | 詳解 |
|---|---|---|---|
| Bandura | 1986 | 他人的評價和勸說、他人成功或失敗經驗的示範等四個變量 | Bandura 認為，個體通過不同的信息渠道而獲得了關於自身能力的相關信息，並形成了自我效能感。而這四個方面的因素影響了個體自我效能感的形成 |
| Duffy | 2005 2010 | 宗教支持、精神性 | 通過對大學生及成人的研究，發現精神性體驗能夠提升學生及成人的職業自我效能感 |
| 周笑平 | 2009 | 團體輔導 | 通過實驗組和對照組的研究方式，得出團體輔導對提高畢業生的自我效能感和就業信心有顯著效果 |
| 劉雅玲，袁園 | 2013 | 社會支持 | 研究發現，社會支持與職業自我效能感各因子（除職業價值和職業選擇外）、效能感總分均呈正相關，且有統計學意義 |
| 樓玲娣 | 2012 | 社會原因等 | 職業自我效能感的建立和自我效能感的建立一樣，離不開 Bandula 提出的四種信息源，同時提出了影響女大學生職業自我效能感的社會原因和心理原因 |

4. 職業自我效能感的結果變量研究

有關職業自我效能感的結果變量我們可以將其分為主觀職業成功變量和客觀職業成功變量兩大類。在職業成功的客觀方面，有研究證實，個體的職業自我效能感對工作投入（Caesens & Stinglhamber, 2014；高鑫，2011）、工作績效（Stajkovic & Luthans, 1998；閆威，陳燕，2009）、薪資水準（Day, Allen, 2004; Valcour, Ladge, 2008）、職業決策（Betz, Hackett, 2006）等變量有正向影響。在主觀職業成功方面，只有較少的學者（Mcdonald, Siegall, 1992; Schyns & Elart von Collani, 2002; Spurk & Abele, 2014; Spurk & Abele, 2009; Higgins, 等，2008）探討了職業自我效能感與主觀職業成功的關係。如 Mcdonald & Siegall（1992）以技術人員為被試，發現自我效能感與工作滿意度存在顯著的正相關關係。Schyns 和 Elart von Collani（2002）在探討個體的職業自我效能與工作滿意度時，考慮了職業自我效能與多方面工作滿意度的聯繫。結果顯示個體的職業自我效能感與對工作中上級的滿意度、對工作任務的滿意度、對工作中同事的滿意度等均呈正相關關係。同時，他們還以實證數據證實了個體的職業自我效能感與其對組織的情感承諾呈中度正相關關係。研究還發現，個體的職業自我效能感與職場精神性中和諧同事關係及與組織價值觀契合

的相關變量——組織支持感與職業成功也呈顯著正相關關係，工作支持和員工價值認同均與職業滿意度呈正相關關係。另外，我們通過文獻回顧發現，有較多的研究者（Bandura，1997；Jex & Bliese，1999）進行了個體的職業自我效能感與職業滿意度、工作滿意度、成就感的關係研究，並發現職業自我效能感能夠對職業滿意度、工作滿意度、成就感等變量產生正向影響，而這就為我們進一步研究職業自我效能感與職業成功的關係奠定了基礎，並提供了一定的實證支持。當然，也有極少數學者同時研究了職業自我效能感對個體主觀和客觀職業成功的影響（Spurk & Abele，2009；2014）。如 Spurk 和 Abele（2009）採用縱向研究的方法，實證研究了職業自我效能感和職業發展目標對個體主客觀職業成功的影響機制。研究發現，職業自我效能感在三個研究階段均正向影響個體的薪資水準和職業滿意度。

根據 London 和 Stumpf（1982）對職業成功的界定，職業成功是「個體在工作過程中，隨著時間的推移而逐漸獲得的心理收穫，以及累積起來的工作成就」。職業領域的自我效能感能帶來很多積極的結果，如一般效能感、社會效能感、心理堅韌、低水準的職業不決策，從而幫助個體擁有更好的職業適應性，有更多的精神資源來應對壓力，從而更有信心去處理工作任務及職業中的挑戰（Duffy，2005），從而取得更大的職業成功。Jex 和 Bliese（1999）的研究表明，職業自我效能感在應激源與個體所體驗到的職業緊張之間起顯著的仲介作用，職業自我效能感高的員工通常會有更少的職業緊張表現，因而能更好地應對職業中的變化及壓力，獲得更好的職業發展，並有較高的工作滿意度。

5. 評析

目前，有關自我效能感的研究已取得了豐富的研究成果，如一般自我效能感與職業自我效能感的對比研究、自我效能感與其他理論相結合的研究及各應用領域的職業自我效能感研究均獲得了不錯的進展。職業自我效能感研究雖然相對於一般自我效能感的研究起步晚且研究領域更窄，但因其更貼近實踐的有效性而受到越來越多學者們的關注。對於職業自我效能感，研究者們主要將研究重點集中在概念、特定領域職業自我效能感量表的編製以及為適應不同環境而對已有量表的修改、職業自我效能的前因變量研究、結果變量研究等方面。具體來說，職業自我效能的前因變量研究主要集中於個人因素（歸因、人口特徵）及社會因素（社會支持、他人勸說等），較少研究組織環境因素對職業自我效能感的影響，但是也有一些學者發現了精神性方面的概念與自我效能感或者職業決策自我效能之間的關係（Konopack & McAuley，2012；Duffy，2010）。因此，職業自我效能感的前因影響因素的研究還值得關注。同時，學

者對於職業自我效能感的結果變量進行了較廣泛的研究，這些研究也發現職業領域的自我效能感水準對職業成熟度、工作滿意度、職業信心、職業壓力、工資等都有影響。雖然目前對於職場精神性、職業自我效能感及職業成功三者之間關係的直接研究幾乎沒有，但是從文獻綜述我們可以看出，職場精神性有可能影響員工的職業自我效能感，從而進一步影響員工的職業成功，這似乎是一個比較有趣並且有意義的話題。因此，本研究將從社會認知的視角出發，探討職業自我效能感在職場精神性與職業成功之間所起的仲介橋樑作用。

### 2.2.5 職業認同文獻綜述

1. 職業認同的相關概念研究

職業認同（career identity）也叫職業同一性，是在自我同一性（ego identity）的基礎上發展而來的。1994 年，Erikson 首先提出「同一性」這個概念，並認為個體在其青少年時期因生理和心理以及社會角色的巨大變化而需要建立自我同一性。同一性的過程就是個體逐漸認清自我和社會角色定位的過程。之後，學者們對於職業認同的發展性研究多是在 Erikson 自我同一性的基礎上進行的（高豔，喬志宏，宋慧婷，2011），但是職業認同的概念因研究者的立足點及研究方向的不同而尚未形成一個被廣泛認可的定義。McGowen 和 Hart（1990）將職業認同的定義進一步細化為「一個職業群體中成員所共有的態度、價值、知識、信念和技能」。Holland 和 Johnston 等（1993）則認為，職業認同是指個體認識自己的職業天賦、職業興趣以及職業目標等內容的清晰程度和穩定程度。Meijers（1998）則表示，職業認同是個體將其自身的能力、興趣、價值觀與自己認可的職業目標融合的一個概念，並且它會隨著個體在社會學習過程中的改變而改變。很顯然，與 Holland 認為職業認同是種結果的觀點不同，Meijers（1998）認為職業認同是種過程。而從認同的內容出發，Moore 和 Hofman（1998）則認為，職業認同是個體對自己的職業角色重要性、職業角色吸引力以及職業角色與其他角色的融合度進行判定。對於職業認同的定義，中國的部分研究者也給出了自己的看法。中國心理學家車文博（2001）在其主編的《心理諮詢大百科全書》中，將職業認同界定為人們對自己目前所從事的職業目標及其社會價值等內容的看法，它與社會對該職業的評價及期望一致。而魏淑華（2005）在對教師進行的研究中，將教師的職業認同界定為過程和狀態兩方面內容的合集。所謂「過程」是指個體在其所經歷的過程中逐漸發展起來的對自我教師角色逐步清晰的和趨於穩定的認識。所謂「狀態」是個體就現階段而言，對自己所從事職業的認同程度。有關職業認同的

概念研究，見表2-7。

表2-7　　　　　　　　　　職業認同的相關概念研究

| 作者 | 年份 | 概念定義 | 特點 |
|---|---|---|---|
| Holland, Johnston & Asama | 1993 | 職業認同是指個體認識自己的職業天賦、職業興趣以及職業目標等內容的清晰程度和穩定程度 | 強調了職業認同是一個相對穩定的狀態 |
| Goodson & Cole | 1994 | 職業認同是一種職業現實的建構，它是目前正在發生的偏個體化和情境化的解釋過程 | 從建構的角度對職業認同進行了界定 |
| Moore. M & Hofman. JE | 1998 | 向心性（centrality）、價值性（valence）、協調性（consonance），即「個體在多大程度上認為自己的職業角色是重要的、有吸引力的、與其他角色是融洽的」 | 從認同的內容出發，將職業認同界定為個體在多大程度上認為自己的職業角色是重要的、有吸引力的、與其他角色是融洽的 |
| Meijers | 1998 | 職業認同是個體將其自身的能力、興趣、價值觀與自己認可的職業目標融合的一個概念 | 從動態的角度認為，職業認同是不斷發生相關改變的一個過程 |
| 魏淑華 | 2005 | 是過程和狀態兩方面內容的合集 | 將職業認同「過程說」與「狀態說」融合 |
| Hekman | 2009 | 員工感到自己與職業是「同一」的，對職業產生依附性 | 職業認同的過程與組織認同的過程類似，都是對特定群體的「同一性」感受 |
| 高豔，喬志宏，宋慧婷 | 2011 | 職業認同是指個體對某個特定的具體職業的喜愛和所感知到從事該職業的價值意義 | 主要指向某個職業，並且從心理角度表達對該職業的喜愛與價值感 |

根據研究重點，本研究更多關注的是員工對於目前從事職業的認同和歸屬，因此結合Hekman（2009）及魏淑華（2005）的定義，將職業認同界定為「員工對自己所從事的職業的認同狀態，對職業產生的依附性和歸屬感」。

2. 職業自我認同感的測量

由於各個學者對職業認同的概念均有不同的理解，因而職業認同的測量也就有了不同的方法。高豔、喬志宏、宋慧婷（2011）將職業認同的測量方法大致劃分為以下兩類：一類是從單一維度來測定工作個體的職業特點的清晰度和穩定性，它以Holland的職業認同理論為基礎。另一類主要基於Meijers的動態視角，根據職業認同的各個發展階段及其狀態特徵來進行測量。就單一維度的測量而言，比較典型的量表是20世紀80年代Holland等（1980）所編製的

職業認同量表（Vocational Identity Scale，VIS），該量表由 18 個題項構成，採用 0 和 1 的計分方式，總分越高意味著個體的職業認同就越清晰和穩定。與上述單一維度的測量方法不同的是，根據職業認同的各個發展階段及其狀態特徵來進行測量的理論依據在很大程度上源於 Marcia（1966，1980）的理論成果。Marcia 根據探索和承諾的高低程度將自我同一性劃分為同一性擴散、同一性早閉、同一性延緩、同一性獲得四種狀態。

與高豔和喬志宏等（2011）學者劃分的方式不同，學者趙偉（2013）認為，職業認同的測量可以大致可分為用於測量不同群體職業認同的普適性量表以及用於測量某特定群體職業認同的專門性量表兩類。就普適性量表而言，Hofman 和 Kremer（1981）編製的職業認同量表由 19 個六點計分的題項組成，包括中心性、自我表述、價值和團結四個因素，內部一致性系數均在 0.6 以上。Tyler 和 McCallum（1998）編製的職業認同量表，由 10 個五點計分的題項構成，量表內部一致性系數為 0.93。學者王惠卿（2013）採用定性分析和定量分析相結合編製而成的《社會工作者認同問卷》的信度和效度良好，能作為中國社會工作者職業認同的測量工具。專門性量表是針對特定職業領域開發的量表，具有較明顯的行業特色，因此各行業間的量表有一定程度的差異。具體而言，專門性的職業認同量表多用於教師這個職業群體。有關職業認同的結果維度與測量的研究，見表 2-8。

表 2-8　　　　　　　有關職業認同的結果維度與測量的研究

| 作者 | 年份 | 結構維度與測量 | 特點 |
|---|---|---|---|
| Holland, Gottfredson & Power | 1980 | VIS（Vocational Identity Scale）量表 | 該量表測量的是個體對自己職業能力、職業興趣與職業目標認識的清晰度和穩定度 |
| Hofman & Kremer | 1981 | 量表包括中心性、自我表述、價值與團結 4 個測量維度 | 普適性量表，由 19 個六點計分的題項組成 |
| Tyler & MacCallum | 1998 | 量表由「我的工作內容與我的期望相符合」「我所從事的工作讓我覺得很光榮」等 10 個題項構成，採用五點計分法 | 普適性量表 |
| Beijaard, Verloop & Vermunt | 2000 | 量表包括 3 個維度共計 18 個題項，使用不適用到完全適用的四點計分法 | 教師行業的專門性量表 |
| Hekman | 2009 | 員工對於職業的同一感 | 單維，從醫生這種職業出發，探討職業認同 |

表2-8(續)

| 作者 | 年份 | 結構維度與測量 | 特點 |
|------|------|----------------|------|
| 王惠卿 | 2013 | 量表分為統一性、連續性、情感性、價值性四大職業社會認同因子 | 從「認同」的兩個維度出發，提出了社會者的職業認同是一個一階四因子的多維結構的構想 |

本研究的研究目的是探討員工對於自身從事職業的一種整體認同感，因此選用 Hekman（2009）的量表，實際上本量表更多是根據組織認同的測量方法進行量表設置，這種方法有很多研究者使用，如 Van Knippenberg 和 Van Schie（2000）、Bamber 和 Iyer（2002）、Hekman（2009）等，由「當別人稱讚我的職業時，我感覺自己也受到了稱讚」「當別人批評我的職業時，我感覺自己也受到了屈辱」等5個題項構成。

3. 職業自我認同感的前因變量研究

有關職業自我認同感的前因變量，中外學者主要在教師領域和醫護領域從以下幾個方面進行了大量研究：人口統計學變量（如性別、年齡）（Beijaard, Verloop & Vermunt, 2000；魏淑華，2008）、工作狀態（Meyer, Allen & Smith, 1993）、工作態度（如倦怠水準、離職意向）（Gaziel, 1995）、專業發展（張敏，2006）、外部環境（Dillabough, 1999；Vanden Berg, 2002）等。

通過對文獻的回顧，我們發現，雖然研究者們（Kiesling & Sorell, 2009；Beaumont & Scammell, 2012）已經承認了精神性對認同發展的重要作用，但目前關於精神性與認同的實證研究還比較缺乏（Gebelt & Leak, 2009）。只有極少數學者探討了精神性與職業認同之間的關係。如 Miner 和 Bickerton 等（2015）研究發現，精神性資源能正向預測個體未來的工作捲入度，並且對職業持久性具有重要影響，同時精神性資源還與工作中的個體幸福密切相關。

不過我們可以察覺到的是，已有部分學者對與「職場精神性」相關的變量與職業認同之間的關係進行過研究，比如職業價值對職業認同的作用（封子奇，姜宇，等，2010）、組織氛圍等組織內部環境對個體的職業認同的影響（張寧俊，朱伏平，2010）、人際關係滿意度對職業認同的影響（安秋玲，2010；趙偉，2013）、社會支持對職業認同的影響（趙偉，2013）等，這就為我們進一步研究職場精神性與職業認同的關係奠定了基礎。同時，我們發現有學者（劉秋穎，蘇彥捷，2007）對自我效能與職業認同的關係進行了研究，而高豔、喬志宏、宋慧婷（2011）的研究也證實了這一點，這表明職業自我效能與職業認同之間確實存在某種關係。

4. 職業自我認同感的結果變量研究

在職業認同的結果變量方面，我們可以發現，已有部分學者對個體的職業認同與其職業成長之間的關係進行了研究（魏淑華，2005；McArdle, Waters, Briscoe & Hall, 2007；Meijers, Kuijpers & Gundy, 2013）。如 Meijers, Kuijpers 和 Gundy（2013）以荷蘭三千多名學生和近兩百名教師為被試，發現職業認同正向影響職業產出。另外，也有少數學者探討了職業認同與主觀職業成功相關指標如幸福感（劉彩霞，文若蘭，2014；孫鈺華，2008）、工作滿意度（魏淑華，2008；張敏，2006）、職業滿意度（Gümüs, Hamarat, Colak, 等, 2012；Loi, Yue & Foley, 2004）之間的關係。典型如 Gümüs 等（2012）以土耳其公立學校238名教師為被試，探討了組織認同、職業認同與組織滿意度、職業滿意度以及提前退休意向之間的關係，結果發現兩類認同都與工作滿意度呈正相關而與個體的提前退休意向呈負相關。Loi, Yue 和 Foley（2004）以香港309名律師為被試，探討了職業認同與工作滿意度、職業滿意度及組織承諾的關係，結果發現職業認同對工作滿意度和組織承諾均有正向預測作用。國內學者魏淑華（2008）研究發現，教師的職業認同與其工作滿意度之間存在著強正相關關係，而與教師的離職意向之間存在著強負相關關係。劉彩霞和文若蘭等（2014）研究發現，職業認同與主觀幸福感呈正相關。孫鈺華（2008）認為，教師職業認同是教師幸福感的內在影響因素。也有學者研究了職業認同與其他結果變量之間的關係，比如離職意向（Moore, Hofman, 1998）、工作壓力和離職意願（Gaziel, 1995）等，而這些變量對職業成功都能產生影響。

5. 評析

職業認同的概念是從社會認同領域發展而來的，以前的研究對職業認同的影響因素、結果變量及測量等都進行了探討。從影響因素來看，學者認為社會環境、組織環境及人口特徵等都會影響職業認同的形成。從結果變量來看，職業認同對於個體的職業生涯發展有重要作用，能影響個體的主客觀職業成功（Hall & Chandler, 2005）。這些研究都表明，員工感知的職場精神性（反應為對工作、團隊、組織的整體職場環境感受）可能影響員工的職業認同形成，進而影響其職業成功，但至今為止還沒有學者研究職場精神性與職業認同之間的關係，更沒有學者將職業認同作為仲介變量來研究職場精神性與職業成功的關係，因而這方面的研究具有較高的研究價值。同時，本書在社會認同理論基礎上探討職業認同在職場精神性與職業成功之間關係的仲介作用不僅是一次大膽的嘗試，也是對職場精神性研究的拓展。

### 2.2.6　家庭需求文獻綜述

隨著社會的發展，越來越多的女性投身到工作領域，而與此同時男性則較多地承擔了家務工作（Nordenmark，2004）。顯然，單從工作領域探討個體的相關工作態度和行為顯得蒼白無力。系統理論認為，相關聯的一系列因素因相互作用而構成一個整體，其中一個因素的變動必然引起另外某些因素的變動（Nichols & Schwartz，1998）。一方面，對於工作中的個體來說，工作和家庭是個體生活整體的兩個不同領域，並且是兩個關鍵的領域（Whitely & England，1977），兩者共同構成一個系統。當這兩個領域處於平衡狀態時即為工作/家庭平衡，而當這兩個領域中其中一個發生變化時，必然引起另一個的變化，進而衍生出四種不同的狀態，即工作家庭衝突（WFC）、家庭工作衝突（FWC）、工作家庭增益（WFE）、家庭工作增益（FWE）。另一方面，家庭本身也是一個系統，該系統所包含的相互作用的規則對個體的行為有顯著性的影響（Carr，2000）。家庭系統中的個體的行為或情感變化會促使家庭中其他成員發生相應的積極變化（Nichols & Schwartz，1998），進而做出基於整個家庭而非個體自身的相關行為（Leong，1993）。而根據工作家庭邊界理論，這樣的變化會超出家庭領域而對工作中個體的相關態度和行為形成積極或消極的影響（Duxbury & Higgins，1991；Frone，等，1992）。

隨著雙職業家庭的增多，員工越來越疲於處理來自工作及家庭的需求（Byron，2005），同時來自工作和家庭的需求會通過導致個體感受到壓力和衝突（Greenhaus & Beutell，1985）而對個體的職業生活造成嚴重影響。因此，為了更科學地探討個體的職場精神性如何通過職業自我效能感、職業認同感和心理需求以影響職業成功，本研究引入家庭領域變量——家庭需求（family demands/household demands），以深入探討這種影響機制。本部分根據研究的需要，對家庭需求的定義、家庭需求的測量、家庭需求的結果變量進行相關介紹。

1. 家庭需求的相關概念研究

有關需求概念的大多數研究是在 Karasek（1979）等學者的成果基礎上進行的。通常而言，學者們用角色超載（role overload）一詞來對需求進行刻畫。角色超載是指個體因為有過多的角色工作要處理，進而導致個體感受到需求壓力而給其帶來消極的情感性體驗（Boyar，Carr，2007）。

對家庭需求的概念進行界定的代表性學者主要有 Yang 等（2000）、Boyar 等（2007；2008）以及 Ahmad 等（2010）。Yang 等（2000）將需求定義為是一

種角色表演者（role performers）對於壓力的知覺和感覺，並進一步將家庭需求定義為是一種由於家庭任務如整理家務和照顧孩子等而導致的基於時間的壓力，它通常與家庭依賴人數、家庭規模以及家庭結構等家庭特徵相聯繫。他們認為，家庭需求代表的是個體對於充分履行家庭角色相關責任的承諾和壓力，比如精力和時間的花費和對於履行家庭責任的努力。Boyar 等（2007；2008）則將需求定義為「（個體）在工作或家庭領域感受到的一個全方位的責任感水準和強度」。該定義強調了三點：首先，需求要從全方位去衡量，而非單指某一種需求或某一類需求。其次，需求是有強度的，不同強度的需求對個體的影響是不同的。最後，需求必須要被感受到。Ahmad 等學者（2010）指出，家庭需求的產生可能來自於與個體家庭角色相關的責任、要求、期待和承諾。由此可知，女性員工或者雙職工家庭的員工比普通員工會感受到更強烈的家庭需求（Lu, Gilmour, Kao, 等，2006）。

本研究結合以上三位學者的研究，認為家庭需求指的是當個體同時具有工作及家庭方面的角色時，個體在家庭領域感受到的一個全方位的責任感水準和強度。

2. 家庭需求的測量

有關家庭需求測度的研究盛行於 20 世紀末和 21 世紀初。這段時期內，大量學者對家庭需求的測度指標進行了探討（Artazcoz, 等，2001；Regidor, 等，2010；Byron, 2005；Voydanoff, 2005；Ten Brummelhuis, 等，2008）。如 Artazcoz 等（2001）在探討家庭需求對女性工作者健康的研究中，將家庭需求的測度鎖定在家庭規模、家中孩子的年齡、家中老人的年齡三個變量上。Voydanoff（2005）將家庭需求劃分為四個方面，即配偶需求、家務需求、孩子問題及親屬需求。Ten Brummelhuis 等（2008）在對 1,046 名荷蘭員工進行的研究中，以家庭結構（如伴侶情況、家中孩子的個數和年齡等）和家庭任務（如家務工作時間耗費等）來測度家庭需求。而 Regidor 等（2010）在對 6,284 名西班牙職員的研究中，將家庭需求的指標鎖定在個體承擔的家務勞動、家中 15 歲孩子以下的個數等上面。另外，其他學者並非通過以上劃分類別的方式來測度家庭需求，而是通過更具體的數量化指標。比如照顧家庭的小時數（Parasuraman, 等，1996）、家庭孩子數量（Netemeyer, 等，1996）、贍養者數量（Rothausen, 1999）、孩子長成與否（Byron, 2005）、性別（Choi & Chen, 2006）、婚姻狀況（Frone, 等，2000；Martins, 等，2002）及伴侶工作投入等。

本研究認為，無論家庭需求的來源有多少方面，其最終都落腳在佔用個體有限的時間和精力上，因此本研究不對家庭需求做細緻的變量界定，而是通過

具體的問題題項如「我的家庭需要我所有的關注和照料」「我要費力處理與家庭相關的各種事情」等以此體現家庭需求對個體時間和精力的占用，進而影響到工作中的個體。

3. 家庭需求的結果變量研究

基於研究的考慮，本部分只對與家庭需求相關的變量進行梳理和歸納。這些相關變量包括家庭工作衝突、家庭支持、職業自我效能感、職業認同感。

（1）家庭需求與工作家庭衝突（WFC）、家庭工作衝突（FWC）

早在1964年，Kahn等學者就認為，工作家庭衝突是指來自工作和家庭兩方面的壓力在某些方面不可調和時所產生的一種角色交互衝突。不過學界廣泛採用的是1985年Greenhaus和Beutell兩位學者對工作家庭衝突的定義，即同時來源於個體所在的工作領域和家庭領域的角色壓力因在某些方面不相融合（如時間）而形成的一種角色間衝突形式。後來，Frone等（1992）對工作家庭衝突的概念進行了進一步的發展，並認為工作家庭衝突是一種雙向的概念，它同時包含了工作干擾家庭（WFC）和家庭干擾工作（FWC）兩種情況。WFC與FWC都是工作家庭界面的角色間衝突，其區別在於兩者的發生原因、作用方向以及對兩個領域的相對作用大小（Lu, Kao, Chang, 等, 2008）。Netemeyer等（1996）將工作家庭衝突（WFC）定義為因工作內的時間投入及其他需求所導致的壓力妨礙了家庭相關責任的履行的一種角色衝突的形式。眾多學者對家庭需求與工作家庭衝突之間的關係進行過探討，並得出了基本一致的結論，即家庭需求與工作家庭界面的衝突有顯著關係（Netemeyer, 等, 1996; Yang, Chen, Choi & Zou, 2000; Byron, 2005; Lu, Kao, Chang, 等, 2008）。具體而言，家庭需求與家庭工作衝突（FWC）呈正相關關係（Voydanoff, 2005; Boyar, 等, 2008）。如Lu, Gilmour, Kao等（2006）探討了工作/家庭需求、工作/家庭衝突與個體幸福的關係，並對個人主義文化（以英國為例）與集體主義文化（以臺灣為例）下的員工進行了對比。研究發現，對英國員工和臺灣員工來說，家庭需求與家庭工作衝突均呈顯著的正相關關係。在家庭需求與家庭工作衝突關係方面研究得較為全面的當屬Voydanoff（2005），因為他不僅關注了核心家庭需求還將家庭需求擴大至社區需求，即廣義家庭需求。Voydanoff（2005）以1,567名職員為研究對象，發現家庭需求和社區需求與家庭工作衝突呈正相關關係。

（2）家庭支持與家庭工作衝突的關係

家庭支持（family support）或個體感受到的家庭支持（perceived family support, PFS）只指「個體感受到的其對於被支持的需求、信息獲取的需求以

及反饋的需求被家庭所滿足的程度」。與家庭需求的研究現象類似，眾多學者也對家庭支持與家庭工作衝突之間的關係進行探討並得出了基本一致的結論，即家庭支持為家庭工作衝突的重要前因變量（Greenhaus & Powell, 2006）。具體而言，家庭支持與家庭工作衝突呈負相關關係（Adams, 等, 1996; Karatepe, Bekteshi, 2008; Ho, 等, 2013）。如 Adams, L. A. King 和 D. W. King（1996）探討了個體的家庭社會支持、工作/家庭衝突與其工作和生活滿意度的問題。研究發現，個體的高家庭情感性支持及工具性支持與低水準的家庭工作衝突相關，即家庭支持與 FIW 呈負相關關係。Karatepe 和 Bekteshi（2008）以阿爾巴尼亞 107 名酒店一線員工為研究對象，發現個體的家庭社會支持能夠降低其工作/家庭界面的衝突並能提高家庭工作增益。Ho 等（2013）以中國上海和濟南兩座城市的 306 對已婚夫婦為研究對象進行研究，發現無論是男性個體還是女性個體，其感知到的家庭支持與家庭工作衝突都是負相關的。

（3）家庭需求與自我效能的關係

對於家庭需求與個體自我效能感的關係，學者們進行了較多的探討（Whiston, 1996; Hall, 2003; Lent, Brown, Nota, 等, 2003; Nota, 等, 2007）。並得出了較為一致的意見，即家庭需求負向影響個體的自我效能感，而家庭需求的反面即家庭支持則正向影響個體的自我效能感。如 Whiston（1996）實證探討了家庭互動方式與個體的職業決策自我效能感的關係。研究發現，家庭互動方式（如家庭對個體的目標支持等）與個體的職業決策自我效能感（如職業信息的運用）具有較強的正向關係。Lent, Brown, Nota 等（2003）研究也發現社會支持通過自我效能感間接影響個體的職業決策。Nota 等（2007）以 253 名義大利青年人為被試，探討了職業尋找自我效能感在家庭支持及職業猶豫間的調節作用。結果發現，家庭支持能夠直接對個體的職業尋找自我效能感產生正向影響。

另外，眾多工作家庭界面的研究者認為，家庭需求會導致個體產生壓力感（Frone, Russell & Cooper, 1992; Williams & Alliger, 1994; Nordenmark, 2004; Choi, 等, 2006; Lu, 等, 2008）或抑鬱情緒（Wallace, 2005），而且這種關係通常是正向的。即隨著家庭需求的產生，個體的壓力感也會產生，並且進一步成為影響個體自我效能感的負向因素。如 Nordenmark（2004）在瑞典環境下探討了來自工作和家庭的需求的增加與個體感受到的壓力水準之間的關係，並比較了男女之間的差別。結果發現，來自工作或家庭需求的增加均會提升男女個體心力交瘁的感知。Choi 等（2006）以中國職工為研究對象，探討了工作/家

庭需求對個體生活壓力的影響，並對工作家庭衝突的仲介作用進行了研究。結果發現，工作需求和家庭需求均會導致個體的生活壓力，並且家庭需求導致生活壓力會受到工作家庭衝突的仲介的影響。Wallace（2005）認為，當員工承受過大的來自某個領域的需求（如家庭需求）以及工作角色壓力時，就會導致心理抑鬱。

（4）家庭需求與職業認同的關係

個體職業認同的發展可以看作是個體因素、相關因素和社會情境因素共同作用的一個過程，相關因素中的家庭因素對個體職業認同的形成及認同水準都有重要影響。已有的研究已經發現，家庭需求的增加如家務勞動時間增加、孩子的誕生等會提升個體工作倦怠感（Voydanoff，1988）、提高缺勤率（Erickson，Nichols & Ritter，2000）以及降低工作承諾（Campbel & Campbell，1994），進而導致個體職業認同感的降低，當家庭需求過多時，通常會引起工作中個體的職業認同危機。如Penick 和Jepsen（1992）用家庭關係角色和家庭系統維持因素來預測青少年的職業認同和職業規劃問題。該研究表明，家庭關係中的衝突會顯著地負向影響個體的職業認同。

而家庭支持則可以提升個體的職業認同感（Hargrove，等，2005；Whiston & Keller，2004）。如Johnson, Buboltz, Nichols（1999）稱，家庭凝聚力、家庭可表達性及低水準的家庭關係衝突都是高職業認同水準的一大保證。Hargrove 等（2005）研究發現，來自家庭的互動方式如家庭關係質量、家庭對於大學生個體工作目標的支持程度等會對個體的職業目標清晰性、穩定性的形成（即職業認同的一種表現）產生重要的影響。Whiston 和Keller（2004）的研究發現，家庭聯繫的質量是個體職業發展過程中一個非常重要的前因變量，家庭聯繫與職業認同之間是緊密相連的。

4. 評析

目前關於家庭需求的研究，從組織角度來看，主要研究的是家庭需求對員工工作-家庭衝突的影響，並進一步研究它對員工工作績效、工作態度及職場領域其他行為的影響等。從個人角度來看，主要研究了家庭需求對於員工心理壓力、心理健康、工作滿意度、情緒耗竭等的影響。目前研究者更多地將家庭需求作為工作家庭衝突及壓力等的前因變量進行研究，而較少關注家庭需求的調節作用。但是從家庭工作互動角度來看，家庭需求作為工作與家庭的互動情境，其高低程度能影響職場精神性對於職業自我效能感等作用的發揮。因此本研究將家庭需求作為調節變量來探討工作個體的家庭與工作的互動情況。

### 2.2.7 主要變量間的關係研究

1. 職場精神性與職業成功的關係研究

現有研究從個人、組織、社會、家庭等多個方面探討過個體職業成功的影響因素（Ng, 2005）。其中，個人角度方面的變量如基本心理能力、生涯適應力（寧甜甜，張再生，2014）、情緒智力（劉燕，張秋惠，2014）、可雇用性（De Vos，等，2011）等人力資本類因素是學者們用以研究影響個體職業成功中最常用的因素，對個體職業成功有正向預測作用。而職場精神性作為個體方面的積極心理變量，也已經被證實會對員工的心理、態度和行為產生影響，如職場精神性能夠提高員工的工作參與度（Kolodinsky，等，2008）、組織公民行為（Kazemipour, 2012）、工作滿意度（Cavanagh & Bandsuch, 2002；Milliman，等，2003；Robert，等，2006；Clark，等，2007；Pawar, 2009；Chawla & Guda, 2010；Altaf & Awan, 2011）和幸福感（Awan & Sitwat, 2014；鄒文篪等，2015），降低員工的缺勤率及偏離行為（Chawla, 2014）、離職傾向（Milliman，等，2003；Chawla & Guda, 2010）等。如 Chawla 和 Guda（2010）研究發現，銷售專業人士的職場精神性與工作滿意度呈正相關。Pawar（2009）以印度管理層員工為被試進行研究時發現，職場精神性的其中兩個維度（有意義的工作、團隊歸屬感）均正向影響工作滿意度和工作捲入。Crawford 等（2008）以美國旅店業的員工為被試，探討了職場精神性對員工相應變量的影響。結果發現，職場精神性對個體的內在工作滿意度、工作投入等都有正向影響，對離職傾向有負向影響，即職場精神性對個體的主客觀職業成功有促進作用。Gupta, Kumar 和 Singh（2014）對印度私有保險業下員工的職場精神性進行了探討，發現職場精神性其中的三個維度（有意義的工作、團體感、組織價值）對個體的工作滿意度均有正向影響，且呈現出極大的正相關性（相關係數在 0.6 左右及其以上）。

需要特別指出的是，Ashar 和 Lane-Maher（2004）關於精神性與成功的研究是本研究所發現的唯一一篇對精神性與成功之間關係進行直接研究的文章。他們發現，參與者的成功感知和他們的工作經歷、成就感及能在生活中找到「意義」及「目的」直接相關。目前國內外雖然較少有關於職場精神性對職業成功產生直接影響的研究，但我們認為，以上學者對於職場精神性與主客觀職業成功指標之間關係的研究奠定了職場精神性與員工主客觀職業成功研究的基礎，為本研究的展開提供了條件。

## 2. 職場精神性與基本心理需求、職業自我效能感、職業認同之間的關係研究

就職場精神性與基本心理需求的關係而言，兩者關係密切（常廣財，2013）。一方面，部分學者認為個體的某些需求本身就是靈性需求（張淑美、陳慧姿，2007；McSherry，2010；Oldnall，1996）。如 McSherry（2010）認為，人的靈性需求包括：追求有意義的人生目標的需求、被愛及聯繫的需求、被諒解和寬容的需求、希望的需求、尋求超越的需求。Oldnall（1996）認為，所有個體都有靈性的需要，並且正是靈性才把人統一成為一個整體。臺灣學者張淑美、陳慧姿（2007）認為靈性需求可分為內在生命層面和與外在世界互動兩個層次，並用意義、超越性、人際關係、與環境、宗教信仰、宇宙聯繫六個層面作為靈性需求的評估項目。另一方面，基本心理需求滿足是個體心理健康的必要條件，未得到滿足的心理需求通常會導致心理問題的產生或心理健康水準的下降（Baard, Deci & Ryan，2004）。因此我們可以從精神性體驗與心理健康或心理疾病的關係來看精神性與心理需求滿足之間的關係。目前，已有許多研究結果表明，精神性（靈性）體驗對於個體心理健康具有正向促進作用（Romero，2006；Baetz，等，2002；Shannon，2002）。如 Baetz 和 Larson 等（2002）在對住院病人的一項研究中發現，精神性體驗能降低他們的抑鬱水準、降低他們濫用藥物的程度，並最終提高他們的生活滿意度。這些研究間接地說明了，正是由於精神性體驗能對心理需求滿足產生影響，從而才會進一步對個體的心理健康問題產生影響，即精神性與基本心理需求滿足具有的內在的聯繫。

就職場精神性與職業自我效能感的關係而言，國內外目前還沒有學者將職場精神性作為職業自我效能的前置性影響因素來進行研究，然而大多數學者（Konopack & McAuley，2012；Duffy，2010；Duffy & Blustein，2005）都持這樣的觀點，即精神性與自我效能具有相關關係，並且精神性能正向預測個體的自我效能感。比如，Duffy（2010）的研究發現精神性作為能影響成人的職業決策自我效能、職業忍耐力等。另外，Duffy 和 Blustein（2005）也探討過職場精神性與職業決策中的信心兩者之間的關係。他們發現，具有宗教信念或者精神信念的大學畢業生在職業決策方面更加成熟，具有精神性聯結的個人在職業決策方面更加自信，更加願意探索多樣性的職業機會。而且當學生感到職業是一種使命的時候，他們更易有積極情緒，更加自信。同時，也有學者（Bandura，1986；周笑平，2009；樓玲娣，2012；劉雅玲，袁園，2013）進行了這方面的相關性研究。如與職場精神性中「團隊歸屬感」維度緊密相連的變量（社會支持、他人的評價和勸說、團體輔導）以及與職場精神性中「探尋工作及人

生最終意義和目的」維度密切相連的變量（如自我目標定位、目標設置狀況）都可以影響個體的職業自我效能感。比如劉雅玲和袁園（2013）研究發現，社會支持與職業自我效能感各因子（除職業價值和職業選擇外）、效能感總分均呈正相關，且有統計學意義。周笑平（2009）通過實驗組和對照組的研究方式，得出團體輔導對提高畢業生的自我效能感和就業信心有顯著效果。

關於職場精神性與職業認同兩者之間關係的直接性研究還比較缺乏（Gebelt & Leak，2009）。不過研究者們（Kiesling，Sorell，2009；Beaumont，Scammell，2012；De Klerk，2005）已經承認了精神性對認同發展的重要作用。如 F. W. de Klerk（2005）在一項職場靈性實踐與人力資源管理的研究中提出了「人生意義與職業貢獻的三個方面（職業認同、職業彈性、職業計劃）均正相關」「人生意義與積極的工作取向、態度、行為正相關」等一系列假設，這一研究為職場精神性正向影響職業認同的假設提供了有力支持。並且最近又有學者（Miner，Bickerton，等，2015）研究發現，精神性資源能正向預測個體未來的工作捲入度，並且對職業持久性具有重要影響。除此之外，國內學者發現與職場精神性相關的變量，如職業價值（封子奇，姜宇等，2010）、人際關係滿意度（安秋玲，2010；趙偉，2013）、組織氛圍（張寧俊，朱伏平，等，2010）等對職業認同具有正向預測作用。同時，職場精神性對與職業認同相關的變量如員工敬業度、職業承諾（Khanifar，2010）等也具有正向關係。如 Khanifar（2010）研究發現，職場中的精神性讓員工有更高的職業承諾。這些研究為我們探討職場精神性與職業認同之間的關係奠定了基礎，並提供了間接性的實證支持。

3. 基本心理需求、職業自我效能感、職業認同三者之間的關係研究

Deci 和 Ryan（1985）的認知評價理論（Cognitive Evaluation Theory）認為，環境因素會通過影響心理需求的滿足從而影響認知過程。因此心理需求滿足能夠影響作為認知因素的職業自我效能感，兩者間的關係有著堅實的理論基礎。另外，自我建構（self-construal）是在自我認知（self-evaluation）基礎上的進一步發展（Walumbwa，等，2011），因而作為自我建構的職業認同也與作為自我建構的職業自我效能感之間存在著深刻的聯繫。就實證方面而言，多項研究表明了職業認同與自我效能感及心理需求滿足之間具有直接或間接的關係，共同構成了對個體相關行為的複雜影響機制。比如 Kahn（1990）認為，員工的關鍵心理狀態在支持性的工作和組織因素與員工敬業度兩者的關係上起著較為顯著的仲介橋樑作用，這也是對於本書模型中心理需求滿足作為仲介變量在起作用的一大佐證。Krishnakumar 和 Neck（2002）通過回顧已有文獻，發現精神

性在職場領域受到重視是因為精神性對職場中個體的承諾和忠誠、自我滿足感，以及直覺和創造力的培養都有促進作用。Broeck 等（2008）在其研究中通過構建自主需求、關係需求和勝任需求三大需求對敬業度產生仲介作用的模型，對工作要求和工作資源與這三大需求的關係進行了研究。研究發現，工作要求對三種心理需求的滿足均起負向影響，而工作資源卻相反。

中國學者楊紅明（2010）以心理需求為仲介變量，考察了工作特徵對員工敬業度的影響，結果發現心理需求的三個維度在工作特徵與敬業度之間分別起部分或完全仲介作用。同時，部分學者（劉秋穎，蘇彥捷，2007；Valcour, Ladge, 2008；Ballout, 2009；Conklin, Dahling, Garcia, 2013）還對自我效能與職業認同的關係進行了研究，如 Valcour 和 Ladge（2008）以 916 名母親職員為被試，探討了工作領域中的相關變量（如職業認同、自我效能感）對女性主客觀職業成功的影響。研究發現女性的職業認同與其主觀職業成功正相關，而自我效能感與女性的主客觀職業成功均呈正相關。Ballout（2009）以黎巴嫩三座大城市的 180 名銀行職員為被試，探討了職業承諾對職業成功的影響，並探討了自我效能感的調節作用。結果發現，當個體具有中度或高度的自我效能感時，職業承諾能對主觀職業成功和客觀職業成功產生正面影響。Conklin, Dahling 和 Garcia（2013）以美國 200 名畢業大學生為研究對象，結果發現，個體的職業決策自我效能在其對專業的情感承諾和職業預期結果，尤其是職業表現和職業滿意度之間起調節作用。高豔、喬志宏和宋慧婷（2011）的研究也證實了職業自我效能與職業認同之間確實存在某種關係。這些研究都表明了心理需求滿足、職業自我效能感以及職業認同之間存在著密切的聯繫，共同構成了對個體職業發展的複雜影響機制。

4. 基本心理需求、職業自我效能感、職業認同與職業成功之間的關係研究

Eby, Butts 和 Lockwood（2003）曾將個體職業成功的影響因素劃分為三大類，即「知道為什麼」「知道誰」「知道如何做」。其中，「知道為什麼」代表的是個體的職業認同等因素。「知道誰」代表的是與個體職業聯繫的組織內外部關係網絡，從某種程度上可理解成是驅動職業成功的關係需求。「知道如何做」代表的是個體所具有的與工作或職業相關的技能和知識，它在一定程度上是個體職業自我效能感的重要影響因素，通過影響個體的職業自我效能感而對個體的職業成功產生影響。而學者 Ng 和 Feldman（2014）以資源保存理論為依據，從反面視角對過去三十年來影響個體主觀成功的障礙因素進行了元分析，結果發現：在影響個體職業成功的六大類因素中，個體特質相關障礙因素

（如低核心自我評價）、激勵類障礙因素（如低職業認同）、社交關係障礙因素（如低領導成員交換質量、低社會支持）、組織及工作障礙因素（如低組織支持、低工作挑戰度等）與個體的主觀職業成功顯著負相關，這就說明了個體的職業認同、自我效能感、關係需求及勝任需求等基本心理需求會對個體的職業成功造成影響。

從基本心理需求與職業成功的關係研究來看，已有部分學者對心理需求與主客觀職業成功的關係進行了初步的探討，並且已經證實了心理需求滿足與客觀職業成功指標如工作投入（Kahn，1990；李敏，2014）、績效產出（張劍，張微，Deci，2012；Greguras & Diefendorff，2009；Baard，Deci & Ryan，2004；Deci，Ryan，Gagne，等，2001），以及與主觀職業成功指標如工作滿意度及工作幸福感（霍宗紅，莫玉梅，許邦文，2001；Lynch，Plant & Ryan，2005；Sapmaz，等，2012；Vansteenkiste，等，2007；Deci & Ryan，2000）等正相關。如 Baard，Deci 和 Ryan（2004）的研究表明人們在工作中對基本心理需要的滿足會影響工作中的績效表現和心理調整。Sapmaz 等（2012）以土耳其某大學的 192 名學生為被試進行研究發現，心理需求各維度均與幸福感呈正相關關係，並且在對幸福感的正向影響程度方面，最強的是能力需求維度，其次是自主需求和關係需求維度。Deci 和 Ryan 等（2001）探討了保加利亞和美國兩個不同文化背景下的個體心理需求滿足問題。研究發現，兩個國家個體心理需要的滿足程度和工作績效、幸福感均呈正相關關係，這表明儘管存在文化差異，個體內在心理需求始終是其工作績效與主觀幸福感的重要預測因素。另外，李敏（2011）以雲南騰衝縣第一中學的教師為被試，探討了教師的心理需求與工作投入之間的關係。研究發現，基本心理需求與工作投入呈中度正相關。學者張劍、張微和 Deci（2012）也一致認為，心理需求的各個維度（自主需求、勝任需求、關係需求）與員工的工作績效存在正相關關係。雖然沒有實證研究直接證明心理需求對於員工職業成功的影響，但是從上述分析可以看出，心理需求滿足能促發員工內在的工作動機和自主工作動機，使員工更加投入到工作和職業中去，在工作中充滿活力，這種積極的工作態度和投入會正向影響員工的工作表現，提高工作績效，從而影響客觀職業成功。同時，上述研究也表明，心理需求滿足能影響員工的幸福感和工作滿意度，這與主觀職業成功的內涵高度契合。

從職業自我效能感與職業成功的關係研究來看，研究者發現自我效能感會提高個體職業成功的可能性（Ballout，2009；劉華芹，黃茜，古繼寶，2013；Spurk & Abele，2014）。如 Ballout（2009）的一項研究發現，個體中高度的自

我效能感在職業承諾與主客觀職業成功間起調節作用。劉華芹、黃茜和古繼寶（2013）以中國261名來自不同企業的員工為被試，實證表明了個體的自主性職業態度、自我效能感能正向影響其職業成功。Spurk 和 Abele（2014）以時間維度為切入點進行研究時發現，工作個體的職業自我效能感能正向影響其客觀職業成功，進而客觀職業成功又正向影響其主觀職業成功，最後主觀職業成功又反過來正向影響職業自我效能感，形成一個正向影響環，周而復始地運行著。另外，也有研究者分別探討了自我效能感對主觀職業成功指標如工作幸福感和職業滿意度的影響（Schyns & Elart von Collani, 2002；Higgins，等, 2008；Mcdonald & Siegall, 1992），對客觀成功指標如薪資水準（Day & Allen, 2004；Valcour & Ladge, 2008）、工作投入（Caesens & Stinglhamber, 2014；Chaudhare，等, 2012；高鑫, 2011）、工作績效（Stajkovic & Luthans, 1998；Sdari, Rboertosn, 1993；閆威、陳燕, 2009）的影響，這些研究都可以作為個體的職業自我效能感能促進其職業成功的佐證。高鑫（2011）以證券公司客戶經理為研究對象，發現客戶經理的自我效能感能正向預測其工作投入。Chaudhare 等（2012）以印度公共組織及私人部門中的150名高管為被試，研究發現高管的自我效能對其工作投入產生直接或間接的影響。Spurk，Abele（2009）採用縱向研究的方法，實證研究了職業自我效能感和職業發展目標對個體主客觀職業成功的影響機制。研究發現，職業自我效能感在三個研究階段均正向影響個體的薪資水準和職業滿意度。如 Mcdonald & Siegall（1992）以正在經歷技術革新的技術人員為研究對象，發現自我效能感與工作滿意度存在顯著的正相關。Schyns 和 Elart von Collani（2002）在探討個體的職業自我效能與工作滿意度時，考慮了職業自我效能與工作滿意度多個方面的相關性，結果發現個體的職業自我效能感與對工作中上級的滿意度、對工作任務的滿意度、對工作中同事的滿意度等均呈正相關關係。由此可知，自我效能感和目標都是成功行動的決定因素。職業領域的自我效能感能帶來很多積極的結果，幫助個體擁有更好的職業適應性，從而使個體更有信心去處理工作任務及職業中的挑戰（Duffy, 2005），最終取得更大的職業成功。

　　從職業認同與職業成功的關係研究來看，雖然少有職業認同與職業成功直接關係的研究，但學者們對於職業認同與職業成功的近似變量、職業成功的主客觀指標都進行了大量的探討。職業成功的近似變量方面，Meijers, Kuijpers 和 Gundy（2013）以荷蘭三千多名學生和近兩百名教師為對象，發現職業認同正向影響職業產出。Hall 和 Chandler（2005）發現，職業認同會提高員工的績效產出。職業成功的主觀指標方面，Gümüs 等（2012）以土耳其公立學校238

名教師為被試，探討了組織認同、職業認同與組織滿意度、職業滿意度以及提前退休意向之間的關係，結果發現兩類認同都與工作滿意度呈正相關而與個體的提前退休意向呈負相關。Loi，Yue 和 Foley（2004）以香港 309 名律師為被試，發現職業認同對工作滿意度和組織承諾均有正向預測作用。國內學者劉彩霞和文若蘭等（2014）的研究也發現，職業認同與與主觀幸福感呈正相關。孫鈺華（2008）也認為，教師職業認同是教師幸福感的內在影響因素。

同時，也有較多的實證研究表明，職業認同與工作壓力、離職意願、職業倦怠呈負相關（Gaziel，1995；Moore & Hofman，1998；張敏，2006），而這些研究從反面證實了職業認同能正向促進個體職業成功的實現。另外，職業承諾體現了工作個體對當前職業的積極態度，包含了個體對當前職業的認同、積極投入及情感依賴等一系列的內在動機過程（龍立榮，方俐洛，凌文輇，2000）。而職業承諾作為個體職業成功指標的一個重要預測變量，它已經被廣大學者所證實（任皓，溫忠麟，陳啓山，2013；餘琛，2009；Ballout，2009；Poon，2004）。如餘琛（2009）通過對 149 名知識型人才的研究發現，個體的職業承諾可以預測其職業滿意度。Poon（2004）通過對馬來西亞的白領進行研究發現，職業承諾對客觀職業成功中的薪酬水準有正向預測作用，對主觀職業成功中的職業滿意度有正向預測作用。Ballout（2009）研究發現，職業承諾對客觀職業成功中的薪酬水準以及主觀職業成功中的職業滿意度有正向預測作用。

## 2.3　本章小結

本章重點對本研究中涉及的相關理論及相關構念進行了系統的文獻整理及回顧。從對職場精神性、職業成功、基本心理需求、職業自我效能感、職業認同及家庭需求的文獻回顧及梳理來看，我們可以總結出以下四點：①職場精神性的研究已經得到了國外學者的廣泛關注。職場精神性能夠影響員工的心理、態度和行為，對於組織及員工績效都有影響。而在易變的職業生涯時代，員工職業成功的重新詮釋和重要性也是組織行為領域研究的重點。並且職業成功作為員工職業成長的衡量標準之一，對於員工的職業生涯極其重要。目前只有較少的研究探討職場精神性對員工職業方面的影響，因此職場精神性對員工的職業方面變量的影響有待進一步開拓，而本研究正是基於職場精神性有意義的工作、團隊感、與組織價值一致感等核心因素來構建其與員工職業發展之間的邏輯關係，並且有效地拓展了職場精神性及職業成功這兩個構念的研究邊界。

②目前國內外對於職場精神性的研究更多地關注其產生的直接影響，而較少探討這些影響所發生的內在機制。已有的一些仲介機制探討也只是從社會交換、內在激勵等角度出發。這些相對匱乏的仲介機制研究，沒有很好地揭示職場精神性與結果變量之間的影響機制，使得職場精神性發生作用的過程仍然處於「黑箱」狀態，因此有必要對其加以研究。基於此，本研究將基本心理需求、職業自我效能感及職業認同作為職場精神性與職業成功之間關係的仲介變量，更進一步打開了職場精神性產生作用的「黑箱」機制，也拓展了對這一構念的研究視角。③目前對於職場精神性的研究較少研究其發生作用的邊界條件，因此情境因素是否能對職場精神性作用的發揮起到促進或抑製作用有待深入考量。而從工作家庭邊界理論來看，工作和家庭是互動的兩個情境，家庭因素勢必對員工的職業發展產生作用，並且有可能和職場交互作用，從而影響員工的職業態度和行為，因此可見家庭因素是員工在工作及職業發展過程中非常重要的因素。而目前對於家庭需求的研究也發現，家庭需求會導致員工的工作家庭衝突、增加員工的壓力，從而對員工產生反作用。但是目前的研究很少將家庭需求作為調節變量進行探討，因此本研究將家庭需求作為邊界調節引入研究之中，可以拓展職場精神性邊界調節的研究，同時也豐富了家庭需求相關的研究。④本章還對本研究擬採用的自我決定理論、社會認知理論及社會認同理論進行了梳理和總結，為本研究後續構建並形成理論模型奠定基礎。

# 3 理論模型構建與研究假設

本章在第二章國內外相關研究文獻的綜述以及相關理論的基礎上構建研究的理論框架，對核心變量的關係進行梳理，給出待驗證的實證模型，並提出研究的相關假設，最後對假設進行匯總。

## 3.1 概念模型的提出

本研究主要以自我決定、社會認知及社會認同理論作為整個模型的理論基礎和變量之間關係假設的理論依據，構建了職場精神性與員工職業發展之間關係的理論模型。職業發展採用職業成功作為結果變量進行測量，前文也已做說明。

職場精神性指的是員工在職場中體驗到的整體意義感（meaning & wholeness）和完整自我感（whole self），這種意義感和完整感讓個體的內在精神生活得到充實。職場精神性體現了工作本身帶來的意義，也體現了個體與職場中的他人、個體與組織之間的聯繫感（connectedness）。職場精神性使得員工在提升了職業生活的精神境界體驗的同時，也提升了其職業追求的目標，由關注物質和金錢逐漸向關注職業生涯中的心理感受和工作意義及工作目的轉變（Mitroff & Denton, 1999；王明輝, 2009）。國外學者雖然證實了職場精神性是員工工作態度、工作行為及組織績效的重要影響因素（Milliman, 等, 2003；Chawla, 2014），但相當少的學者在中國情境下對職場精神性進行過實證研究。因此，中國情境下的職場精神性的研究既是一個較新的課題，同時也具有較高的實踐價值。一方面，它既符合目前企業員工由關注外在物質獲得向關注內在心理感受轉變的趨勢，也與社會主義核心價值觀等理念相符合。另一方面，國內外學者對於職場精神性的實證研究大多從組織的利益角度出發，探討職場精

神性對員工組織承諾及組織公民行為、績效、離職等的影響，而較少從員工的利益角度出發探討職場精神性對員工自身職業成長的影響，因此有必要從員工成長角度探討職場精神性對於員工的作用。職業成功是個體在工作過程中累積的積極成果，是個體職業生涯發展成長的最直接表現之一（Ng & Feldman, 2010）。因而本研究將職業成功作為職場精神性的結果變量，嘗試探討職場精神性對員工職業成長的影響，既繼承了國外研究成果並在此基礎上進行開拓性研究，也符合當前中國員工的職業追求。

　　進一步地，本研究致力於探討職場精神性是借由何種途徑及如何對個體職業成功產生影響的。本研究認為，職場精神性除了對個體職業成功產生直接影響外，還會通過仲介變量對職業成功產生間接影響。基本心理需求理論被認為是自我決定理論的核心（張劍，張微，宋亞輝，2011）。該理論闡述了個體的內在心理需要是如何通過環境因素而對其行為及心理健康產生影響的作用機制。職場精神性不只是個體的精神性體驗，也是組織環境中精神性氛圍的體現，因此勢必對員工內在心理產生作用。並且以往的很多研究也從內在激勵、動機等角度解釋了職場精神性的作用（Lee, 2005），因此職場精神性對個體職業成功的影響機制可從自我決定理論下的基本心理需求理論加以解釋。同時，Deci 和 Ryan（2000）發現不管是在集體主義文化中還是個人主義文化中，勝任需求、自主需求、關係需求三種心理需求是普適性和與生俱來的，並且每個個體都趨向於選擇滿足這些需要的信息性環境。而職場精神性正是個體感知到的一種信息性環境因素，它對個體的自我決定產生影響，促進個體內在的因果知覺與勝任感。這就說明了基本心理需求理論中三大基本心理需求的滿足可能是解釋職場精神性與個體職業成功的仲介變量之一。

　　然而，僅僅以基本心理需求理論來解釋職場精神性與個體職業成功的關係是不夠的，因為從不同的理論視角可以更加清晰地解釋變量與員工態度行為之間的複雜機制（Walumbwa，等，2011），如果能通過其他的理論視角來解釋職場精神性與職業成功之間關係的複雜機制，這將是對職場精神性研究的重要理論貢獻。因此，本研究嘗試從社會認知和社會認同的理論視角對兩者之間的關係加以探討。首先，從社會認知理論視角來看，Bandura（1986）認為，在主觀因素（如職場精神性）和行為績效之間存在著多種自我調節機制，其中最主要的調節機制就是自我效能感。而職業自我效能感作為社會認知理論中的一個核心概念，是指「個體從事特定職業的能力的信念」（Hackett & Betz, 1981），充分體現了個體對於自我能力的認知和評價（self-evaluation），反應了個體對其成功實施某個行動的信念。職業自我效能感與目標共同構成了成功

行動的決定因素（Brown，等，2005）。其次，社會認同理論對職場精神性與個體職業成功的關係也具有解釋力。社會認同也是自我建構的過程，自我建構（self-construal）是在自我認知評價上的進一步發展，它與自我認知都會對個體的行為產生重要影響（Walumbwa，等，2011），因此我們嘗試著在自我認知理論的基礎上再加入社會認同理論對職場精神性與個體職業成功的關係加以解釋。多項研究證實了社會認同理論中的職業認同與自我效能感及心理需求滿足之間具有直接或間接的關係，這些因素共同構成了對個體相關行為的複雜影響機制。比如 Krishnakumar 和 Neck（2002）通過回顧已有文獻，發現精神性在職場領域受到重視是因為精神性對職場中個體的直覺和創造力、個體自我滿足感以及承諾和忠誠的培養都有促進作用。Valcour 和 Ladge（2008）以 916 名母親職員為被試，探討了工作領域中的相關變量（如職業認同、自我效能感）對女性主客觀職業成功的影響，發現女性的職業認同與其主觀職業成功正相關，而自我效能感與女性的主客觀職業成功均呈正相關。Ballout（2009）以黎巴嫩三座大城市的 180 名銀行職員為被試，探討了職業承諾對職業成功的影響，並探討了自我效能感的調節作用。結果發現，當個體具有中度或高度的自我效能感時，職業認同能對主觀職業成功和客觀職業成功產生正面影響。Conklin, Dahling 和 Garcia（2013）以美國 200 名大學畢業生為研究對象。結果發現，個體的職業決策自我效能（CDSE）在其對專業的情感承諾和職業預期結果，尤其是職業表現和職業滿意度之間起調節作用。

因此，通過研究對比我們可以發現，研究者們不僅對職場精神性與結果變量之間的仲介機制研究較少，並且現有的一些仲介機制探討也只是從較單一的角度出發，如社會交換、資源保存等角度。這些現有的仲介機制研究多數也比較簡單、籠統，不能全面、合理地解釋職場精神性對員工產生影響的內在心理機制。而基本心理需求、職業自我效能感及職業認同分別從自我決定、認知及認同的角度出發，從個體自我心理需求得到滿足，到自我認知評價，再到自我身分構建的層層遞進，可以更加全面清晰地解釋職場精神性對員工影響的複雜仲介機制。因此，本研究選取職業自我效能感、職業認同及基本心理需求三個構念作為仲介變量，重點探討這三個構念在職場精神性與員工職業成功之間的仲介機制。仲介機制的揭示，可以加深我們對職場精神性發揮效應的認識和理解，為今後的理論研究奠定基礎。

此外，職場精神性在組織環境中對員工產生的作用可能還會受到其他情境因素的影響。從工作家庭界面來看，職業或工作與家庭並非各自獨立，而是相互關聯的。儘管個體存在於職場和家庭兩個環境中，但它們的影響可以從一個

領域溢出到另一個領域（Staines，1980；Ford，等，2007），越來越多的人被家庭與工作的相互關係所影響（Eby，等，2005）。眾多理論和研究均表明了家庭因素（如家庭需求）是影響個體職業生活的一個重要情境因素：根據工作家庭邊界理論中有關角色壓力的相關研究，個體在家庭領域的高水準捲入會造成個體在工作領域的角色壓力增大（Kahn，等，1964）；從資源保存理論上講，個體總是努力獲得和維持他們認為有價值的資源（Hobfoll，1989），當個體認為家庭投入比工作投入更有價值時，個體會優先滿足家庭需求；當個體面臨的家庭需求（如照顧小孩、承擔家務）超越了他/她可以承擔的程度時，個體便會調用工作領域的資源（如時間、精力等）來臨時性地應對家庭需求，這就造成了家庭對工作的衝突（金家飛，徐姗，王豔霞，2014）。由此可見，家庭因素在員工職業生涯中發揮著重要作用。在探討職場精神性對員工職業成功的影響的時候，我們有必要考慮家庭因素在這一過程中所發揮的邊界作用。因此，本研究將家庭需求作為調節變量，來探討職場精神性對員工發揮作用所受到的情境因素影響。

　　最後，根據上述的文獻分析及理論分析，本研究提出以下概念模型（見圖 3-1）：

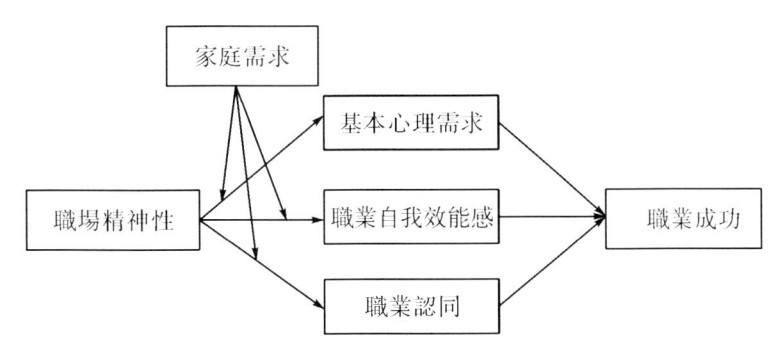

**圖 3-1　職場精神性對員工職業成功的影響機制模型**

模型中變量界定：

職場精神性指的是個體在職場環境中感知到的整體意義感及完整的自我，這種意義感和完整感讓個體的內在精神生活得到充實與超越。結構維度為：有意義的工作，團隊歸屬感、與組織價值觀的一致感。

職業成功指的是個體在職業發展進程中所獲得的，與職業生涯發展相關的、積極的工作成果和心理成果，分為客觀職業成功與主觀職業成功。

基本心理需求指的是個體存在三種先天的心理需求，分別為自主需求、勝任需求和關係需求，其中自主需求指的是個體希望自己的行為能夠遵循個人意

願和內在渴望，希望在行為中感受心理上的自由。勝任需求是指個體渴望自己能很好地擔任某個職位或輕鬆地完成某項工作而不會感到緊張和有壓力。關係需要則是指個體渴望與目標對象保持緊密聯繫和密切交往的需要，是一種能與他人建立互相尊重和依賴的感覺。

職業自我效能感指的是個體對自己完成與所從事職業相關的任務及要求的能力所持有的信念，是單維概念。

職業認同指的是員工對自己所從事的職業的認同狀態，對職業產生的依附性和歸屬感。

家庭需求指的是當個體同時具有工作及家庭方面的角色時，個體在家庭領域感受到的一個全方位的責任感水準和強度。

## 3.2 研究假設

### 3.2.1 職場精神性對職業成功的主效應

Krishnakumar 和 Neck（2002）通過回顧已有文獻發現，精神性在職場領域受到重視是因為精神性對職場個體的直覺和創造力、忠誠、個體自我滿足感及承諾的培養都有促進作用，進而可能有助於個體職業成功的實現。然而，職場精神性對個體職業成功的這種正向作用機制是否成立以及為何成立，卻鮮有學者對其進行細緻的探討。因此，本研究從自我決定、社會認知、社會認同三個理論視角及職場精神性的突出特徵和各維度出發，探討職場精神性與職業成功的關係及內在作用機制，以期對該問題做出較好的回答。

從自我決定理論來講，作為自我決定理論核心內容的基本心理需求（Deci & Ryan, 2000）主要闡釋了環境因素是如何通過內在心理需求而對個體的心理健康及行為產生影響的。即當個體在社會情境（如職場環境）中由於感受到高職場精神性因而在較大程度上滿足了三種基本心理需求時，其動機調節的方式會更傾向於內在動機，個體便會更加長久地保持執行該項任務時所需的狀態，進而產生更多正向的行為結果。對職場環境中的組織和個體而言，這種積極的行為結果便是更優的績效產出和更高的職業滿意度，最終推動工作個體走向職業成功。反之，無法達成心理需求滿足的環境通常會降低個體的動機、績效產出和幸福感（Reis, Sheldon, Gable, 等, 2000），並最終對個體的職業成功產生阻礙作用。

根據社會認知理論，自我效能感是眾多調節環境因素（如職場精神性）

和行為績效關係的機制中最為主要的調節機制，個體的自我效能感會受到社會、組織等環境的影響進而做出某些相應的行為。即員工個人對職場環境中精神性氛圍（有意義的工作、工作中的人際關係融洽、個人與組織價值觀趨同）的感知，會促進個體對自身完成與職業相關的任務及要求的能力的信念，即自我效能感的提高，進而會對個體的相關工作行為和態度產生積極的影響，如工作績效、職業滿意度等，並最終促進個體職業成功的實現（孟慧，等，2010；範金剛，門金澤，2011；Day & Allen，2004）。

根據社會認同理論，個體都試圖通過自我歸類保持一個積極的社會身分（Tajfel，1982），而職場精神性體驗讓員工感覺到與工作、同事及組織的聯繫感，感受到自己對工作、同事及組織的強烈認可，這種認可會使得個體傾向於將自身歸類於自己所工作的組織和自己所從處的職業群體，即產生職業認同感並形成職業承諾（Khanifar & Jandaghi，2010）。同時，這種認同感和職業承諾會使得個體以主人翁地位和更積極的態度從事當前工作，進而促使個體有更大的工作產出和更多的積極心理反應，並最終實現職業成功（Geh & TAN，2009；安秋玲，2010）。

另外，從職場精神性的概念和特徵來看，雖然學者們根據研究角度的不同而對職場精神性進行過不同的界定（Ashmos & Duchon，2000；Milliman，等，2003；Fry，2003；Liu & Robertson，2010），但其最突出的特徵則是個體富有激情地在職場中追求一個完整的自我和一個超越的自我（Kinjerski & Skrypnek，2004；Ashforth & Pratt，2010；Giacolone & Jurkiewics，2010）。這種對激情和超越自我的渴望會激發個體加大時間和精力的投入以提高其職業產出。更深層次地，職場精神性會影響個體的工作導向，促使個體將職業視作使命和天職（Lips-Wiersma，2002），從而以更積極主動的態度將私人個體和職業個體融為一體，從而更加投入工作（Jurkiewicz & Giacalone，2004），幫助其職業晉升等，從而促進客觀職業成功。同時，由於自我超越和自我實現是個體實現職業滿足和獲得幸福的主要元素（Pawar，2009），從而也會促進個體主觀職業成功的實現。

進一步從職場精神性的各個維度來看，雖然職場精神性是一個多維的構念（Gupta, Kumar & Singh，2014），但多數學者都將其維度鎖定在工作的意義及目的、團隊歸屬感以及自身核心理念與組織價值觀一致這三個方面（Milliman，等，2003；Gupta, Kumar & Singh，2014）。從職場精神性的各分維度出發，我們找到職場精神性與職業成功之間蛛絲馬跡的關係。首先，有意義和具有挑戰性的工作早已被學者（Hackman & Oldham，1976）證實了與個體的缺勤率和離職

傾向負相關，但個體對於工作的要求不止限於有趣和具有挑戰性，還追求工作給自我內在生活需求及奉獻他人所帶來的滿足感（Ashmos & Duchon, 2000; Milliman，等，2003）。而作為比有挑戰性的工作更加深刻、更具本質意義和更具個體化傾向的「有意義的工作」則對個體的職業行為和職業態度產生更積極的影響（Milliman，等，2003）。一方面，作為職場精神性最基本的一個維度（Milliman，等，2003），有意義的工作能讓個體感受到工作的樂趣，使其受到有意義工作的激勵，從而讓個體更加活躍和精力充沛，進而能更積極應對各種衝突和壓力，從而帶來更高的績效產出（Golparvar & Abedini, 2014; De Neve & Oswald, 2012），最終有利於個體客觀職業成功的達成。另一方面，有意義的工作更可能是一種「使命（calling）」，它會激發強烈的個體工作熱情（Dobrow & Tosti-Kharas, 2011），並且多個研究發現它對於主觀職業成功的影響要高於對客觀職業成功如經濟收益、晉升等的影響（Duffy，等，2012）。而部分學者的研究也發現，使命取向（即有意義的工作）能正向影響個體的工作滿意度（Duffy, Dik & Steger, 2011）和職業滿意度（胡湜，顧學英，2014）。有意義的工作會導致個體工作幸福感的產生，其原因在於追求有意義的工作是使得所有個體在這個世界生活得有意義的一個基本要求和重要組成部分（Seligman, 2002）。當個體感受到自己所從事的工作是很有意義且是為自我生活的終極目的而服務的時候，個體就會感到內心的幸福與快樂，這就使得有意義的工作促進個體主觀職業成功的達成。總之，個體的工作目的感及工作意義水準越高，那麼他的效能感水準、績效表現以及對於工作和生活各方面的滿意度水準（Ayers，等，2008; Long, Mills, 2010）、幸福感水準（Bakker, Schaufeli, 2008）也將更高，因而最終有利於個體主觀職業成功的實現。

其次，從團隊歸屬感維度來看，職場精神性與一般的精神性概念不同，它更強調與工作中的其他同事之間的普遍聯繫、磁性吸引力及患難與共，最終形成一個完全的整體（Harrington, 2004）。團隊歸屬感維度對個體職業成功的影響可從人際交往心理學和管理學兩個方面進行推導。從人際交往心理學角度上講，工作關係對於個體職業發展具有重要的價值，而同事關係在很大程度上可以影響個體的職業發展（周文霞，孫健敏，2010）。當個體感受到強烈的與同事及工作中他人的聯繫感時，他們之間就會相互信任、相互關心、相互尊重、相互支持並坦誠交流思想，共同解決工作中遇到的困難。而相關研究表明，如果個人在遇到困難的時候，有更大的支持網絡和更多的資源，那麼他們將更加能夠戰勝工作和職業發展中的困難，從而獲得職業成功（McKee-Ryan, Song & Wanberg, 2005）。從管理學角度上講，當個體感受到與同事及工作中他人的強

烈聯繫時，他就會願意與團隊成員分享自己掌握的權力和信息，更願意以民主的方式共同商討一致的決策或採取符合廣大同事利益的方式以進行某項工作，這也就提高了行動的科學性、降低了工作推進的障礙難度，因而更容易取得高工作績效和獲得職業成功（Baum & Silverman, 2004）。並且，與同事之間的關係對個體職業成功的積極影響也得到了眾多中外研究者的支持（Gao & Wu, 2014；Ucol-Ganiron Jr, 2013；McCallum, 2008；Bozionelos, 2008）。如 Ucol-Ganiron Jr（2013）在對菲律賓國內工程師的研究中發現，工程師的關係網絡及職業聯繫是其職位晉升及內在職業成功的有效預測變量。Gao 和 Wu（2014）通過對物流業 108 名女性員工進行研究發現，職場友誼對個體職業成功的三個指標均具有正向預測作用。Bozionelos（2008）研究發現，組織的內部網絡資源對個體內在和外在的職業成功具有重要影響。McCallum（2008）探討了個體的內外部關係網絡行為對個體職業成功及工作態度的影響機制。結果發現，個體的內外部關係網絡行為與其職業成功和工作態度均相關，並且內部關係網絡行為正向影響職位晉升、職業滿意度、工作滿意度等。

再者，職場精神性中個體價值觀與組織價值觀契合維度對個體職業成功的影響可從人-組織匹配理論方面進行推導。根據人-組織匹配（P-O Fit）理論，人-組織匹配是指組織成員的個人特徵與組織特徵的相容性。雖然現有的研究並未對人-組織匹配的維度形成統一的界定，但在多個具有影響力的觀點中，我們可以發現它們都包含了個體與組織價值觀一致性這一維度（Verplanken, 2004）。當個體感受到組織的價值觀與自己所推崇的價值觀契合時（即當人-組織匹配度很高時），個體的行為和態度會發生改變，具體表現為會更加認同組織、遵從組織、提高自己的組織承諾和工作投入等，進而提高個體的工作績效和職業成功的可能性。Bretz 和 Judge（1994）認為，人-組織的匹配情況可作為職業成功的預測指標。這一關係也得到部分研究的支持。如 Lambert 等（2011）發現，當員工的價值和目標與組織的價值和目標相融合時，他們會比那些沒有與組織的價值觀和目標相匹配的員工具有更好的產出。Erdogan, Kraimer 和 Liden（2004）以土耳其 30 所高中的 520 名教師為被試對象，探討了個體與組織的價值觀契合對個體主觀職業成功的影響機制。研究發現，當領導成員交換質量低或者個體感知到的組織支持程度較低時，個體與組織的價值觀契合對個體的工作滿意度和職業滿意度都具有正向預測作用。總之，在精神性得到重視的工作場所，員工不僅滿意度較高和更具承諾，而且也會有更低的缺勤率和更高的生產率（Chawla & Guda, 2010；Komala & Ganesh, 2007；Pawar, 2009），這都有助於個體主客觀職業成功的實現。由此可見，職場精神性的三

維度均能影響職業成功。

最後，從實證研究來看，雖然目前國內外學者還沒有直接對職場精神性與職業成功之間的直接關係進行研究，但我們發現有相當一部分學者認為，職場精神性與工作滿意度、職業韌性、幸福感等存在相關性，這為職場精神性與職業成功之間的關係提供了很好的實證參考（Altaf & Awan, 2011；Bodia & Ali, 2012；Chawla & Guda, 2010；Usman, 2010；鄒文篪，等，2015）。其中需要特別指出的是，Ashar 和 Lane-Maher（2004）的關於精神性與成功的研究發現，參與者的成功感知和他們的工作經歷、成就感及能在生活中找到「意義」及「目的」直接相關，這也為職場精神性與職業成功之間關係的假設提供了佐證。另外，學者關於職業呼喚的研究也發現，職業呼喚（意義、超越）能促進員工的職業成功（Hall, 2005）。

綜上所述，本書提出假設：

假設1：職場精神性對職業成功具有顯著的正向影響。

### 3.2.2 職場精神性對基本心理需求的影響

自我決定理論（SDT）認為個體存在自主需求、關係需求和勝任需求這三種先天的心理需求。自主需求指的是個體希望自己的行為能夠遵循個人意願和內在渴望，希望在行為中感受心理上的自由（Deci & Ryan, 2000）。關係需求指的是個體渴望與目標對象保持緊密聯繫和密切交往的需要，是一種能與他人建立互相尊重和依賴的感覺，並希望在與周圍人接觸的過程中得到關愛和感到被接納（Baumeister & Leary, 1995）。勝任需求指的是個體渴望自己能很好地擔任某個職位或輕鬆地完成某項工作而不會感到緊張和有壓力（White, 1959）。本部分將從自我決定理論、職場精神性的突出特徵和分維度以及間接推導等幾個方面對職場精神性與個體心理需求之間的關係進行探討。

一方面，基於自我決定理論，Deci 和 Ryan（2000）發現勝任需求、自主需求、關係需求這三種基本心理需求具有普適性和先天性，每個人都在為滿足這三種基本需求而努力，並且在對所處環境的選擇上普遍趨向於選擇信息性環境，因為這樣的環境能更好地滿足三種基本心理需求。作為積極心理變量的職場精神性可促進個體在職場中實現自我發展和超越以及對工作意義和職場中人際關係的重視，使之能夠很好地滿足個體對於自主的需要、勝任的需要和關係的需要，達到兩者之間的一個良好整合。

另一方面，從職場精神性的突出特徵方面來講，職場精神性承認員工的內在心理生活，幫助員工在職場中找到意義感，實現完整的自我和超越的自我

(Ashforth & Pratt, 2010; Giacolone & Jurkiewics, 2010; Kinjerski & Skrypnek, 2004), 具體表現為個體感受到有意義的工作、團隊感及與組織價值觀一致感, 它強調的是個體的內在精神需求及其滿足。首先, 當個體感受到自己所從事的工作是有意義的時候, 通常會積極主動地去爭取完成好該項工作, 進而導致個體產生勝任需求及自主性需求並致力於實現其滿足; 反之, 如果個體覺得自己目前從事的工作枯燥而無意義, 則會消極怠工, 產生惰性心理。其次, 當個體感受到與工作中同事的緊密聯繫時, 個體會增加自己對組織及同事的依賴, 因此會促進關係需求的產生, 並且隨著個體對組織及同事依賴程度的提高, 個體的歸屬感和關係需求亦更強烈並且在與組織和職業群體的密切交往中得到滿足。最後, 當個體的價值觀與組織價值觀契合時, 個體認同該組織的可能性會很高, 而此時個體產生對工作的勝任需求及對組織和同事的關係需求的可能性也會相應地提升, 這就有利於個體的勝任需求滿足及關係需求滿足的實現。

除此之外, 精神性(靈性)與心理需求的密切聯繫(常廣財, 2013), 還可以從以下兩個方面間接地加以證明: 一方面, 有些學者認為個體的某些需求本身就是靈性需求(張淑美, 陳慧姿, 2007; McSherry, 2010; Oldnall, 1996)。如 McSherry (2010) 認為, 人的靈性需求包括: 追求有意義的人生目標的需求、被愛及聯繫的需求、被諒解和寬容的需求、希望的需求、尋求超越的需求。臺灣學者張淑美和陳慧姿(2007)認為靈性需求可分為內在生命層面和與外在世界互動兩個層次, 並用意義、超越性、人際關係、宗教信仰、與環境的關係、與宇宙的聯繫六個層面作為靈性需求的評估項目。另一方面, 基本心理需求滿足是個體心理健康的必要條件(Edward, Deci & Ryan, 2008), 未得到滿足的心理需求通常會導致心理問題的產生或心理健康水準的下降(Baard, Deci & Ryan, 2004)。因此我們可以從精神性(靈性)體驗與心理健康/心理疾病的關係來看精神性與心理需求滿足之間的關係。目前, 已有大量研究結果可以證明精神性體驗能夠對心理健康產生正向促進作用(Fitchett & Canada, 2010; Romero, 等, 2006; Baetz, 等, 2002; Shannon, 2002)。如 Baetz 和 Larson 等(2002)在對住院病人的一項研究中發現, 精神性體驗能降低他們的抑鬱水準、減少他們濫用藥物的程度, 並最終提高他們的生活滿意度。Shannon (2002) 的研究表明, 高靈性的個體其情緒健康水準也通常較高。Romero (2006) 對以女性癌症患者為被試進行研究時發現, 靈性與情緒失調負相關。這些研究間接地說明, 正是由於精神性(靈性)體驗能對心理需求滿足產生影響, 從而才會進一步地對個體的心理健康問題產生影響。

綜上所述, 本書提出假設:

假設 2：職場精神性對基本心理需求有顯著的正向影響。

### 3.2.3 基本心理需求對職業成功的影響

從自我決定理論來看，STD 是一種動機認知理論，主要闡述了行為是通過自我決定和自我激勵而產生的。它強調了個體的自我管理和自我調節等自主性特徵，強調了個體具有自我決定的信念和個體對實現個人價值目標的努力，這就提高了個體客觀職業成功的可能性。作為自我決定理論的核心內容（張劍，張微，宋亞輝，2011），基本心理需求的滿足能降低或解除個體的焦慮、煩惱等負性情緒狀態，並能增加舒適度及幸福感（霍宗紅，莫玉梅，許邦文，2001），進而有利於個體主觀職業成功的實現。

從心理需求各維度上看，心理需求滿足對個體的職業成功也有重要的預測作用。首先，當自主需求得到滿足時，個體能自由地遵循自我意願處理工作任務，從而感受到心理上的自由（Deci & Ryan，2000；Broeck，2008）。個體能從容地協調好各項工作的先後順序及工作進度，這種舒心的工作狀態能提高個體的工作績效以及主客觀職業成功的可能性。其次，當個體的勝任需求得到滿足時，個體能輕鬆地完成工作而不會感到緊張和壓力，這不僅促進了其工作績效的提高和客觀方面職業成功（如加薪、升職等）的達成，更重要的是在主觀方面收穫了幸福（如工作滿意度、職業滿意度等），進而提高了其主觀職業成功。最後，當個體的關係需求得到滿足時，也會促使其職業成功的達成，這主要表現在兩個方面：第一，個體的關係需求得到滿足後，他會感覺自己是安全的、有依靠的，自己的存在對他人而言是有意義的，因此個體會更加積極主動地證明自己的存在價值以及在關係中對他人的意義，進而提高其在職場環境中成功的可能性。第二，個體的關係需求得到滿足後，其所獲得的關係資源通常會成為個體走向職業成功的助推器。眾多研究也已證實職場環境下的這種社會支持（如同事支持、主管支持等）能促進個體主客觀職業成功的達成（周文霞，孫健敏，2010；Baral & Bhargava，2010；Karatepe & Bekteshi，2008）。

就實證方面來看，我們發現已有部分學者對心理需求滿足與主客觀職業成功的關係進行了初步的探討，並且已經證實了心理需求滿足與工作投入（Gagne & Deci，2005；李敏，2014）、績效產出（張劍，張微，Deci，2012；Greguras & Diefendorff，2009；Vansteenkiste，等，2007；Baard，等，2004；Deci，Ryan，Gagne，等，2001）、情感承諾（Greguras & Diefendorff，2009）、敬業度、工作滿意度及工作幸福感（霍宗紅，莫玉梅，許邦文，2001；Lynch, Plant & Ryan，2005；Sapmaz，等，2012；Vansteenkiste，等，2007；Deci & Ryan，2000）

等積極變量正相關。如 Deci 和 Ryan 等（2001）通過對某資料處理公司的職工進行研究，發現他們的基本心理需要三維度與其工作績效和工作滿意度呈正相關。李敏（2014）以雲南騰衝縣第一中學的教師為被試，探討了教師的心理需求與工作投入之間的關係。研究發現，基本心理需求滿足與工作投入呈中度正相關。Sapmaz 等（2012）以土耳其某大學的 192 名學生為被試進行研究發現，心理需求各維度均與幸福感呈正相關關係，並且在對幸福感的正向影響程度方面，最強的是能力需求維度，其次是自主需求和關係需求維度。Vansteenkiste 等（2007）研究發現，當個體的自主需求、關係需求及勝任需求被阻礙後，會影響員工的工作產出。

從上述分析可以看出，心理需求滿足能促發員工內在的工作動機和自主工作動機，使員工更加投入工作和職業，在工作中充滿活力，這種積極的工作態度和投入會正向影響員工的工作表現，提高工作績效，從而影響客觀職業成功。同時，上述研究也表明，心理需求滿足能影響員工的幸福感和工作滿意度，這與主觀職業成功的內涵高度契合。

綜上所述，本書提出假設：

假設 3：基本心理需求對職業成功有顯著的正向影響。

### 3.2.4　基本心理需求在職場精神性與職業成功之間關係的仲介作用

從假設 2、3 可以看出，職場精神性對基本心理需求可能有顯著影響，而基本心理需求與職業成功之間可能存在直接關係，因此，我們可以進一步假定基本心理需求在職場精神性與職業成功之間起仲介作用。

首先，從自我決定理論來看，基本心理需求理論作為自我決定理論的核心內容，主要闡述了基本心理需求的內在含義及環境因素如何通過內在心理需求對個體的心理健康與行為產生影響。Deci 等（1980）認為，「自我決定不僅是個體的一種能力，還是個體的一種需要。人們擁有一種基本的內在的自我決定的傾向性，這種傾向性引導人們從事感興趣的、有益於能力發展的行為，以及形成與社會環境的靈活適應」。因而自我決定的核心內容——三大基本心理需求（自主需求、勝任需求、關係需求）也是個體與生俱來的，所有個體都為了滿足它們而努力，具有普適性。並且，若個體在特定的社會情境下其三種基本心理需求滿足程度較高，則他的動機調節方式便會傾向於內在動機，個體才會更加長久地堅持某項活動，保持積極的心理狀態，產生更積極的行為結果。而阻礙三種需要滿足的環境通常會降低個體的動機、成績和幸福感（Reis，等，2000）。

其次，從概念內涵來看，職場精神性核心內涵的「完整的自我」與「超越的自我」(Ashforth & Pratt, 2010)符合個體對自我發展的一種心理追求，並且個體與生俱來的三大基本心理需求會促使個體與自我所處環境（如職場精神性氛圍）的良好整合，以促進基本心理需求的滿足。因此，當個體感受到高職場精神性時，個體內在的關係需求、自主需求等也會得到極大的滿足，進而促使個體更傾向於內在動機來調節自己的心理狀態及活動方式，進而產生更加積極的心理成果（如滿意度、幸福感）(Deci & Ryan, 2000; Lynch, Plant & Ryan, 2005; Sapmaz, 等, 2012)和更加積極的行為結果（如工作投入度提高、工作績效上升等）(Baard, 等, 2004; Gagne & Deci, 2005; 張劍，張微，Deci, 2012)，因而提高了個體職業成功的可能。精神性（靈性）與主觀職業成功具有聯繫，可能是由於精神性滿足了個體的某類或某些心理需求（如想要職業晉升、渴望對工作的自我掌控、期待良好的人際環境等），從而帶給了個體較高的工作滿意度、職業滿意度（霍宗紅，莫玉梅，許邦文，2001; Lynch, Plant & Ryan, 2005; Vansteenkiste, 等, 2007)，進而促進個體的職業成功。

另外，從實證研究方面來看，Patrick 等（1999）的一項研究探討了精神性對患者幸福感的影響。在研究中他們發現，當患者精神性體驗較高時，其心裡感到更加幸福和滿足，從而病症也相應減少。這為我們構建心理需求滿足在職場精神性與職業成功之間起著仲介作用的假設提供了一定的參考。職場靈性的研究主要遵循「靈性—行為—績效」這一研究範式（張志鵬，和萍，2012；王小霏，2013），而研究已證實心理需求滿足會導致動機，進而產生某種行為(Hull, 1943)，因此我們可以進一步推導出「靈性—心理需求滿足—動機—行為—績效」模式，即心理需求也是靈性與績效之間仲介變量的一部分，並且這裡的績效可以指組織的績效也可以指個體的績效；而當個體績效提高時，其所獲得的職業報酬、職位晉升也會得到相應提高，從而促進個體的職業成功。既然職場精神性與心理需求或個體的內在動機具有顯著相關性，並且心理需求或內在動機與個體的主客觀職業成功之間有著密切的聯繫，那麼我們可以假設，基本心理需求在個體的職場精神性與其職業成功之間起著仲介作用。

綜上所述，本書提出假設：

假設4：基本心理需求在職場精神性與職業成功之間具有仲介作用。

### 3.2.5 職場精神性對職業自我效能感的影響

首先，根據社會認知的三元交叉理論，環境、認知、行為三者互為決定因素(Bandura, 1975)，環境會在很大程度上影響個體的認知水準。職場精神性

既是個體本身感知的精神性，也存在組織環境中精神性氛圍的表現。當個體感知到高職場精神性時，他會對自己能在多大程度上完成某項工作進行一個較積極的預估計。具體而言，當個體體驗到高職場精神性時，個體會認為自己所進行的工作是有意義、有價值的，進而會以更積極的態度來完成某項工作，即使在遇到挫折時也會持續不斷地勇往直前（即具有較強的抗挫折能力），進而提高了其繼續該項工作的持久性，也就是說，職場精神性能增強個體的自我效能感、希望、韌性等積極的心理狀態（王小霏，2013）。同時，當個體感知到高職場精神性時，他會認為自己與工作中相關個體（同事或主管領導）的關係融洽，與組織的價值觀一致，因而在進行某項工作時感覺自己容易得到他人及組織的支持，個體進而認為自己完成該項工作的可能性較高，從而形成較高的自我效能感。

其次，我們還可以從職場精神性的核心特徵來認識職場精神性與個體自我效能感的關係。職業自我效能感是個體對自己能否勝任和職業有關的任務或活動所具有的信念（Patrick，1999），而職場精神性最突出的特徵就是個體富有激情地在職場中追求一個完整的自我和一個超越的自我（Kinjerski & Skrypnek，2004；Ashforth & Pratt，2010；Giacolone & Jurkiewics，2010）。這種激情和對超越的渴望能增強個體在職業活動中的活力、信心和自尊，進而會增加個體對於職業的勝任感及完成職業任務的信念，讓個體在從事某項工作或職業時能夠更加持久有耐力，使個體具有百折不撓的精神和對目標的執著追求（Duffy，2005），最終形成並提高其職業自我效能感。由此可見，體驗到高職場精神性的個體一般也具有較高的自我效能感。

最後，從實證研究方面來說，很多學者（Konopack，McAuley，2012；Duffy，2010；Duffy，Blustein，2005）都認為，精神性與一般自我效能是相互關聯的，並且精神性能正向預測個體的自我效能感。如 Duffy 和 Blustein（2005）曾探討過職場精神性與職業決策中的信心兩者之間的關係。他們發現，具有宗教信念或者精神信念的大學畢業生在職業決策方面更加成熟，具有精神性聯結的個人在職業決策方面更加自信，更加願意探索多樣性的職業機會。而且當學生感到職業是一種使命的時候，他們更易有積極情緒，更加自信，尤其在面對學習環境中的挑戰時更是如此。也有研究表明，精神性能幫助非裔美國人實現人生的目標，當員工感受到工作中有精神性的聯結時，他們更容易感覺得到寧靜、內在力量、積極態度等（Duffy，2010）。

據此，本書提出假設：

假設 5：職場精神性與對職業自我效能感有顯著的正向影響。

### 3.2.6 職業自我效能感對職業成功的影響

根據社會認知的三元交叉理論，環境、認知、行為三者互為決定因素，個體的認知活動和他們的行為之間存在一定的因果關係，認知活動與外部環境因素和內在的思維活動一起決定著個體的行為，而個體的行為不僅取決於外部條件，更取決於內部因素。因此，自我效能感作為個體的一種內在思想活動，它對個體的行為具有重要的前置性影響。即自我效能感影響著個體的動機及行為選擇，以及在多大程度上付出自己的努力和在面對困難及挫折時堅持時間的長短（Bandura，1989），通過目標動機、掌控能力和自信以及面對困難時的持久性來影響自己的行為及其結果。

因此，從社會認知的理論角度出發，我們可以推出職業自我效能感能顯著影響個體的職業成功。具體而言，一方面，職業自我效能感能影響個體在職業及工作中目標的設置。具有高自我效能感的個體認為自己有能力做好較困難的工作或處理好一些較高難度的事件，因而在行動之前會有意識地提高目標設置的難度。具有高自我效能感的個體通常堅信自己能夠影響甚至控制其工作的環境或相關因素（Bandura，1989），從而取得較好的結果。比如 Bandura, Cervone（1986）發現具有高自我效能感的人在設立目標之後會比具有低自我效能感的人付出更多的努力來實現目標，他們會利用自己的已有知識、經驗和相關技能去應對所面臨的環境、會運用某些控制措施來強化他們的自我管理行為，進而幫助達成自我期待的目標，最終實現目標（King，2004）。另一方面，職業自我效能感能提高工作個體的職業投入和職業韌性。具有高自我效能感的個體在面對困難和挫折時往往表現出更多的自信和堅韌的態度，堅信困難是暫時的並且是可以克服的，因而會持續地付出更多努力而不會立即放棄。具有高職業自我效能感的個體會設置更高的職業發展目標，在職業上投入更多的精力，並且在對待與職業成功相關聯的工作任務時會表現出更持久的戰鬥力（Abele & Spurk，2009；Bandura，1997）。如職業效能感程度低的個體會在自己認為無法從事的職業面前產生逃避意向和行為，而高職業效能感者卻更願意為獲取職業相關的信息而進行大膽的嘗試並為之而努力。正如 Bandura（1989）在其社會認知理論的相關闡釋中指出的那樣，自我效能感會影響個體的思維方式和情緒狀態，並對解釋和預測人的行為有重要作用。

另外，從自我效能感與職業成功的定義可知，職業自我效能感是個體對自己能否勝任與職業相關的任務或活動所持有的信念（Patrick，1999），而職業成功是個體在職業發展的過程中，在心理上和工作成果上的積極的累積

（Seibert，等，2001）。自我效能感也是一種積極的心理信念，能夠促進個體對工作及職業抱有一種積極的態度，從而產生積極的結果。因此，自我效能感與職業成功之間存在一種天然的關聯，職業自我效能感是個體在職業過程中對自己從事職業的能力的信念，是一種積極的職業心理，能夠幫助個體明確職業發展文向，促進個體職業成功的實現。

最後，從實證研究來看，有研究者分別探討了自我效能感對如工作滿意度（Higgins，等，2008；Mcdonald，1992）、薪資水準（Day & Allen，2004；Valcour & Ladge，2008）、工作投入（Caesens & Stinglhamber，2014；Chaudhare，等，2012；高鑫，2011）、工作績效（Stajkovic & Luthans，1998；Sdari & Rboertosn，1993）的影響，這些研究都可以作為個體的職業自我效能感能促進其職業成功的佐證。如高鑫（2011）以證券公司客戶經理為研究對象，發現客戶經理的自我效能感能正向預測其工作投入。Chaudhare 等（2012）以印度公共組織及私人部門中的150名高管為被試，研究發現高管的自我效能對其工作投入產生直接或間接的影響。Sdari 和 Rboertosn（1993）在對有關效能感和績效關係的研究進行的元分析時發現，自我效能感與實際工作績效正相關。其後，Satjkovi 和 Lhutnas（1998）也進行了相同的研究，結果發現自我效能感與工作績效的相關係數為0.038。Spurk 和 Abele（2009）採用縱向研究的方法，實證研究了職業自我效能感和職業發展目標對個體主客觀職業成功的影響機制。研究發現，職業自我效能感在三個研究階段均正向影響個體的薪資水準和職業滿意度。Spurk 和 Abele（2014）以時間維度為切入點，探討了個體的職業自我效能感與主客觀職場成功的關係。研究發現，職業自我效能感正向影響客觀職業成功，客觀職業成功進一步正向影響主觀職業成功，最後主觀職業成功又反過來正向影響職業自我效能感，形成一個正向影響循環，周而復始地運行。

綜上可知，自我效能感和目標都是成功行動的決定因素（Brown，等，2005）。職業領域的自我效能感能帶來很多積極的結果，幫助個體擁有更好的職業適應性，從而使個體更有信心去處理工作任務及職業中的挑戰（Duffy，2005），最終取得更大的職業成功。

由此，本書提出假設：

假設6：職業自我效能感對職業成功有顯著的正向影響。

### 3.2.7 職業自我效能感對職場精神性與職業成功之間關係的仲介作用

從假設5、6可以看出，職場精神性對職業自我效能感可能有顯著影響，而職業自我效能感與職業成功之間可能存在直接關係，因此，我們可以進一步

假定職業自我效能感在職場精神性與職業成功之間起仲介作用。

首先，根據社會認知理論，個體的自我效能感會受到社會、組織等環境的影響進而使個體做出某些相應的行為。更確切地說，職場中的個體會受到工作場所環境（如精神性職場氛圍）的影響，形成自己對能否順利開展和完成某些特定工作的認知，即所謂的職業自我效能感。這樣的職業自我效能感又會進一步影響個體所做出的相應行為及其結果（如任務完成的質量）。具體而言，職場精神性反應了員工個人對於職場環境中工作意義、同事關係、組織價值觀的感知，會影響個體自我效能感的程度，進而影響個體的行為和態度。因此我們可以推理，體驗到高職場精神性的個體通常也會具有高職業自我效能感，並且這種高職業自我效能感會進一步促使職場中的個體走向職業成功。

其次，從以往的實證研究來看，自我效能感的仲介作用已經得到了廣泛的驗證。如孟慧（2010）發現工作自我效能感在學習目標定向和主觀幸福感之間起仲介作用；範金剛（2011）以高中生為被試，發現自我效能在班級氣氛與學生的學習投入之間起仲介作用；顧遠東等（2010）則在其實證研究中證明了自己所提出的「組織創新氛圍—創新自我效能感—創新活動」的理論構想的正確性。文獻回顧雖然並沒有發現以自我效能感為仲介變量來探討職場精神性與職業成功之間關係的研究，但我們發現個別學者（Day & Allen, 2004）進行了與這方面相關性最大的研究。Day 和 Allen（2004）以職業自我效能感和職業動機為仲介變量，探討了啓導對職業成功的影響機制。研究發現，職業自我效能感在啓導與職業成功的相應指標間發揮作用。此外，已有大多數研究都把自我效能感作為中間變量，研究某種因素對諸如工作績效、創新行為及主觀幸福感等與職業成功相關變量的影響。也有學者從效能感角度探討其在精神性與其他變量之間關係中的仲介作用，如效能感部分仲介精神性與生活質量之間的關係（Konopack & McAuley, 2012）等。這些研究都為我們認識個體職業效能感在職場精神性與職業成功之間的仲介作用提供了借鑑。

綜上所述，本書提出假設：

假設 7：職業自我效能感在職場精神性與職業成功之間具有仲介作用。

### 3.2.8 職場精神性對職業認同的影響

首先，從社會認同角度來看，職業認同是個體對所從事職業的一種依附性和歸屬感，是個體對自我身分的一種群體分類。當感知到高職場精神性時，個體能夠將自身與工作、同事及組織聯繫在一起（Milliman, 2003），在職場中感到完整自我、超越自我的存在。這種「完整的我」讓自我與工作及職業融為

一體，找到一種歸屬感及同一感，從而將自己歸類到某一職業群體，完成職場中的身分構建及職業認同。

其次，從職場精神性內涵來看，職場精神性最突出的特徵是個體渴望在職場中追求意義感和一個完整的自我（Ashforth & Pratt, 2010；Giacolone & Jurkiewics, 2010）。這一突出特徵使得個體在尋找特定崗位的工作時必然朝著這一目標來進行工作崗位的篩選，或者當個體已經從事某一類職業後必然要求目前的崗位能夠滿足他的這種高層次需求。因此，對於目前既定的職業而言，具有高職場精神性的個體通常也會具有較高的職業認同。

再次，從職場精神性的維度出發，當個體感受到目前所從事的工作是有意義和有價值的時候（Ashmos & Duchon, 2000；Kinjerski & Skrypnek, 2004）（即高職場精神性），個體會接受並認可這份工作給他帶來的積極體驗並會對該項或該類似工作產生眷念而不會產生尋求其他職業的意向，即該個體對目前所從事的職業產生認同感甚至忠誠。同時，根據社會認同理論，個體都試圖通過自我歸類保持一個積極的社會身分（Tajfel, 1982），因此，當個體感受到與團隊的緊密聯繫時，個體願意將自己歸於這個工作團隊和這類工作群體。在組織情境下，具有高職場精神性的個體會感受到與工作中同事或主管的緊密聯繫感和親密感，並進而對該職業群體形成一種歸屬感和依賴感，最終提高其職業認同。總之，隨著對所從事職業的嵌入，個體會愈加明顯地感受到職業和工作帶給自己的意義感，以及在與其他同事相處中感受到的歸屬感，這種感情會加深員工對自身從事職業的責任感，以及非理性的歸屬和依賴感（姚春序，劉豔林，2013），從而提升員工的職業認同感。

最後，從實證方面來看，目前對於精神性與認同的實證研究還比較缺乏（Gebelt & Leak, 2009）。不過研究者們（Kiesling & Sorell, 2009；Beaumont & Scammell, 2012；F. W. de Klerk, 2005）已經承認了精神性對認同發展的重要作用。如 F. W. de Klerk（2005）在一項職場靈性實踐與人力資源管理的研究中提出了包括「人生意義與職業貢獻的三個方面（即職業認同、職業彈性、職業計劃）均正相關」「人生意義與積極的工作取向、態度、行為正相關」等在內的一系列假設，這一研究有力地證實了職場精神性能正向影響職業認同。最近又有學者（Bickerton，等，2015）研究發現，精神性資源能正向預測個體未來的工作捲入度，並且對職業持久性具有重要影響。除此之外，國內學者發現與職場精神性相關的變量，如職業價值（封子奇，姜宇等，2010）、人際關係滿意度（安秋玲，2010；趙偉，2013）、積極組織氛圍（張寧俊，朱伏平，張斌，2010）等對職業認同具有正向預測作用。同時，職場精神性對與職業認同

相關的變量如敬業度、組織認同（Geh & TAN, 2009）等也具有正向關係。這些研究都為我們探討職場精神性與職業認同之間的關係奠定了基礎，並提供了間接的實證支持。

據此，本書提出假設：

假設8：職場精神性與對職業認同有顯著的正向影響。

### 3.2.9 職業認同對職業成功的影響

社會認同也是一種自我構建（self-construal）的過程，會對個體的行為產生重要影響（Walumbwa，等，2011）。根據社會認同理論，社會認同「是個體自我概念的一部分，它源於個體對某個社會群體中成員關係的瞭解並且與從屬於該群體關係的個體的價值觀和情感意義相聯繫」（Tajfel, 1981）。建立在社會認同理論基礎上的職業認同則是指「員工對自己所從事職業的認同狀態，對自身職業產生的依附性和歸屬感」（Hekman, 2009）。因此，當個體具有高度的職業認同感時，他會將該職業生活作為自己生命的一部分，將職業作為「完整的我」的重要構成，進而會以主人翁的立場和態度來面對自己所從事的職業，更加盡心盡力地做好工作上的每一件事，並以更積極的態度處理該職業發展道路上遇到的挫折，最終促進個體職業成功的實現。同時，當個體具有高度的職業認同感時，個體即認定了自己目前所從事職業的高價值性和意義感（即對職業工作的認同），因此更願意投入自己的時間和精力在該職業上，而個體增加的職業投入通常會幫助其提高職業成功的可能性。另外，當具有高度的職業認同感時，個體會不自覺地將自己納入目前這個職業群體中（即對職業群體的認同），以更積極的態度接納這個職業群體，並做出符合該職業群體利益的相關行為。作為回報，個體也會得到來自該職業群體或群體中個體的支持（如同事支持、主管支持）或其他群體內資源的提供，進而提高個體職業成功的可能性。總之，無論是從對職業工作的認同還是從對職業群體的認同而言，高職業認同感的個體往往能表現出對該職業的忠誠度而不願意更換目前的職業。也就是說，具有職業認同感的員工對於職業的承諾更高，而很多學者的研究證明職業承諾能預測職業成功（Poon, 2004；June & Bangi, 2004）。June和Bangi（2004）指出，擁有高職業承諾的員工更可能實現其職業成功。因此，我們推理，職業認同能提高職業承諾，並進一步影響職業成功。

同時，在實證研究方面，職業認同與職業成功之間的正向關係也得到了較多的驗證。如Meijers, Kuijpers和Gundy（2013）以荷蘭三千多名學生和近兩百名教師為被試，發現職業認同正向影響職業產出。McArdle等（2007）在澳

大利亞文化情境下進行研究時發現，高職業認同者在失業期間會有更多的求職行為，從而有更大可能重新就業。Gushue 等（2006）發現了職業認同水準越高的個體感知到的職業障礙越少，他們更傾向於主動採取有效率的行動，增加了他們獲得工作機會的可能。Gümüs 等（2012）以土耳其公立學校 238 名教師為被試，探討了組織認同、職業認同與組織滿意度、職業滿意度以及提前退休意向之間的關係，結果發現兩類認同都與工作滿意度呈正相關而與個體的提前退休意向呈負相關。Loi, Yue 和 Foley（2004）以香港 309 名律師為被試，探討了職業認同與工作滿意度、職業滿意度及組織承諾的關係，結果發現職業認同對工作滿意度和組織承諾均有正向預測作用。而國內學者劉彩霞和文若蘭等（2014）也研究發現，職業認同與主觀幸福感呈正相關。從已有實證研究可以看到，個體的職業認同能促使個體有效地把握工作機遇（McArdle, Waters, Briscoe, 等，2007）、應對職業障礙、適應環境的變化、提高績效產出（Hall & Chandler, 2005）以及提高個體的內在心理感受如工作滿意度和主觀幸福感（Gümüs, Hamarat, Colak & Duran, 2012；Loi, Yue & Foley, 2004；劉彩霞，文若蘭等，2014）等。另外，也有較多的實證研究表明，職業認同與工作壓力、離職意願、職業倦怠呈負相關（Gaziel, 1995；Moore & Hofman, 1998；張敏，2006），而這些研究從反面證實了職業認同能正向促進個體職業成功的實現。

綜上所述，本書提出假設：

假設 9：職業認同對職業成功有顯著的正向影響。

### 3.2.10 職業認同在職場精神性與職業成功之間關係的仲介作用

由前文可知，職場精神性對個體的職業認同有直接影響，並且職業認同與職業成功之間又有著緊密的聯繫，因此我們假設，職業認同在職場精神性與職業成功之間起仲介作用。

首先，根據社會認同理論，個體都試圖通過自我歸類保持一個積極的社會身分（Tajfel, 1982），而職場精神性體驗讓員工感覺到與工作、同事及組織的聯繫感，感到對職業工作和職業群體的正向評價和認可，即更自覺地將自己歸屬於這個職業群體和這個職業領域，從而產生職業認同感。而基於認知失調理論（Festinger, 1957），當個體對目前職業產生認同感時，往往會表現出與這種認可態度相一致的行為，以達到態度和行為的一致，減少因態度和行為不一致所產生的緊張感。因此，高職業認同的個體必然會以更積極的態度和行為來對待工作，這就使得個體會在組織和職場環境中有更大的職業發展，並最終實現職業成功。更確切地說，當個體具有較高的職場精神性體驗時，他自然地與自

己共事的工作群體（同業者）保持良好的關係，這種關係有時會超越目前短暫的工作而發展成長久的為特定職業目標奮鬥的戰友關係，這種對與之共事者的認同也會得到工作中其他人員的積極回應（如同事支持、主管支持），成為一種有利於個體職業發展的社會資源，並最終利於個體職業成功的達成（Gao & Wu, 2014; Bozionelos, 2008）。個體也會因感受到這份工作的意義而願意與這個職業群體以及將這個職業作為自己今後的職業選擇，而不會再有選擇其他工作或其他職業的意願，即產生職業認同和職業承諾。於是個體會以更積極的態度和行為處理本職工作，並且在面對職業發展道路上的困難時不再刻意逃避而是積極設法應對，即有助於自己客觀職業成功的達成。另外，當個體的價值觀與組織價值觀契合時，個體會對目前從事職業給予更多的肯定性評價（李永鑫，周海龍，田豔輝，2014），進而更可能自覺性地將自己歸於這個職業群體並且投身這個職業，由此更可能產生較高的職業認同，進而採取與該種態度相一致的行為並最終有助於自己主觀職業成功的達成。

其次，就實證研究方面來看，雖然目前缺乏將職業認同作為仲介變量來探討職場精神性與職業成功之間關係的研究，但已有個別學者（安秋玲，2010）在這方面做了類似的探討。如安秋玲（2010）通過訪談與問卷調查發現，與職場精神性相關的因素如人際關係滿意度和家人支持等因素對社會工作者的職業認同有正向促進作用，而職業認同又進一步影響社會工作者的工作投入、專業成就感及焦慮感等。而國外關於職場精神性的研究中，有學者探討了基於組織的自尊（從認同角度）在職場精神性與組織公民行為之間關係的仲介作用（Geh & TAN, 2009）。這些研究為我們從社會認同角度探討職場精神性與職業成功的仲介機制提供了實證參考。

綜上所述，本書提出假設：

假設 10：職業認同在職場精神性與職業成功之間具有仲介作用。

### 3.2.11 家庭需求的調節作用

根據工作家庭邊界理論、資源保存理論等理論，家庭因素會對工作個體的相關職場態度和行為形成積極或消極的影響（Duxbury & Higgins, 1991; Frone, 等，1992; Nichols & Schwartz, 1998）。從工作家庭界面（work-family interface）來看，職業或工作與家庭並非各自獨立，而是相互關聯的。儘管個體存在於職場和家庭兩個環境中，但它們的影響可以從一個領域溢出到另一個領域（Staines, 1980; Ford, 等，2007），越來越多的人被家庭與工作的相互關係所影響（Eby, 等，2005）。眾多理論和研究均表明了家庭因素（如家庭需求）是影

響個體職業生活的一個重要情境因素；根據工作家庭邊界理論中有關角色壓力的相關研究，個體在家庭領域的高水準捲入會造成個體在工作領域的角色壓力增大（Kahn，等，1964）；從資源保存理論上講，個體總是努力獲得和維持他們認為有價值的資源（Hobfoll，1989），當個體認為家庭投入比工作投入更有價值時，個體會優先滿足家庭需求。因此基於工作家庭邊界理論及資源保存理論，當個體面臨的家庭需求（如照顧小孩、承擔家務）超越了他/她可以承擔的程度時，個體便會調用工作領域的資源（如時間、精力等）來臨時性的應對家庭需求，這就造成了家庭與工作的衝突（金家飛，等，2014）。由此可見，家庭因素在員工職業生涯中發揮著重要作用，在探討職場精神性對員工行為態度等的影響時，有必要考慮家庭因素在這一過程中所發揮的邊界作用。因此本研究認為，家庭需求有可能在職場精神性與職業自我效能感、職業認同感和基本心理需求之間起到負向調節作用。

1. 家庭需求在職場精神性與基本心理需求之間的調節作用

自我決定理論（SDT）認為，個體存在自主需求、勝任需求和關係需求三種先天的心理需求。本研究在回顧相關文獻時發現，直接探討關於職場精神性與基本心理需求之間關係的實證研究幾乎沒有，但是已有研究表明職場精神性對個體內在動機、內在滿意度等有積極影響，對個體心理健康也有積極影響（Shannon，2002；Baetz，Larson，等，2002；Romero，2006）。這些研究都表明，精神性（靈性）與心理需求是有密切聯繫的（常廣財，2013）。同時，通過上文的理論推導我們也認為，職場精神性對基本心理需求有顯著的正向預測作用，當個體感知到高職場精神性時，其基本心理需求更易得到滿足。

但是，家庭需求作為家庭領域的一個重要變量，同樣也會對職場精神性與個體心理需求之間的關係產生重要影響。根據工作家庭邊界理論中有關角色壓力和角色衝突的內容，角色衝突是角色壓力的一種來源（Kahn，等，1964），當強烈地感受到來自家庭的需求時，個體會將有限的時間和精力分配一部分到家庭領域中，以承擔家庭相關角色對他的責任要求，因此必然導致個體與同事的交往程度、親密程度的降低，這種工作領域的關係的疏遠傾向會使個體逐漸感受到不被關愛、不被需要，尤其是逐漸被工作領域中的非正式組織團體所疏遠和排斥，最終產生關係需求的不滿足。同時，從資源保存理論來看，當個體感受到來自家庭方面的需求增加時，個體會因疲於應對來自工作和家庭方面的需求（Byron，2005）而無法最大限度地將時間和精力全身心投入到現在的工作當中，進而會有較差的工作績效產出，並對自我是否勝任目前工作抱有懷疑的態度，而不會有「運籌帷幄」「決勝千里」的英雄豪氣，最終導致對工作勝

任需求的不滿足。另外，面臨高家庭需求的個體往往在追求完整的自我和超越的自我過程中，往往力有不逮。這具體表現在家庭需求對個體工作及職業的牽制性影響上。個體為了滿足來自家庭方面的種種責任和需求，會做出基於整個家庭而非單獨個體自身的相關行為（Leong，1993），使個體難以更自由、更自主地按照自我意願處理工作上的事宜，最終導致其對自主需求的不滿足。由此可見，面臨高家庭需求的個體，即使感知到職場中的高精神性，這種高精神性發揮作用也被高家庭需求所削弱。高職場精神性與高家庭需求的交互作用，減弱了職場精神性對員工基本心理需求的作用。

綜上所述，本書提出假設：

假設 11：家庭需求在職場精神性與基本心理需求之間起負向調節作用。

2. 家庭需求在職場精神性與自我效能感之間的調節作用

社會認知的三元交叉理論認為，環境、認知、行為三者互為決定因素（Bandura，1989），環境在很大程度上影響個體的認知水準。從更為寬泛的意義上講，工作中的個體不只是身處工作場所這個環境之中，同時也身處家庭環境之中，工作環境與家庭環境之間的交互作用共同構成一個影響個體認知水準的大環境。前文通過理論推導和實證舉例已經提出了假設，即職場精神性與自我效能感具有相關性，職場精神性對職業自我效能感有顯著的正向影響。並且該假設得到了以往眾多學者研究結論的支持（Konopack & McAuley，2012；Duffy，2010；Duffy & Blustein，2005）。但是，這一假設是在個體只受工作環境的影響假定下做出的。當考慮到家庭因素（家庭需求）對個體的影響時，情況又當如何？為此，我們進行如下的推導與假設。

根據本研究對職場精神性概念內涵的界定，職場精神性指的是個體在職場環境中感知到的整體意義感及完整的自我，這種意義感和完整感讓個體的內在精神生活得到充實與超越。職場精神性最突出的特徵在於個體渴望在職場中追求一個完整和超越的自我（Ashforth & Pratt，2010；Giacolone & Jurkiewics，2010）。根據工作家庭邊界理論中有關角色衝突的內容（Kahn，等，1964；Duxberys & Higgins，1991），當強烈地感受到來自家庭的需求時，個體會將有限的時間和精力分配一部分到家庭領域中，以承擔家庭相關角色對他的責任要求，因此必然導致個體與工作中同事的交往程度、親密程度的降低，進而會得到更少的來自同事、主管領導等相關工作個體的支持，最終降低個體對於完成工作任務的自信，從而降低其職業自我效能感。另外，當個體感受到來自家庭方面的需求增加時，個體會因疲於處理來自工作和家庭方面的需求（Byron，2005）而對現有工作的意義性和目的性抱有懷疑的態度，進而不會以更積極的態度來

完成某項工作，其對工作的抗挫折能力和持久性也會降低，進而導致低職業自我效能感的產生。同時，面臨高家庭需求的個體在追求完整的自我和超越的自我過程中，無論在情緒上還是在時間精力上，都會感到疲於應對，因此來自家庭的需求對於個體職業發展渴望的這種牽制性因素也會降低其職業自我效能感。

從實證方面來看，雖然並沒有以家庭需求為調節變量來討論職場精神性與職業自我效能感之間關係的研究，但是已有研究證實了家庭需求負向影響個體的自我效能感，而家庭需求的反面即家庭支持則正向影響個體的自我效能感（Whiston，1996；Hall，2003；Lent，Brown，Nota & Soresi，2003；Nota，等，2007；張寧俊，等，2015）。如張寧俊等（2015）在其構建的工作家庭間角色資源跨界增益模型中指出，工作家庭資源（包括工具性資源和情感性資源）會增強個體心理資源（如自我效能、自信等積極心理特徵和積極情緒）。Hall（2003）認為，個體的家人對其進行態度或行為上的支持或反支持都會影響個體的職業自我效能感。因此從實證研究可以看出，當個體在家庭領域獲得支持時，其對職業的信念更強；反之，當個體在家庭領域面臨種種責任和需求時，其常常感到精力疲憊，難以應對工作的需求。並且可能由於需要處理家庭方面的事情而耽誤工作和職業的晉升，從而降低對職業的信念。

綜上所述，本書提出假設：

假設12：家庭需求在職場精神性與職業自我效能感之間起負向調節作用。

3. 家庭需求在職場精神性與職業認同感之間的調節作用

根據社會認同理論，社會認同是指「個體知道自己歸屬於特定的社會群體，而且自己所獲得的群體資格會帶給其某種價值意義或情感，是個體自我概念的一部分」（Tajfel，1981）。而職業認同是指個體對自己的職業興趣、天賦和目標等方面認識的清晰程度和穩定程度（Holland，Johnston，Asama，1993）。前文通過理論推導和實證列舉已經提出了假設，即職場精神性與職業認同感具有相關性，職場精神性與對職業認同感有顯著的正向影響。並且該假設得到了以往眾多學者研究結論的支持（Kiesling & Sorell，2009；Beaumont & Scammell，2012；F. W. de Klerk，2005）。

但是，家庭需求作為家庭領域的一個變量，也會對職場精神性與個體的職業認同關係產生重要影響。具體而言，當個體感受到高家庭需求時，由於要疲於處理隨之而來的家庭工作衝突（Voydanoff，2005；Boyar，等，2008），並要面對巨大的壓力（Frone，Russell & Cooper，1992；Williams & Alliger，1994；Nordenmark，2004；Choi，等，2006；Lu，等，2008），個體會對目前所從事工作乃至所從事職業的意義性和價值性產生質疑並對自己在該職業中的發展前景產生非清晰性、非穩定性的認識，因而會降低其對該職業的興趣、認可度和忠誠度，並產生調換工作或進入其他職業領域的意願以應對來自家庭的需求。同時，根據工作家庭邊界理論中的角色衝突的相關內容，我們知道，當強烈地感受到來自家庭的需求時，個體會分配部分時間和精力到家庭領域，以承擔家庭相關角色對他的責任要求，因此必然導致個體與同事的交往程度以及親密程度的降低，而這種關係疏遠傾向會降低個體對於自己是否屬於某個組織或職業群體的認知，進而導致職業認同感的降低。另外，根據資源保存理論，當個體的精力或時間資源無法滿足家庭角色需求時，個體就會出現緊張、焦慮等，進而他會從其他領域（如工作領域）調用資源，以此來降低由於家庭領域的資源不足所帶來的壓力感（Freund & Riediger，2001；Westman，等，2005）。最終，工作領域相關資源（如時間、精力、關係等資源）的降低又會導致個體因工作領域資源的不足而產生焦慮、緊張等負向情緒狀態，從而影響個體在工作中的表現，並最終造成職業認同感的降低。

從實證研究來看，以往學者的研究雖然並沒有以家庭需求為調節變量來討論職場精神性與職業認同感之間的關係，但是已有研究證實了家庭需求會提升個體工作倦怠感（Voydanoff，1988）、提高缺勤率（Erickson，Nichols，Ritter，2000）以及降低工作承諾（Campbell & Campbell，1994），進而導致個體職業認同感的降低。從有關的實證研究來看，家庭方面的因素能阻礙或者幫助組織方面的因素對員工發揮作用，從而起到情境因素的作用。並且已有很多研究證明與家庭需求相關的一些變量，如家庭支持（李永鑫，趙娜，2009）、配偶支持、工作家庭衝突等（Matsui，Ohsawa，等，1999），能影響組織環境因素對員工發揮作用，在組織相關變量與員工工作行為、態度之間起調節作用。這些實證研究得到的結論都為本研究的家庭需求作為邊界條件的推導論證提供了有力的佐證。

綜上所述，本書提出假設：

假設13：家庭需求在職場精神性與職業認同感之間起負向調節作用。

### 3.2.12 研究假設匯總

如表3-1所示，經過上述的論證分析，得出本研究13個待驗證的研究假設：

表 3-1　　　　　　　　　　　研究假設匯總

| 假設編號 | 假設內容 | 假設類型 |
|---|---|---|
| H1 | 職場精神性對職業成功具有顯著的正向影響 | 開拓性 |
| H2 | 職場精神性對基本心理需求有顯著的正向影響 | 開拓性 |
| H3 | 基本心理需求對職業成功有顯著的正向影響 | 驗證性 |
| H4 | 基本心理需求在職場精神性與職業成功關係之間起仲介作用 | 開拓性 |
| H5 | 職場精神性對職業自我效能感有顯著的正向影響 | 開拓性 |
| H6 | 職業自我效能感對職業成功有顯著的正向影響 | 驗證性 |
| H7 | 職業自我效能感在職場精神性與職業成功關係之間起仲介作用 | 開拓性 |
| H8 | 職場精神性對職業認同有顯著的正向影響 | 開拓性 |
| H9 | 職業認同對職業成功有顯著的正向影響 | 驗證性 |
| H10 | 職業認同在職場精神性與職業成功關係之間起仲介作用 | 開拓性 |
| H11 | 家庭需求對職場精神性與職業自我效能感之間關係具有負向調節作用 | 開拓性 |
| H12 | 家庭需求對職場精神性與職業認同之間關係具有負向調節作用 | 開拓性 |
| H13 | 家庭需求對職場精神性與心理需求之間關係具有負向調節作用 | 開拓性 |

## 3.3　本章小結

　　本章首先基於文獻綜述和相關理論回顧，並結合本書的主要研究問題，通過初步訪談徵求組織內員工的相關意見，確定了適用於本研究的職場精神性的概念內涵、結構維度及測量量表。其次，在文獻回顧和總結推理的基礎上，確定了職場精神性到職業成功路徑的仲介變量和調節變量，其中仲介變量為基本心理需求、職業自我效能感及職業認同，調節變量為家庭需求。最後，本章在理論歸納及文獻綜述的基礎上提出了本書的理論框架和研究假設。本研究的假設包括職場精神性對職業成功影響的主效應，基本心理需求、職業自我效能感及職業認同在職場精神性與職業成功之間關係的仲介效應，家庭需求對職場精神性與基本心理需求之間關係、對職場精神性與職業認同之間關係及職場精神性與職業自我效能感之間關係的調節效應。

# 4 研究設計

　　為了更好地研究職場精神性對組織內員工職業發展的影響，本章在前文提出的理論模型的基礎上，首先對核心變量進行了具體清晰的操作化定義。其次，選取與研究領域相關的被廣泛採用的信度和效度較高的變量量表，並對原始問卷為英文的量表進行前期的翻譯和回譯工作，最後確定用於問卷調研的問卷設計方案，並採納相關專家學者和企業內員工的建議對初始問卷的題項和內容佈局進行篩選、補充、修正，最終形成正式調查問卷。其三，為了進行有效的問卷調研，本研究以實地調研的方式開展，依託博士期間科研團隊的人員支持，並獲得企業人力資源主管及部門主管的協助，在企事業單位開展實地調查研究。另外，我們使用SPSS16.0和AMOS17.0等分析軟件對量表的信度效度進行檢驗，此階段使用Cronbach's $\alpha$ 系數來衡量構念的信度，使用驗證性因子分析技術對構念進行收斂效度檢驗，並得到相應的結論。

## 4.1 構念操作性定義

　　根據本研究構建的理論模型，在兼顧驗證構念本身的結構維度並確保測量有效性的前提下，本研究傾向選擇較為簡短的量表，以避免過於繁雜的調查問卷給被試對象造成厭煩的心理，從而保證數據質量和研究的有效性。因量表的原始語言為英文，按照慣例，我們採用直接翻譯結合回譯的方式來保證翻譯質量。在量表的翻譯過程中，我們根據中文的語言習慣並結合研究對量表進行了整理和細化的翻譯工作，並與行業專家、實踐管理中團隊領導或成員進行充分的溝通交流和反覆閱讀，反覆對問卷中有歧義、用詞不當、意思模稜兩可的條目進行修正，最終將研究模型中的變量測量條目納入正式的調研問卷中。

### 4.1.1 職場精神性

本研究採用存在主義觀點並結合 Mitroff 和 Denton（1999）、Ashmos 等（2000）及 Milliman 等（2003）對於職場精神性的定義，認為職場精神性指的是個體在職場環境中感知到的整體意義感及完整的自我，這種意義感和完整感讓個體的內在精神生活得到充實與超越。具體表現為個體感受到的與工作、團隊中他人及與組織的聯繫感，即感受到工作的意義及目的、感受到與同事及工作中的他人的聯繫感以及自身核心理念與組織的價值觀的一致性，包括「有意義的工作」「團隊歸屬感」「與組織價值觀的一致感」這三個維度。其中「有意義的工作」包括工作本身帶給個體的意義感和目的感，這種意義感和自身認為人生中重要的東西相關，能實現個人意義，對社會有貢獻等。「團隊歸屬感」涉及與團隊中成員真誠以待、彼此關心、服務他人等，這一維度能解釋個體在團隊中感受到的個人意義和歸屬感等。「與組織價值觀的一致感」首先強調個體感知組織價值是積極向上的，組織關心員工及社會，個體的價值觀和組織的價值觀一致等。三個維度雖然側重點不一樣，但是都是強調個體內在感受到的意義、聯繫感、超越自我感。在測量方面，本研究以 Milliman 等（2003）開發的職場精神性的量表為基礎，通過專家回譯等方式最終得到職場精神性量表，共 21 個題項。

### 4.1.2 職業成功

職業成功指的是員工在職業生涯發展過程中所獲得的「積極的心理和工作產出的累積」（Seibert & Kraimer, 2001），本研究採用主觀職業成功和客觀職業成功兩個維度。其中客觀職業成功參考（Tharenou, 1999）的測量標準，使用收入水準、加薪次數、加薪幅度、晉升次數和晉升速度五個指標。由於中國情境的需要，我們採用薪酬標準和晉升次數為客觀職業成功。薪酬標準採用月薪而非年薪，更加符合中國員工的實際情況。晉升次數的含義是職務上的各種提升或工作責任重要性的提高或工作範圍的拓寬等。本研究將薪酬劃為五個不同的等級，被試者根據自身情況進行選擇。晉升次數包括在目前公司的晉升次數及工作以來的晉升次數。主觀職業成功表現為一種心理感受，使用 Greenhaus（1990）開發的五個題項的職業滿意度問卷，題項如「您是否對自身職業所取得的成功感到滿意」「您對薪酬是否感到滿意」等。主客觀職業成功量表題項共 8 項。

### 4.1.3 基本心理需求

自我決定理論（SDT）認為，個體存在三種先天的基本心理需求，分別為自主需求、勝任需求和關係需求。自主需求是指個體希望自己的行為能夠遵循個人意願和內在渴望，希望在行為中感受到心理上的自由（Deci & Ryan, 2000; Broeck, 2008）。勝任需求是指個體渴望自己能很好地擔任某個職位或輕鬆地完成某項工作而不會感到緊張和有壓力。關係需求是指個體具有內生的希望與他人建立聯繫、成為組織中一員的意願，在與周圍人接觸的過程中感受到關愛的需求。本書採用 Deci 等（2000）提出的三個維度概念，認為基本心理需求滿足指的是人先天的三種需求即自主需求、勝任需求和關係需求得到滿足，並結合 Deci 和 Ryan（2001）及 Ilardi 和 Kasser（1993）的測量標準確定了心理需求的測量量表，包括「我感覺自己能夠決定如何開展自己的工作」「工作中和我親近的人很少」等 13 個題項。

### 4.1.4 職業自我效能感

職業自我效能感（occupational self-efficacy）指的是個體對於自己成功完成職業相關任務及要求的能力的信念（Spurk & Abele, 2014），個體從事特定職業的能力的信念（Hackett & Betz, 1981），個體對實施與職業相關的行為、教育和職業的選擇，以及對其堅持性的信念（Hackett & Betz, 1997）。本研究的目的是探討職場中員工對於所從事的職業所具有能力的信心，不特指某種具體職業，比「任務自我效能感」（task-specific self-efficacy）要更寬泛，但比「職業生涯自我效能感」（career self-efficacy）要更具體。因此結合 Hackett 和 Betz（1981）、Abele 和 Spurk（2009）、Rigotti, Schyns, Mohr（2008）等的定義，即職業自我效能感是「個體對目前從事職業的能力所持有的信念」，並採用 Rigotti, Schyns, Mohr（2008）修訂的職業自我效能感的測量量表，包括「我認為自己能應對工作或職業中的大部分挑戰」「工作或職業中遇到困難時，我能保持冷靜，因為我相信自己的能力」等 6 個題項構成。

### 4.1.5 職業認同

職業認同，又稱為職業同一性，被學者們定義為「個體在多大程度上認為自己的職業角色是重要的、有吸引力的、與其他角色是融合的」（Moore & Hofman, 1998）。職業認同是一種過程，是個體自我從自己的經歷中逐漸發展並確認自己的職業角色的過程（魏淑華，2005）；同時也是一種狀態，是員工

感到自己與職業「同一」的狀態，並對職業產生依附感（Hekman，2009）。本研究結合 Hekman（2009）及魏淑華（2005）的定義，將職業認同界定為「個體對自己所從事的職業的認同狀態，對自身職業產生的依附性和歸屬感」，並採用 Hekman（2009）單維測量量表，由「當別人稱讚我的職業時，我感覺自己也受到了稱讚」「當別人批評我的職業時，我感覺自己也受到了屈辱」等 5 個項構成。

### 4.1.6 家庭需求

Yang 等（2000）認為，家庭需求代表的是個體對於充分履行家庭角色相關責任的承諾和壓力，比如精力和時間的花費和對於履行家庭責任的努力。Boyar 等（2007；2008）將家庭需求定義為「（個體）在家庭領域感受到的一個全方位的責任感水準和強度」，其強調了三點：首先，需求要從全方位去衡量，而非單指某一種需求或某一類需求；其次，需求是有強度的，不同強度的需求對個體的影響是不同的；最後，需求必須要被感受到。

本研究採用的家庭需求定義主要參考以上所列研究者的研究，認為家庭需求指的是當個體同時具有工作及家庭方面的角色時，個體在家庭領域感受到的一個全方位的責任感水準和強度。測量方法採用 Boyar 等（2007）開發的四題項量表。

## 4.2 問卷設計

### 4.2.1 問卷調查法

1. 問卷設計原則

為確保問卷調查過程的嚴謹性，調查問卷的設計須基於理論假設，同時也要基於被訪者的知識背景，並保證問題的完備性、互斥性及能夠被正確理解。問卷設計需要考慮的因素有很多，不同的研究其問卷設計可能有所不同，然而科學的研究都有一定的規律可循，楊國樞和文崇（2006）認為在問卷設計過程中，需遵循以下幾條原則：一是問卷詞句表達要明確清晰，避免含混不清的題項，含混不清容易造成理解的偏差，並且答題者如果無法理解所提的問題時，往往會選擇中立態度的答案。二是用詞盡量中性以免誘導填答者，不能帶有傾向性，避免答卷者為滿足社會期望值而非真實答題。三是題項是否符合研究假設的需要。這意味著問卷中的問題應是研究假設或研究目的所必需的，所

用題項不能隨意設置。四是避免不完整的非完備問題。五是問題是否具有暗示作用。這就要求問題的用詞盡量用中性的詞，避免對答題者有任何的引導，從而保證答題的客觀性。六是在指導語部分，向被訪者說明研究目的並做出保密承諾，包括研究人員對答卷者的承諾（如結果與答卷者分享並對調研數據保密）及研究的聯繫方式以及對答卷者的感激等。若量表是對國外研究量表的翻譯，應該保證翻譯質量，確保量表的實用性和可行性。因此，應採取簡明扼要、通俗易懂的表述方式設置問題。上述這些原則為我們如何設計問卷提供了一種參考的框架，研究者在具體研究時還應該具體問題具體分析。總之，問卷設計是一門嚴謹的學問，它關係到變量最終的信度和效度，需要仔細對待。

2. 問卷設計過程

本研究將基於上述原則設計相關調查問卷，具體步驟如下：

首先，根據本書的研究目的對研究涉及的核心變量進行回顧和整理，由此基於本書的研究需要對變量進行操作性定義並建立變量之間的邏輯關係。在梳理相關核心變量文獻過程中，收集和整理那些已經被驗證具有較高信度和效度的成熟國外量表（謝家琳，2008）。

其次，通過英漢對譯，產生中文版本的測量條款。不同的文化、語言背景可能導致測量量表存在跨文化差異，為避免不恰當翻譯導致對原量表的曲解和歪曲，在研究過程中，可以採用回譯的方式還原測量題項在不同情境下的真實表達。在本研究中，為確保嚴謹性，職場精神性、職業成功、職業自我效能感、職業認同、基本心理需求及家庭需求六個量表均是採用國外學者開發的成熟量表。具體的方式如下：首先請工商管理專業及組織行為學專業的博士對國外的英文量表進行翻譯，並對翻譯後的中文量表進行討論、分析及整理，爭取做到準確、簡潔、易懂及符合中國人的思維習慣和表達習慣。其次，再請兩名有英語專業背景的博士對問卷進行回譯，與原版進行對比，對那些差異較大的題項進行重新修改。

再次，通過討論及初步訪談優化初始問卷。在對量表進行有效翻譯的基礎上通過對企業內部人員及專家的討論和訪談優化初始問卷。具體步驟如下：首先，就調查問卷中的問卷佈局、開篇導語、題項內容、問卷結構等相關問題舉行小規模的科研團隊討論會，與相關專家及本專業博士研究生進行討論分析。其次，對問卷題項的措施、題項的情景和研究對象（在職工商管理碩士學員、組織內管理人員和一般員工）進行小規模的初步訪談，對問卷的合理性進行深入分析。最後，在討論和初步訪談結果的基礎上，結合專家、企業管理者及員工的意見，對問卷進行進一步分補充和完善，最終形成研究調研問卷。

最後，通過小樣本測試檢驗、修正、完善初始調查問卷。馬慶國（2003）及榮泰生（2005）均認為小樣本測試可以篩選和淨化題項，達到檢驗問卷信度和效度的目的。因此本研究的初始調查問卷還需要進行小樣本的檢驗，在小樣本測試結果的基礎上，再與相關專家討論，進一步修正和完善初始問卷，以形成最終的大樣本調查問卷。

3. 社會贊許性偏差處理

社會贊許性偏差即個體為維護自己良好的形象而出於印象管理的動機或免於批評、責罰或尷尬而表現的積極自我評價或自我描述，這種迎合社會期許及他人期望的回答往往會對數據的準確性造成消極的影響（Ganster, Heimessey & Luthans, 1983）。這種問題在自我報告的調研中經常出現。為了盡量防止社會贊許性偏差對本研究造成的干擾，本研究通過以下三種方式來盡量降低社會程序性偏差問題帶來的研究障礙，具體如下：一是問卷的表達上盡量採用客觀、中性的表達方式；二是問卷發放過程中強調問卷的匿名性和學術性，做好問卷的保密回收工作，降低被試者的戒備心理；三是在答題過程中，問卷發放者會不時地提醒答題的客觀性，不要在題項上停留太久，盡量憑自身的實際情況和第一感覺答題，從而確保在一定程度上降低了社會稱許性問題的出現。

4. 共同方法偏差處理

在實際研究中，若測量環境及語境相同、數據來源一致，將很容易導致測量變量與效標變量的人為共變，這種人為導致的共變被稱作共同方法偏差（Cornmon method biases），它作為一種系統性誤差會對研究結果產生混淆及誤導（Podsakoff，等，2003）。對於共同方法偏差對本研究造成的消極影響，本研究基於周浩和龍立榮（2004）的方法，對共同方法偏差進行了程序控制和統計控制。其中，在程序控制方面：一是在基於嚴謹理論構思及對國外成熟量表借鑑的基礎上，盡量客觀闡述問卷語言，避免主觀態度傾向流露。二是設置反向問題，即通過設置兩個含義相反，分佈距離較遠的反向題來推測數據的真實性，從而在一定程度上降低共同方法偏差問題。三是測量過程中，通過告訴被試本研究屬於匿名調查，會對個人的隱私進行全程保密，並且所有答案僅用於學術研究之用，不會有其他用途，消除被試者的戒備心理，從而贏得被試者對研究的理解和支持。

### 4.2.2 樣本來源

1. 抽樣方法

抽樣的方法一般來說分為隨機抽樣和非隨機抽樣。隨機抽樣是根據隨機原

理進行抽樣，這種方法抽樣的代表性較高，可以反應所研究樣本的總體性，避免了抽樣過程中人為因素的干擾。但是由於隨機抽樣過程要求較為苛刻，研究者們往往基於便利原則更多採用非隨機抽樣。非隨機抽樣是根據調查者主觀的標準來抽樣。便利抽樣是非隨機抽樣方法的一種，這種方法對調查條件的要求較低，容易操作，也容易控制調查的進度，時間及金錢成本較低，並且比較適合進行探索性研究，因而這種抽樣方法應用較為普遍。除了便利抽樣，非隨機抽樣還包括滾雪球抽樣。本研究以組織內員工為研究對象，由於研究人員及時間的限制，加上考慮到調研的困難程度、經濟成本和人力成本，因此選擇這兩種非隨機抽樣的方式來獲得研究樣本。便利抽樣主要是利用西南財經大學工商管理碩士學員和中國銀行、莫仕成都公司的在職員工來收集問卷。滾雪球抽樣主要是通過同學、朋友請他們在自己的朋友圈或同事當中通過紙質或電子版的形式發放和回收問卷。

2. 樣本收集方式及樣本分佈

本研究主要採用問卷調查法進行數據收集，包括紙質問卷和電子問卷兩種方式。為了收集符合要求的足夠數量的樣本，本研究人員求助大學同學、同事、家人及學生等，與不同組織單位的員工建立聯繫，採取滾雪球抽樣的方式，與人力資源部經理、銀行主管、部門經理等建立聯繫，請他們幫忙收集數據。採用紙質版的方式所獲得的數據信度和效度相對較高，因此本研究在發放問卷上以紙質版為主，以電子版為輔。紙質版問卷的發放又以實地發放和郵寄發放相結合的方式。其中，西南財經大學工商管理碩士在職班和中國銀行、民生銀行、莫仕成都公司、四川工人日報社的調研完全採用實地發放紙質問卷的方式收集數據，其他地方由於地理位置偏遠、調研對象過於分散等原因，主要採用電子版問卷來收集數據。對於本地的實地調研，我們盡量親自發放並收回問卷。在問卷發放過程中，我們告訴被試人員每個人的問卷都是匿名填寫，這樣可以盡可能地打消被試人員的顧慮，並且我們承諾此次調研是完全保密的，所收集的數據只進行整體性的分析，不會顯示個體信息。對於郵寄的問卷和電子版的問卷，主要通過調研的熟人或者學生家長來獲得所需樣本。

所獲得樣本來自成都、重慶、杭州、深圳、北京、東莞等地，從樣本的地區分佈來看，基本覆蓋了中國的中、東、西部地區，分佈相對均衡。從樣本的性別來看，男女比例大體相當。從樣本的教育水準來看，本科以上居多，學歷水準較高。從樣本的年齡上來看，35歲以下被試較多，呈現出年輕化的特點。從樣本的職業結構來看，以商業及服務型單位的基層員工為主。

## 4.3 相關變量的測量

在前文論述的基礎上，本小節將界定職場精神性、職業成功、基本心理需求、職業自我效能感、職業認同以及家庭需求六個變量的具體測量量表，搜集了國內外相關成熟量表來設計變量的測量問卷。並採用 Likert 5 級計分法對變量進行測量，其中，1 代表「完全不同意」、2 代表「不同意」、3 代表「不清楚」、4 代表「同意」、5 代表「非常同意」。

### 4.3.1 職場精神性測量量表

本研究採用 Milliman 等（2003）對職場精神性構念所修訂的 3 維度量表（該量表由 Milliam 根據 Ashmos 和 Duchon（2000）的量表修訂而成），來衡量員工感知到的職場精神性程度。該量表體現了普適性特徵，不含宗教性條目，因此目前在學術研究領域使用較為廣泛，也較符合中國員工的普遍情況。該量表共 21 個題目，其中：有意義的工作維度包含 6 項、團隊歸屬感維度包含 7 項、與組織價值一致感維度包含 8 項。在 Ashmos 和 Duchon（2000）的研究中，分量表信度系數 α 分別為 0.88、0.91、0.94。職場精神性測量量表如表 4-1 所示。

表 4-1　　　　　　　　　　　職場精神性測量量表

| 測量維度 | 編號 | 題項 |
| --- | --- | --- |
| 有意義的工作 | A11 | 在工作中我能體會到快樂 |
|  | A12 | 在工作中，我感到精神充實 |
|  | A13 | 工作和我認為的生命中重要的束西相關 |
|  | A14 | 我每天期待著去上班 |
|  | A15 | 我覺得自己的工作對整個社會有所貢獻 |
|  | A16 | 我看到了工作帶給我的個人意義 |
| 團隊歸屬感 | A21 | 同事之間的相互合作是有價值的 |
|  | A22 | 我覺得自己是團隊/集體中的一員 |
|  | A23 | 我相信團隊/集體中的成員都相互支持 |
|  | A24 | 在團隊/集體中我們可以自由表達意見 |
|  | A25 | 我相信團隊/集體中的成員都真誠關心彼此 |
|  | A26 | 在團隊中，我有一種家的歸屬感 |
|  | A27 | 我認為有一個更大的共同目標聯繫著團隊/集體中的每個人 |

表4-1(續)

| 測量維度 | 編號 | 題項 |
|---|---|---|
| 與組織價值一致 | A31 | 我感覺我們公司/單位的價值觀是積極的 |
| | A32 | 我們公司/單位能夠關心窮人 |
| | A33 | 我們公司關心所有員工 |
| | A34 | 我們公司/單位是有道德善心的 |
| | A35 | 我覺得自己和公司/單位的目標息息相關 |
| | A36 | 我們公司/單位關心員工的健康 |
| | A37 | 我覺得自己和公司/單位的最高使命有關係 |
| | A38 | 公司/單位關心我的內在精神世界是否充實 |

### 4.3.2 職業成功測量量表

本研究採用客觀職業成功與主觀職業成功兩個分維度對職業成功進行測量。其中客觀職業成功的測量參考 Tharenou（1999）的職業提升量表（Career Advancement scale）的測量標準，並根據研究的需要和中國員工的具體情況，採用月薪（單位：人民幣）和晉升次數來測量。其中月薪的範圍包含基本工資、獎金、津貼等貨幣性收入，劃分為五個不同等級：3,000元及以下，3,000~5,000元，5,000~7,000元，7,000~9,000元及9,000元以上；晉升次數包括職務提升、工作責任提高及範圍擴大等，包括現公司晉升次數及在不同公司所獲得的晉升次數，劃分為五個不同等級：0次，1~2次，3~4次，5~6次，更多。

主觀職業成功主要測量員工對於職業的主觀心理感受，本研究採用 Greenhaus 等（1990）開發的職業滿意度（career satisfaction scale）問卷，本量表是單維量表，包括5個題項。

職業成功測量量表如表4-2所示。

表 4-2　　　　　　　　　　職業成功測量量表

| 測量維度 | 編號 | 題項 |
|---|---|---|
| 客觀職業成功 | M11 | 我的薪酬水準 |
| | M12 | 我參加工作以來晉升的總次數 |
| | M13 | 我在現單位晉升的次數 |

表4-2(續)

| 測量維度 | 編號 | 題項 |
|---|---|---|
| 主觀職業成功 | B11 | 我對自己的職業所取得的成功感到滿意 |
|  | B12 | 我對自己職業中取得的進步感到滿意 |
|  | B13 | 我對自己職業取得的薪酬感到滿意 |
|  | B14 | 我對自己的晉升速度感到滿意 |
|  | B15 | 我對自己職業中不斷獲得的新技能而感到滿意 |

### 4.3.3 基本心理需求測量量表

本研究用於測量基本心理需求的量表以 Deci 和 Ryan 等（2001）的量表為基礎，並結合 Ilardi 和 Kasser 等（1993）的測量標準，修訂後該量表共有 13 個題項。典型題項如「我感覺能夠決定自己的工作如何開展」「我真的很喜歡與自己一起工作的人」「我有機會在工作中學習有趣的新技能」等。Ryan 的原始量表的 Cronbach's α 系數為 0.83～0.89（比利時樣本和美國樣本有細微差異）。基本心理需求量表如 4-3 所示。

表 4-3　　　　　　　　　　基本心理需求測量量表

| 測量維度 | 編號 | 題項 |
|---|---|---|
| 自主需求 | K11 | 我感覺能夠決定自己的工作如何開展 |
|  | K12 | 我感覺在工作中受到了強制 |
|  | K13 | 我感覺在工作中能自由發揮自己的想法和見解 |
|  | K14 | 在工作中我需要按照別人所吩咐的去做 |
|  | K15 | 我沒有機會決定如何開展自己的工作 |
| 關係需求 | K21 | 我真的很喜歡與自己一起工作的人 |
|  | K22 | 我和工作中的同事相處融洽 |
|  | K23 | 我將一起工作的人視為朋友 |
|  | K24 | 工作中和我親近的人很少 |
| 勝任需求 | K31 | 我有機會學習工作中有趣的新技能 |
|  | K32 | 我常常能從工作中感到成就感 |
|  | K33 | 我享受工作中的挑戰 |
|  | K34 | 我沒有機會在工作中展示自己的能力 |

### 4.3.4 職業自我效能感測量量表

本研究中對於職業自我效能感的研究主要考察的是員工對目前所從事的職業的整體效能感，因此選取 Rigotti 和 Schyns 等（2008）編製的職業自我效能感表，該量表為單位量表，共有 6 個題項。Rigotti 和 Schyn 等（2008）關於員工職業自我效能感的研究中，使用了該量表，他們採集的三個國家的不同樣本顯示的信度係數在 0.85～0.9；CFI 在 0.92～0.98。另外在 Hirschi 等（2015）對該量表的使用中，信度係數 α 為 0.83。職業自我效能感測量量表如表 4-4 所示。

表 4-4　　　　　　　　職業自我效能感測量量表

| 編號 | 題項 |
| --- | --- |
| D11 | 工作或職業中遇到困難時，我能保持冷靜，因為我相信自己的能力 |
| D12 | 工作或職業中出現問題的時候，我通常能找到多種解決辦法 |
| D13 | 無論工作或職業中遇到什麼問題，我一般都能處理 |
| D14 | 我覺得自己的工作經驗有助於將來的職業發展 |
| D15 | 我認為自己能實現自己設定的工作或職業目標 |
| D16 | 我認為自己能應對工作或職業中的大部分挑戰 |

### 4.3.5 職業認同測量量表

本研究根據研究的目的及對職業認同的界定，選取 Hekman（2009）編製的職業認同測量量表，這一量表為單位量表，主要測量員工對目前從事職業的整體認同感。該量表包含 5 個題項。在 Hekman（2009）對該量表的使用中，α 係數為 0.8，在 Trybou 等（2014）對該量表的使用中，信度係數 α 為 0.82，可見該量表的信度較高。職業認同測量量表如表 4-5 所示。

表 4-5　　　　　　　　職業認同測量量表

| 編號 | 題項 |
| --- | --- |
| C11 | 當別人稱讚我的職業時，我感覺自己也受到了稱讚 |
| C12 | 當別人批評我的職業時，我感覺自己也受到了屈辱 |
| C13 | 當談到我的職業同行時，我一般用「我們」而不是「他們」來稱呼 |
| C14 | 我從事的這個職業本身的成功，也代表著我個人的成功 |
| C15 | 當媒體批評我從事的職業時，我會感到很尷尬 |

### 4.3.6 家庭需求測量量表

本研究測量家庭需求時採用 Boyar 等（2007）開發的感知的家庭需求測量量表。該量表共有 4 個題項，典型題項如「我要費力處理與家庭相關的各種事情」「我的家庭需要我所有的關注和照料」等。量表的 Cronbach's α 系數為 0.74。家庭需求測量量表如 4-6 所示。

表 4-6　　　　　　　　　　家庭需求測量量表

| 編號 | 題項 |
| --- | --- |
| F11 | 我要費力處理與家庭相關的各種事情 |
| F12 | 我的家庭需要我所有的關注和照料 |
| F13 | 我感覺自己面臨很多的家庭需求 |
| F14 | 我在家庭需要承擔很多的責任 |

### 4.3.7 控制變量

本研究將調查中員工的年齡、性別、受教育程度、組織性質、工作年限及職位等人口統計學變量作為控制變量。其中，性別分為男性與女性；婚姻狀況為已婚和未婚；年齡按實際歲數分為六個階段：25 歲及以下、26~30 歲、31~35 歲、36~40 歲、41~45 歲及 46 歲以上；教育程度分為五個等級：高中及以下、大專、本科、碩士及博士；工作年限包括參加工作年限和在本單位的工作按年份分為五個等級：3 年以下、3~5 年、5~10 年、10~15 年及 15 年以上；職位級別分為：一般員工、基層管理者、中層管理者及高層管理者；單位性質分為五種類型，具體包括政府/事業單位、國有企業、民營/私營企業、外資企業及其他。

## 4.4 小樣本測試

本研究通過小樣本預調研對問卷題項進行分析和修訂以確保後續大樣本調研中的信度和效度，保證研究的嚴謹性。

### 4.4.1 小樣本測試過程

為了檢驗西方情境下開發的量表在中國情境的可靠性與準確性，在進行正

式的大樣本調查之前，本研究進行了小樣本測試，通過對量表進行信度和效度分析從而達到對量表的題項進行分析和修正的目的，進而為大樣本的調查做準備。本研究的小樣本測試的樣本收集採用兩種方法：一是在西南財經大學工商管理碩士在職班的課堂發放，現場填寫並回收，發放 70 份，回收 50 份；二是請在各個組織中工作的朋友或同學填寫，得到 160 份問卷。兩種方法一共獲取 210 份問卷。在獲取問卷後，對題項答案呈「Z」字形排序、空白過多、不確定性過多或所有題項都選擇一個答案的給予刪除，剔除無效問卷 30 份，最終得到有效問卷 180 份，有效率為 85.71%。

### 4.4.2 小樣本情況描述

我們從性別、年齡、受教育程度、工作年限、職位以及所屬職能部門等方面對被試者進行描述，如表 4-7 所示。

表 4-7　　預試樣本個人信息統計分佈表（$N=180$）

| 變量 | 分類 | 頻率 | 百分比(%) | 累積百分比(%) |
|---|---|---|---|---|
| 性別 | 男性 | 87 | 48.3 | 48.3 |
|  | 女性 | 93 | 51.7 | 100 |
| 婚姻 | 未婚 | 54 | 30.0 | 30.0 |
|  | 已婚 | 126 | 70.0 | 100 |
| 學歷 | 高中/中專以下 | 3 | 1.7 | 1.7 |
|  | 大專 | 29 | 16.1 | 17.8 |
|  | 本科 | 108 | 60.0 | 77.8 |
|  | 碩士研究生 | 25 | 13.9 | 91.7 |
|  | 博士研究生 | 15 | 8.3 | 100 |
| 年齡 | 25 歲以下 | 18 | 10 | 10 |
|  | 26~30 歲 | 74 | 41.1 | 51.1 |
|  | 31~35 歲 | 60 | 33.3 | 84.4 |
|  | 36~40 歲 | 15 | 8.3 | 92.8 |
|  | 41~45 歲 | 6 | 3.3 | 96.1 |
|  | 46 歲及以上 | 7 | 3.9 | 100 |

表4-7(續)

| 變量 | 分類 | 頻率 | 百分比(%) | 累積百分比(%) |
|---|---|---|---|---|
| 工作年限 | 3年以下 | 17 | 9.4 | 9.4 |
| | 3~5年 | 40 | 22.2 | 31.7 |
| | 6~10年 | 80 | 44.4 | 76.1 |
| | 11~15年 | 26 | 14.4 | 90.6 |
| | 15年以上 | 17 | 9.4 | 100 |
| 職位級別 | 普通員工 | 93 | 51.7 | 51.7 |
| | 基層管理者 | 47 | 26.1 | 77.8 |
| | 中層管理者 | 34 | 18.9 | 96.7 |
| | 高層管理者 | 6 | 3.3 | 100 |
| 單位性質 | 政府/事業單位 | 49 | 27.2 | 27.2 |
| | 國有企業 | 47 | 26.1 | 53.3 |
| | 民營/私營企業 | 58 | 32.2 | 85.6 |
| | 外資單位 | 14 | 7.8 | 93.3 |
| | 其他 | 12 | 6.7 | 100 |

由表4-7可知，小樣本測試中的男性有87位，占48.3%。女性有93位，占51.7%。被試中已婚的占70.0%，未婚占30.0%。被試者年齡集中在26~30歲，占41.1%，31~35歲，占33.3%，其他年齡段占比較少。被試者的學歷中，高中/中專以下占1.7%。大專學歷占16.1%；本科學歷最多，占60.0%，碩士研究生及以上學歷占22.2%。被試者的職位中，普通員工最多，為93名，占51.7%，基層管理者占26.1%，中層管理者占18.9%，高層管理者占3.3%；被試者來自的單位性質中，政府/事業單位占27.2%，國有企業員工占26.1%、民營/私營企業占32.2%、外資企業占7.8%，其他占比6.7%。

### 4.4.3 小樣本分析方法

1. 信度分析

信度（reliability），又稱可靠性，美國心理學會（APA）將其界定為測量結果免受誤差影響的程度，可以認為是採用相同方法對相同變量進行重複測量所得結果一致的程度。對信度的評價主要採用內部一致性（Internal Consistency）方法，常用的有折半信度（Split-half Reliability）和Cronbach's α係數，Cronbach's α係數主要測量Likert式量表的信度，本研究主要採用CITC分析及Cronbach's α係數進行評價，對於評價標準，一般Cronbach's α係數大

於等於 0.7 是可以接受的，CITC（Corrected Item Total Correlation）值即修正條款的總相關係數，一般當 CITC 值小於 0.5 時，該題項屬於垃圾條款，可以刪除（吳明隆，2003），但有些學者（盧紋岱，2002）認為 0.3 也是標準的範圍。

2. 效度分析

構念效度是用來評價量表多大程度上測量了想要測量的構念，特指構念的定義與測量之間的一致性程度，本研究重點對結構效度（Structure validity）和內容效度（Content validity）進行了檢驗。

（1）內容效度

內容效度主要是量表在內容上是否包含要測量的東西，Haynes 等（1995）認為遺漏測量指標或指標與構念內容無關都會對測驗分數產生影響。本研究選取成熟量表並通過回譯的方式確定量表內容，在一定程度上有效保障了內容效度。

（2）結構效度

結構效度主要是檢驗量表的內部結構，Bagozzi、Yi 和 Phillips（1991）認為結構效度代表了理論與量表之間的契合度，即測量的相關條款是否能夠形成一個整體而指向某一具體維度。結構效度包含區別效度和聚合效度，其中，區別效度代表了相同變量測量之間的差異化程度，而聚合效度代表著同一概念的不同條款之間的一致性。對於結構效度的檢驗，可以通過探索性因子分析的方式進行因子分析，並通過 KMO（Kaiser-Meyer-Olykin Measure of sampling Adequaey）值和 Bartlett 球體檢驗進行判別。具體的方式如下：首先，Bartlett 球體檢驗統計值的顯著性概率需小於等於顯著性且 KMO 值大於 0.7。其次，在通過最大方差法進行特徵值大於 1 的因子旋轉分析時，若出現以下三種情況則要刪除該測量條款：一個測量條款形成唯一因子、某測量條款因子荷載小於 0.5、測量條款所有因子都小於 0.5 及在多個因子上載荷都大於 0.5（Lederer & Sethi，1991）。篩選後，若剩餘因子載荷都在 0.5 以上，且累計解釋方差大於 50%，則能夠體現量表良好的結構效度，實現科學的需要（楊志蓉，2006）。

### 4.4.4 小樣本分析結果

1. 職場精神性量表信度與效度分析

根據前文提到的方法對職場精神性的信度進行分析，量表的 Cronbach's α 值及分析結果如表 4-8 所示，職場精神性量表 Cronbach's α 係數為 0.922，分量表的信度分別為 0.994、0.901、0.853，均達到可接受程度。另外，根據

CITC 的判別標準，本研究選擇 0.3 作為淨化測量條款的下限，並且刪除題項後 α 系數均有所上升才考慮刪除。職場精神性量表的題項均達到標準，所有題項予以保留。

如表 4-8 所示，本研究進一步通過對職場精神性測量量表進行探索性因子分析，幫助確定職場精神性的因子結構及其結構效度，從表 4-9 可以得出，職場精神性的主成分分析中，KMO 值為 0.780，大於 0.7，且 Bartlett 球體檢驗的顯著性概率為 0.00，說明該樣本適合進行因子分析，對樣本數據進行主成分分析後，數據顯示所有測量條款聚合為 3 個因子，所有題項因子載荷均大於 0.5，3 個因子累計解釋方差達 69.856%。說明量表的結構效度較好。

表 4-8　　　　　　　　職場精神性量表信度分析結果

| 量表維度 | 題項 | CITC 值 | 刪除該條款後的 Cronbach's α 值 | 分量表 α 值 | 量表 α 值 |
|---|---|---|---|---|---|
| 有意義的工作 | A11 | 0.973 | 0.994 | 0.994 | 0.922 |
|  | A12 | 0.974 | 0.994 |  |  |
|  | A13 | 0.982 | 0.993 |  |  |
|  | A14 | 0.989 | 0.992 |  |  |
|  | A15 | 0.989 | 0.992 |  |  |
|  | A16 | 0.973 | 0.994 |  |  |
| 團體感 | A21 | 0.870 | 0.868 | 0.901 |  |
|  | A22 | 0.862 | 0.869 |  |  |
|  | A23 | 0.591 | 0.900 |  |  |
|  | A24 | 0.616 | 0.898 |  |  |
|  | A25 | 0.553 | 0.904 |  |  |
|  | A26 | 0.870 | 0.868 |  |  |
|  | A27 | 0.628 | 0.896 |  |  |
| 與組織價值觀一致 | A31 | 0.650 | 0.829 | 0.853 |  |
|  | A32 | 0.537 | 0.842 |  |  |
|  | A33 | 0.562 | 0.839 |  |  |
|  | A34 | 0.599 | 0.837 |  |  |
|  | A35 | 0.595 | 0.835 |  |  |
|  | A36 | 0.580 | 0.837 |  |  |
|  | A37 | 0.630 | 0.831 |  |  |
|  | A38 | 0.624 | 0.832 |  |  |

表 4-9　　　　　　　　職場精神性探索性因素分析結果

|  | 有意義的工作 | 團體感 | 與組織價值觀一致 |
| --- | --- | --- | --- |
| A11 | 0.959 |  |  |
| A12 | 0.956 |  |  |
| A13 | 0.966 |  |  |
| A14 | 0.970 |  |  |
| A15 | 0.970 |  |  |
| A16 | 0.959 |  |  |
| A21 |  | 0.949 |  |
| A22 |  | 0.940 |  |
| A23 |  | 0.624 |  |
| A24 |  | 0.626 |  |
| A25 |  | 0.518 |  |
| A26 |  | 0.949 |  |
| A27 |  | 0.611 |  |
| A31 |  |  | 0.715 |
| A32 |  |  | 0.641 |
| A33 |  |  | 0.658 |
| A34 |  |  | 0.699 |
| A35 |  |  | 0.600 |
| A36 |  |  | 0.607 |
| A37 |  |  | 0.649 |
| A38 |  |  | 0.577 |

註：抽取方法為主成分法，旋轉法為正交方差最大化旋轉，KMO 值為 0.780，Bartlett 檢驗卡方為 307.090，顯著性概率為 0.00，解釋方差（%）為 69.856。

2. 職業成功量表信度與效度分析

職業成功量表的 Cronbach's α 值及分析結果如表 4-10 所示，職業成功量表 Cronbach's α 系數為 0.809，分量表的信度分別為 0.873、0.913，均達到可接受程度。另外，根據 CITC 的判別標準，本研究選擇 0.3 作為淨化測量條款的下限，並且刪除題項後 α 系數均有所上升才考慮刪除。職業成功量表的題項均達到標準，所有題項予以保留。

我們進而對職業成功量表進行探索性因素分析以確定主動行為的因子結構

並評價其結構效度，從表4-11可以得出，職業成功的主成分分析中，KMO值為0.746，大於0.7的標準，Bartlett球體檢驗的顯著性概率為0.00，說明該樣本適合進行因子分析，通過主成分分析後，數據顯示測量條款顯著聚合為2個因子，因子載荷均大於0.5，2個因子累計解釋方差達75.979%，說明量表的結構效度較好。

表4-10　　　　　　　職業成功量表信度分析結果

| 量表維度 | 題項 | CITC值 | 刪除該條款後的Cronbach's α值 | 分量表α值 | 量表α值 |
|---|---|---|---|---|---|
| 主觀職業成功 | B11 | 0.571 | 0.887 | 0.873 | 0.809 |
| | B12 | 0.882 | 0.804 | | |
| | B13 | 0.844 | 0.815 | | |
| | B14 | 0.827 | 0.817 | | |
| | B15 | 0.469 | 0.900 | | |
| 客觀職業成功 | M11 | 0.827 | 0.874 | 0.913 | |
| | M12 | 0.759 | 0.938 | | |
| | M13 | 0.902 | 0.815 | | |

表4-11　　　　　職業成功量表探索性因素分析結果

| | 主觀職業成功 | 客觀職業成功 |
|---|---|---|
| B11 | 0.648 | |
| B12 | 0.961 | |
| B13 | 0.937 | |
| B14 | 0.933 | |
| B15 | 0.586 | |
| M11 | | 0.925 |
| M12 | | 0.885 |
| M13 | | 0.959 |

註：抽取方法為主成分法，旋轉法為正交方差最大化旋轉，KMO值為0.746，Bartlett檢驗卡方為1,318.355，顯著性概率為0.00，解釋方差（%）為75.979。

3. 基本心理需求信度與效度分析

基本心理需求量表的Cronbach's α值及分析結果如表4-12所示，心理需求量表Cronbach's α系數為0.850，分量表的信度分別為0.988、0.777和0.846，均達到可接受程度。此外，根據CITC的判別標準，本研究選擇0.3作

為淨化心理需求量表測量條款的下限,並且在刪除題項後 α 系數均有所上升才予以考慮刪除該題項。因此,心理需求量表的所有題項予以保留。

我們進而對心理需求量表進行探索性因子分析,從表 4-13 可以得出,心理需求的主成分分析中,KMO 值為 0.781,大於 0.7,Bartlett 球體檢驗的顯著性概率為 0.00,說明該樣本適合進行探索性因子分析,通過主成分分析後,數據顯示所有題項聚合為 3 個因子,3 個因子累計解釋方差達 77.509%,其中,除了 K11 和 K12 因子載荷略小於 0.5 之外,其他因子載荷均大於 0.5。整體來看,量表的結構效度符合要求。

表 4-12　　　　　　　　基本心理需求量表信度分析結果

| 量表維度 | 題項 | CITC 值 | 刪除該條款後的 Cronbach's α 值 | 分量表 α 值 | 量表 α 值 |
|---|---|---|---|---|---|
| 自主需求 | K11 | 0.977 | 0.983 | 0.988 | 0.850 |
| | K12 | 0.955 | 0.986 | | |
| | K13 | 0.983 | 0.982 | | |
| | K14 | 0.942 | 0.988 | | |
| | K15 | 0.964 | 0.985 | | |
| 關係需求 | K21 | 0.431 | 0.808 | 0.777 | |
| | K22 | 0.449 | 0.785 | | |
| | K23 | 0.782 | 0.606 | | |
| | K24 | 0.712 | 0.649 | | |
| 勝任需求 | K31 | 0.512 | 0.874 | 0.846 | |
| | K32 | 0.829 | 0.736 | | |
| | K33 | 0.596 | 0.840 | | |
| | K34 | 0.818 | 0.742 | | |

表 4-13　　　　　　　　基本心理需求量表探索性因素分析結果

| | 自主需求 | 關係需求 | 勝任需求 |
|---|---|---|---|
| K11 | 0.983 | | |
| K12 | 0.972 | | |
| K13 | 0.988 | | |
| K14 | 0.957 | | |
| K15 | 0.973 | | |
| K21 | | 0.561 | |

表4-13(續)

| | 自主需求 | 關係需求 | 勝任需求 |
|---|---|---|---|
| K22 | | 0.552 | |
| K23 | | 0.947 | |
| K24 | | 0.918 | |
| K31 | | | 0.642 |
| K32 | | | 0.906 |
| K33 | | | 0.761 |
| K34 | | | 0.903 |

註：抽取方法為主成分法，旋轉法為正交方差最大化旋轉，KMO值為0.781，Bartlett檢驗卡方為3,198.062，顯著性概率為0.00，解釋方差（%）為77.509。

4. 職業自我效能感信度與效度分析

職業自我效能感量表的Cronbach's α值及分析結果如表4-14所示，職業自我效能感量表Cronbach's α系數為0.840，達到可接受程度。另外，根據CITC的判別標準，本研究選擇0.3作為淨化測量條款的下限，並且刪除題項後α系數均有所上升才考慮刪除。職業自我效能感量表的題項均達到標準，所有題項予以保留。

我們進而對職業自我效能感量表進行探索性因子分析，從表4-15可以得出，職業自我效能感的主成分分析中，KMO值為0.853，大於0.7，Bartlett球體檢驗的顯著性概率為0.00，說明該樣本適合進行探索性因子分析，通過主成分分析後，數據顯示所有條款聚合為1個因子，1個因子累計解釋方差達55.660%，所有因子的載荷均大於0.5，這表明量表的結構效度符合要求。

表4-14　　　　　職業自我效能感量表信度分析結果

| 量表維度 | 題項 | CITC值 | 刪除該條款後的Cronbach's α值 | 量表α值 |
|---|---|---|---|---|
| 職業自我效能感 | D11 | 0.624 | 0.812 | 0.840 |
| | D12 | 0.646 | 0.808 | |
| | D13 | 0.616 | 0.814 | |
| | D14 | 0.574 | 0.822 | |
| | D15 | 0.607 | 0.816 | |
| | D16 | 0.636 | 0.810 | |

表 4-15　　　　　　職業自我效能感量表探索性因素分析結果

| | 職業自我效能感 |
|---|---|
| D11 | 0.753 |
| D12 | 0.770 |
| D13 | 0.746 |
| D14 | 0.707 |
| D15 | 0.736 |
| D16 | 0.762 |

註：抽取方法為主成分法，旋轉法為正交方差最大化旋轉，KMO 值為 0.853，Bartlett 檢驗卡方為 367.417，顯著性概率為 0.00，解釋方差（%）為 55.660。

5. 職業認同信度與效度分析

職業認同量表的 Cronbach's α 值及分析結果如表 4-16 所示，職業認同量表 Cronbach's α 係數為 0.697，接近 0.7，基本達到可接受程度。另外，根據 CITC 的判別標準，本研究選擇 0.3 作為淨化測量條款的下限，並且刪除題項後 α 係數均有所上升才考慮刪除。因此，職業認同量表的所有題項予以保留。

進而對職業認同量表進行探索性因子分析，從表 4-17 可以得出，職業認同的主成分分析中，KMO 值為 0.711，大於 0.7，Bartlett 球體檢驗的顯著性概率為 0.00，說明該樣本適合進行探索性因子分析，通過主成分分析後，數據顯示所有條款聚合為 1 個因子，1 個因子累計解釋方差達 45.411%，所以因子的載荷均大於 0.5，這意味著量表的結構效度符合要求。

表 4-16　　　　　　職業認同量表信度分析結果

| 量表維度 | 題項 | CITC 值 | 刪除該條款後的 Cronbach's α 值 | 量表 α 值 |
|---|---|---|---|---|
| 職業認同 | C11 | 0.421 | 0.660 | 0.697 |
| | C12 | 0.569 | 0.593 | |
| | C13 | 0.399 | 0.670 | |
| | C14 | 0.402 | 0.669 | |
| | C15 | 0.482 | 0.635 | |

表 4-17　　　　　　　　職業認同量表探索性因素分析結果

|  | 職業認同 |
|---|---|
| C11 | 0.638 |
| C12 | 0.778 |
| C13 | 0.612 |
| C14 | 0.624 |
| C15 | 0.703 |

註：抽取方法為主成分法，旋轉法為正交方差最大化旋轉，KMO 值為 0.711，Bartlett 檢驗卡方為 151.090，顯著性概率為 0.00，解釋方差（％）為 45.411。

6. 家庭需求信度與效度分析

家庭需求量表 Cronbach's α 值及分析結果如表 4-18 所示，量表 Cronbach's α 系數為 0.780，CITC 值大於 0.3，均符合判別標準，該量表的所有題項予以保留。結構效度分析結果表 4-19 所示，KMO 值為 0.774，大於 0.7 的標準，Bartlett 球體檢驗的顯著性概率為 0.00，說明該樣本適合進行因子分析，通過主成分分析後，數據顯示家庭需求量表所有題項聚合為 1 個因子，因子載荷均大於 0.5，1 個因子累計解釋方差達 60.267％。

表 4-18　　　　　　　　家庭需求量表信度分析結果

| 量表維度 | 題項 | CITC 值 | 刪除該條款後的 Cronbach's α 值 | 量表 α 值 |
|---|---|---|---|---|
| 家庭需求 | F11 | 0.506 | 0.765 | 0.780 |
|  | F12 | 0.583 | 0.728 |  |
|  | F13 | 0.606 | 0.715 |  |
|  | F14 | 0.650 | 0.691 |  |

表 4-19　　　　　　　　家庭需求探索性因素分析結果

|  | 家庭需求 |
|---|---|
| TRA1 | 0.708 |
| TRA2 | 0.775 |
| TRA3 | 0.793 |
| TRA4 | 0.825 |

註：抽取方法為主成分法，旋轉法為正交方差最大化旋轉，KMO 值為 0.774，Bartlett 檢驗卡方為 189.681，顯著性概率為 0.00，解釋方差（％）為 60.267。

## 4.5 共同方法偏差檢驗

檢驗共同方法偏差的方法較為多樣，較為簡單的一種方法是 Harman 單因素檢驗。該方法的做法是將所研究的全部變量放在一起進行探索性因子分析，通過提取未經旋轉特徵值大於 1 的因子。檢驗提取後的第一個公共因子，如果該因子方差解釋率在 50% 以內，則可以認為共同方法偏差問題並不嚴重。

本研究中，將測量量表的 57 個題全部放在一起進行探索性因子分析，運用主成分分析法，提取未經旋轉特徵值大於 1 的因子共 12 個，其中第一主成分解釋了 26.333% 的變異量，未超過變異量的 50%，這意味著本研究的共同方法偏差問題並不嚴重，不會對研究結論產生太多的影響。具體分析結果如表 4-20 所示。

表 4-20　　　　　　　全部測量題項的探索性因子分析

| 成分 | 初始特徵值 合計 | 方差的百分比(%) | 累積百分比(%) | 提取平方和載入 合計 | 方差的百分比(%) | 累積百分比(%) |
|---|---|---|---|---|---|---|
| 1 | 14.220 | 26.333 | 26.333 | 14.220 | 26.333 | 26.333 |
| 2 | 5.445 | 10.083 | 36.416 | 5.445 | 10.083 | 36.416 |
| 3 | 4.166 | 7.715 | 44.130 | 4.166 | 7.715 | 44.130 |
| 4 | 3.015 | 5.584 | 49.715 | 3.015 | 5.584 | 49.715 |
| 5 | 2.670 | 4.944 | 54.659 | 2.670 | 4.944 | 54.659 |
| 6 | 2.092 | 3.874 | 58.533 | 2.092 | 3.874 | 58.533 |
| 7 | 1.813 | 3.358 | 61.891 | 1.813 | 3.358 | 61.891 |
| 8 | 1.792 | 3.319 | 65.209 | 1.792 | 3.319 | 65.209 |
| 9 | 1.608 | 2.978 | 68.187 | 1.608 | 2.978 | 68.187 |
| 10 | 1.334 | 2.470 | 70.658 | 1.334 | 2.470 | 70.658 |
| 11 | 1.056 | 1.955 | 72.613 | 1.056 | 1.955 | 72.613 |
| 12 | 1.037 | 1.921 | 74.533 | 1.037 | 1.921 | 74.533 |

註：提取方法為主成分分析。

## 4.6 本章小結

　　本章的研究重點是完善模型中相關變量的調研問卷的設計，是實證研究非常重要的環節。一是對相關構念進行操作性定義；二是闡明問卷設計的原則、問卷調查方法，提出對社會稱許性偏差問題及共同方法偏差的預防和處理方案，進而說明本研究樣本來源等；三是對相關核心變量測量工具的介紹；四是基於小樣本數據對測量問卷的信度、效度、共同方法偏差等進行檢驗，對問卷進行適當修正，為後續的大樣本實證檢驗做好鋪墊。

# 5 數據分析與假設檢驗

本章重點通過大樣本的調研分析，對模型提出的相關研究假設進行檢驗，主要採用 OFFICE EXCEL、AMOS 17.0 及 SPSS19.0 等相關統計軟件，重點對大樣本數據進行描述性統計分析、T 檢驗、方差分析、相關性分析、結構方程分析及迴歸分析等。

## 5.1 數據收集方式與結果

### 5.1.1 數據收集方式

由於本研究中的數據無法在公開統計數據中直接獲取，只能通過問卷調查的方法獲取，本研究中的相關核心變量均都無法直接觀測。因此，本研究採用相關變量的成熟量表並對其進行了預調研及專家訪談以保證問卷的信度和效度。

本研究探討的是組織情境下職場精神性對員工職業成功的影響機制。我們對研究樣本做了以下幾種界定：

一是確定研究對象。本研究主要探究在組織環境中的個體員工的職場體驗對其自身職業成功的影響，因此研究對象是組織內的員工個體。由於職業成功需要一定的時間驗證，因此選取的員工較大比例是有三年以上工作經驗的。

二是確定研究對象的區域。我們將成都、重慶、杭州、深圳、北京、東莞等區域作為獲取數據的重點區域。較大的區域跨度可以消除地域差異對結果的影響以提高內部效度。

三是確定調查方法。本研究在預調研分析結果以及專家訪談的基礎之上對調查問卷的項目進行修改，最終形成正式調查問卷並進行大規模的問卷調查。我們主要採用以下幾種形式：第一種方式是研究者本人前往企業或委託在企業

擔任部門主管或人力資源部主管的朋友在其所在企業發放紙質問卷，填好後回收，再由指定負責人通過快遞的方式郵寄給研究者。為防止可能出現的社會贊許性偏差，紙質問卷填寫好後我們都會要求放入信封內並封好。二是通過問卷星、E-mail、QQ、微信等通信方式，發放網絡問卷或電子問卷，針對這種方式回收率較低的缺陷，本研究人員囑託被委託人在問卷發出兩週內完成問卷的填寫，以保證問卷的有效回收。

四是確定樣本的容量。結構方程模型（SEM）以及迴歸分析等均需要較大的樣本，但在現有的研究中，對於具體的樣本規模，學者們對此的意見仍未統一。對於結構方程模型的樣本容量，Anderson 和 Gerbing（1988）認為 100 至 150 是樣本容量的底線，有些研究者認為結構方程模型的樣本數至少要大於 50 個（Bagozzi，Yi，1988），Hair 等（1995）卻認為樣本數至少要大於 100。目前比較認可的是樣本量是測量題項數的 5~10 倍。據此，本研究的題項數是 57 項，因此有效樣本需達到 285 以上。

五是確定問卷篩選原則。為保證研究結果的嚴謹與準確，本研究在問卷篩選中遵循以下四點原則：①企業所有者填寫的問卷直接刪除；②問卷呈規律性的回答也直接刪除，例如所有題項均選同一選項或答案呈 S 形排列；③回收問卷答案存在雷同也直接刪除；④問卷中出現多處數據缺失的也予以刪除。

### 5.1.2 數據收集結果

本研究的主要研究對象為高校、商業銀行、外資企業、公務員、民營企業等組織的員工，數據收集時間為兩個月。我們通過紙質版和電子版兩種數據收集方式，總共發放問卷 500 份，剔除回答呈明顯規律性的以及答題遺漏過多、反向題前後矛盾的問卷 87 份，最終得到有效問卷 413 份，有效回收率為 82.6%。

## 5.2　樣本描述

對大樣本的數據進行整理，如表 5-1 所示。具體來說，大樣本的基本情況如下：

第一，從性別上看，男性 209 位，女性 204 位，分別占總人數的 50.6% 和 49.4%，樣本的性別比例較為均衡。

表 5-1　　　　　　　　大樣本基本信息統計表（$N=413$）

| 變量 | 分類 | 頻率 | 百分比(%) | 累積百分比(%) |
|---|---|---|---|---|
| 性別 | 男性 | 209 | 50.6 | 50.6 |
|  | 女性 | 204 | 49.4 | 100 |
| 婚姻 | 未婚 | 136 | 32.9 | 32.9 |
|  | 已婚 | 277 | 67.1 | 100 |
| 學歷 | 高中/中專以下 | 21 | 5.1 | 5.1 |
|  | 大專 | 57 | 13.8 | 18.9 |
|  | 本科 | 236 | 57.1 | 76.0 |
|  | 碩士研究生 | 49 | 11.9 | 87.9 |
|  | 博士研究生 | 50 | 12.1 | 100 |
| 年齡 | 25歲以下 | 39 | 9.4 | 9.4 |
|  | 26~30歲 | 133 | 32.2 | 41.6 |
|  | 31~35歲 | 124 | 30.0 | 71.7 |
|  | 36~40歲 | 42 | 10.1 | 81.8 |
|  | 41~45歲 | 50 | 12.1 | 93.9 |
|  | 46歲及以上 | 25 | 6.1 | 100 |
| 工作年限 | 3年以下 | 46 | 11.1 | 11.1 |
|  | 3~5年 | 76 | 18.4 | 29.5 |
|  | 6~10年 | 137 | 33.2 | 62.7 |
|  | 11~15年 | 55 | 13.3 | 76.0 |
|  | 15年以上 | 99 | 24.0 | 100 |
| 職位級別 | 普通員工 | 185 | 44.8 | 44.8 |
|  | 基層管理者 | 108 | 26.2 | 70.9 |
|  | 中層管理者 | 76 | 18.4 | 89.3 |
|  | 高層管理者 | 44 | 10.7 | 100 |
| 單位性質 | 政府/事業單位 | 181 | 43.8 | 43.8 |
|  | 國有企業 | 113 | 27.4 | 71.2 |
|  | 民營/私營企業 | 58 | 14.0 | 85.2 |
|  | 外資單位 | 35 | 8.5 | 93.7 |
|  | 其他 | 26 | 6.3 | 100 |

第二，從婚姻情況來看，已婚人數為277位，未婚人數為136位，已婚人數多於未婚人數。

第三，從學歷上看，樣本中本科學歷最多，為236位，占總人數的57.1%，大專、碩士研究生和博士研究生樣本人數大體相當，人數最少的為高中及以下，占比5.1%。

第四，從年齡上看，樣本中年齡在26~30歲的人數最多，為133人，占比32.2%；其次，是31~35歲，為124人，占比30.0%，其他年齡段的相對較少。

第五，從工作年限來看，工作6~10年的人數為137位，占比33.2%，占比較高，其次為工作15年以上的，有99位，占比24.4%，接著是工作3~5年的，有76位，占比18.4%，而11~15年和3年以下的人數大體相當，前者略高於後者。

第六，從職位級別來看，普通員工有185位，其次為基層管理者，有108位，緊接著是中層管理者76位，最後高層管理者有44位。

第七，從單位性質上來看，以政府/事業單位和國有企業員工居多，分別為181位和113位，其次是民營或私營企業員工，為58位，外資企業有35位，其他類型的企業員工有26位。

## 5.3 數據分析

### 5.3.1 各變量的描述性統計分析

對本研究的6個主要變量的均值、標準差、方差、偏度和峰度進行統計分析，結果如表5-2所示。所測變量評分值的偏度絕對值均小於3，而且峰度絕對值均小於10，表明樣本基本服從正態分佈的數據要求（黃芳銘，2005），可以進行後續的統計分析。

表5-2　　　　　　　　　各變量的描述統計

|  | N 統計量 | 均值 統計量 | 標準差 統計量 | 方差 | 偏度 統計量 | 偏度 標準誤 | 峰度 統計量 | 峰度 標準誤 |
|---|---|---|---|---|---|---|---|---|
| 職場精神性 | 413 | 3.586,7 | 0.578,82 | 0.335 | -0.072 | 0.120 | 0.159 | 0.240 |
| 基本心理需求 | 413 | 3.485,8 | 0.546,07 | 0.298 | -0.127 | 0.120 | -0.074 | 0.240 |
| 職業效能感 | 413 | 3.851,5 | 0.539,69 | 0.291 | -0.468 | 0.120 | 1.296 | 0.240 |
| 職業認同 | 413 | 3.885,2 | 0.505,79 | 0.256 | -0.423 | 0.120 | 0.476 | 0.240 |
| 家庭需求 | 413 | 2.912,8 | 0.713,07 | 0.508 | 0.156 | 0.120 | -0.288 | 0.240 |
| 職業成功 | 413 | 3.539,5 | 0.557,79 | 0.311 | -0.113 | 0.120 | 0.305 | 0.240 |

### 5.3.2 量表的信度分析

對本研究所涉及的 6 個主要變量進行信度分析，結果如表 5-3 所示。信度係數通常用 Cronbach's α 係數來表示，一般而言信度係數在 0.6~0.7 表示還可以接受，信度在 0.7 以上表示比較好。本研究中職業認同和家庭需求的信度係數在 0.6 以上，可以接受，其他幾個變量的信度係數均在 0.78 以上，表示信度較好。

表 5-3　　　　　　　　　　量表的信度分析結果

| 變量 | 題項數 | Cronbach's α 係數 |
| --- | --- | --- |
| 職場精神性 | 21 | 0.919 |
| 基本心理需求 | 13 | 0.890 |
| 職業自我效能感 | 6 | 0.832 |
| 職業認同 | 5 | 0.662 |
| 職業成功 | 8 | 0.780 |
| 家庭需求 | 4 | 0.623 |

### 5.3.3 量表的效度分析

1. 聚合效度和區分效度

效度主要是指測量的正確性，從內容上將其可以劃分為內容效度、結構效度和校標關聯效度。由於本研究中的變量測量採用的都是國內外成熟量表，並且採用回譯法對量表的題項進行進一步確定，從而盡可能地保證了量表的內容效度。另外，校標關聯效度主要測多個潛變量之間的關係。根據本研究的需要，我們主要對變量的結構效度進行檢驗。結構效度包含聚合效度和區分效度，聚合效度指的是相同潛在特質的題項在測量時會落在同一個因素構面上，並且各題項間所測得的測量值之間具有高度的相關，區分效度是構面所代表的潛在特質與其他構面所代表的潛在特質間低度相關或有顯著的差異存在（吳明隆，2010）。對於聚合效度，本研究通過平均方差抽取量（Average Variance Extracted，AVE）來衡量，根據 Bagozzi 和 Yi（1988）及 Fornell 和 Larcker（1981）的研究，認為當 AVE 值大於 0.3 時，表明潛變量的聚合效度較好，AVE 的值最好在 0.5 以上。AVE 的計算公式為：AVE =（∑ 標準化因素負荷量$^2$）/ [（∑ 標準化因素負荷量$^2$）+ ∑（θ）]。對於區分效度，根據 Fornell 和 Larcker（1981）的建議，可以通過潛變量之間的 AVE 平方根和相關係數進行比較，如果兩個潛變量之間的 AVE 平方根大於兩個潛變量的相關係數，或 AVE 大

於兩個潛變量的相關係數的平方，則表明變量之間具有較高的區分效度。

2. 模型適配性檢驗指標

雖然潛變量無法直接進行觀測，而且指標測量中存在一定的誤差，但是結構方程模型能夠將潛變量、觀測變量和誤差同時納入模型進行驗證性因子分析，通常選擇 $\chi^2/df$、$GFI$、$AGFI$、$NFI$、$CFI$、$RMSEA$ 等指標來對模型的擬合情況進行評價。參考 Hu 和 Bentler（1995）及邱皓政和林碧芳（2009）對模型適配指標的建議值，我們甄別模型優劣的標準為：$\chi^2/df$ 應大於 0，小於 5，最好在 3 以下；$GFI$、$AGFI$、$NFI$、$CFI$ 四個指標均應大於 0.85，最好在 0.9 以上；$RMSEA$ 應小於 0.1，最好在 0.08 以下。

（1）職場精神性

本研究對職場精神性進行驗證性因子分析，得到的模型和分析結果分別如圖 5-1 和表 5-4 所示。由表 5-4 可以看出，職場精神性的驗證性因子分析所

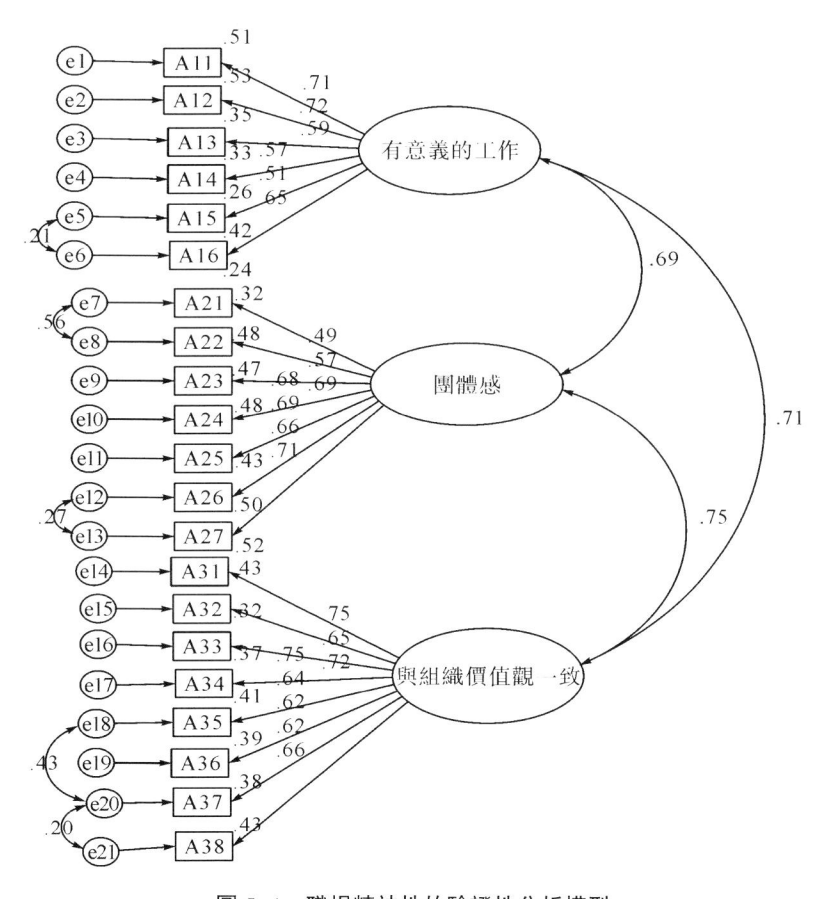

圖 5-1　職場精神性的驗證性分析模型

表 5-4　　　　　　　職場精神性的驗證性因子分析結果

| 測量題項 | | | 標準化因子載荷 | $R^2$ | C.R.值 | AVE值 |
|---|---|---|---|---|---|---|
| A11 | ← | 有意義的工作 | 0.713 | 0.509 | — | |
| A12 | ← | 有意義的工作 | 0.725 | 0.525 | 12.840 | |
| A13 | ← | 有意義的工作 | 0.594 | 0.353 | 10.739 | 0.40 |
| A14 | ← | 有意義的工作 | 0.571 | 0.327 | 10.356 | |
| A15 | ← | 有意義的工作 | 0.511 | 0.261 | 9.214 | |
| A16 | ← | 有意義的工作 | 0.647 | 0.418 | 11.571 | |
| A21 | ← | 團隊歸屬感 | 0.491 | 0.241 | — | |
| A22 | ← | 團隊歸屬感 | 0.568 | 0.323 | 12.051 | |
| A23 | ← | 團隊歸屬感 | 0.693 | 0.481 | 8.957 | |
| A24 | ← | 團隊歸屬感 | 0.682 | 0.465 | 8.889 | 0.418 |
| A25 | ← | 團隊歸屬感 | 0.694 | 0.482 | 8.960 | |
| A26 | ← | 團隊歸屬感 | 0.656 | 0.430 | 8.674 | |
| A27 | ← | 團隊歸屬感 | 0.708 | 0.501 | 9.012 | |
| A31 | ← | 與組織價值觀一致 | 0.724 | 0.524 | — | |
| A32 | ← | 與組織價值觀一致 | 0.654 | 0.428 | 12.518 | |
| A33 | ← | 與組織價值觀一致 | 0.719 | 0.518 | 13.763 | |
| A34 | ← | 與組織價值觀一致 | 0.754 | 0.569 | 14.412 | |
| A35 | ← | 與組織價值觀一致 | 0.639 | 0.409 | 12.229 | |
| A36 | ← | 與組織價值觀一致 | 0.624 | 0.389 | 11.939 | 0.456 |
| A37 | ← | 與組織價值觀一致 | 0.618 | 0.382 | 11.782 | |
| A38 | ← | 與組織價值觀一致 | 0.659 | 0.435 | 12.615 | |

模型擬合值：$\chi^2/df = 3.000$，$GFI = 0.883$，$AGFI = 0.851$，$NFI = 0.864$，$CFI = 0.904$，$RMSEA = 0.070$

註：AVE值匯報時採取四捨五入法（以下均同）。

得出的擬合度指標基本達到了參考的標準，這說明職場精神性的測量模型是有效的。另外，職場精神性各題項的標準化因子載荷基本在 0.50 以上，AVE 值大於 0.30，說明職場精神性這一變量具有較高的聚合效度。

本書進一步對三個維度之間的區分效度進行檢驗，有意義的工作和團體感

及與組織價值觀一致的相關係數分別為0.573、0.616，團隊歸屬感和與組織價值觀一致的相關係數為0.646，對三個維度的 $AVE$ 值進行開方，求得 $AVE$ 的平方根，有意義的工作和團體歸屬感及與組織價值觀一致的 $AVE$ 平方根分別為0.632、0.647和0.675，均大於三個變量之間的相關係數，這表明三個維度之間具有較高的區分效度。

（2）基本心理需求

本書對基本心理需求進行驗證性因子分析，得到的模型和分析結果分別如圖5-2和表5-5所示。由表5-5可以看出，心理需求驗證性因子分析所得出的擬合度指標均達到了參考的標準，這說明心理需求的測量模型是有效的。另外，心理需求除了 K24 的標準化因子載荷略低於 0.50 之外，其他各題項的標準化因子載荷均在 0.50 以上，並且 $AVE$ 值大於 0.30，整體來看心理需求這一變量具有較高的聚合效度。

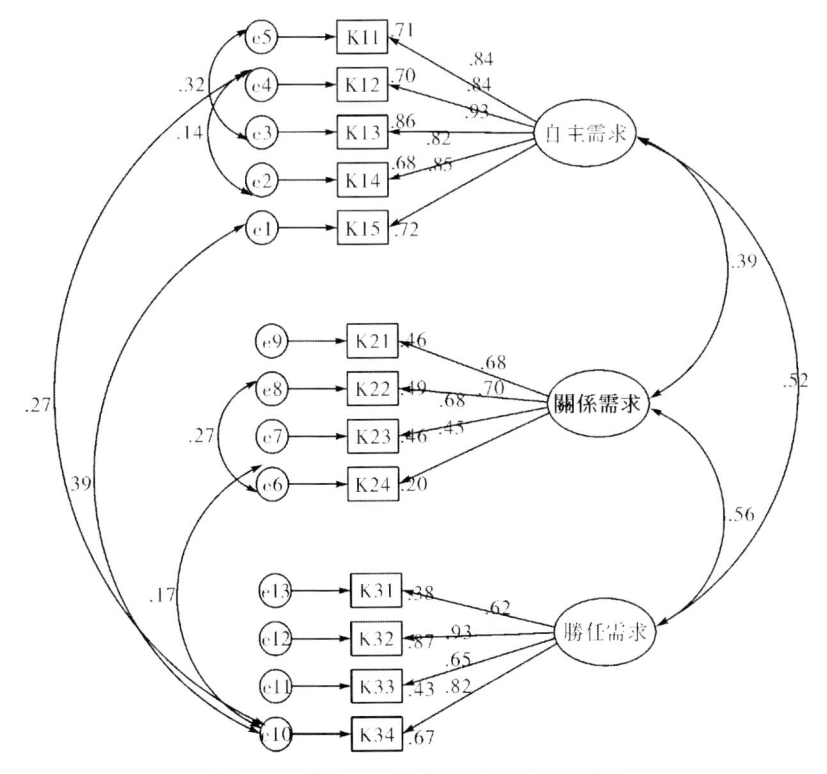

圖5-2 基本心理需求的驗證性分析模型

表 5-5　　　　　　　基本心理需求的驗證性因子分析結果

| 測量題項 | | | 標準化因子載荷 | $R^2$ | C.R.值 | AVE 值 |
|---|---|---|---|---|---|---|
| K11 | ← | 自主需求 | 0.840 | 0.706 | — | |
| K12 | ← | 自主需求 | 0.839 | 0.704 | 20.191 | |
| K13 | ← | 自主需求 | 0.927 | 0.860 | 29.770 | 0.734 |
| K14 | ← | 自主需求 | 0.822 | 0.676 | 19.567 | |
| K15 | ← | 自主需求 | 0.851 | 0.724 | 21.101 | |
| K21 | ← | 關係需求 | 0.676 | 0.457 | — | |
| K22 | ← | 關係需求 | 0.701 | 0.491 | 10.252 | |
| K23 | ← | 關係需求 | 0.682 | 0.465 | 10.206 | 0.405 |
| K24 | ← | 關係需求 | 0.453 | 0.205 | 7.169 | |
| K31 | ← | 勝任需求 | 0.618 | 0.382 | — | |
| K32 | ← | 勝任需求 | 0.932 | 0.868 | 14.007 | 0.587 |
| K33 | ← | 勝任需求 | 0.652 | 0.426 | 11.208 | |
| K34 | ← | 勝任需求 | 0.821 | 0.675 | 13.424 | |

模型擬合值：$X^2/df$ = 3.414，GFI = 0.933，AGFI = 0.891，NFI = 0.943，CFI = 0.959，RMSEA = 0.077

　　本書進一步對心理需求的三個維度之間的區分效度進行檢驗，自主需求和關係需求及勝任需求的相關係數分別為 0.326、0.532，關係需求和勝任需求的相關係數為 0.472，對三個維度的 AVE 值進行開方，求得 AVE 的平方根，自主需求、關係需求和勝任需求的 AVE 平方根分別為 0.857、0.636 和 0.766，均大於三個變量之間的相關係數，這表明三個維度之間具有較高的區分效度。

　　（3）職業自我效能感

　　本書對職業自我效能感進行驗證性因子分析，得到的模型和分析結果分別如圖 5-3 和表 5-6 所示。由表 5-6 可以看出，職業自我效能感驗證性因子分析所得出的擬合度指標均達到了參考的標準，這說明職業自我效能感的測量模型是有效的。另外，職業自我效能感各題項的標準化因子載荷基本在 0.50 以上，AVE 值大於 0.30，說明職業自我效能感這一變量具有較高的聚合效度。

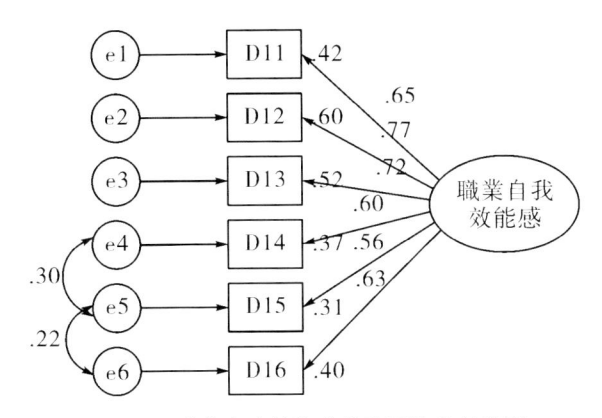

圖 5-3　職業自我效能感的驗證性分析模型

表 5-6　　　　　職業自我效能感的驗證性因子分析結果

| 測量題項 | | | 標準化因子載荷 | $R^2$ | C.R.值 | AVE 值 |
|---|---|---|---|---|---|---|
| D11 | ← | 職業自我效能感 | 0.649 | 0.421 | — | |
| D12 | ← | 職業自我效能感 | 0.774 | 0.599 | 12.012 | |
| D13 | ← | 職業自我效能感 | 0.724 | 0.524 | 11.552 | 0.439 |
| D14 | ← | 職業自我效能感 | 0.605 | 0.366 | 10.080 | |
| D15 | ← | 職業自我效能感 | 0.556 | 0.309 | 9.288 | |
| D16 | ← | 職業自我效能感 | 0.634 | 0.402 | 10.470 | |
| 模型擬合值：$\chi^2/df$ = 2.759，GFI = 0.985，AGFI = 0.955，NFI = 0.977，CFI = 0.985，RMSEA = 0.065 | | | | | | |

（4）職業認同

本書對職業認同進行驗證性因子分析，得到的模型和分析結果分別如圖 5-4 和表 5-7 所示。由表 5-7 可以看出，職業認同驗證性因子分析所得出的擬合度指標均達到了參考的標準，這說明職業認同的測量模型是有效的。另外，職業認同各題項的標準化因子載荷基本在 0.50 以上，且 AVE 值大於 0.30，說明職業認同這一變量具有較高的聚合效度。

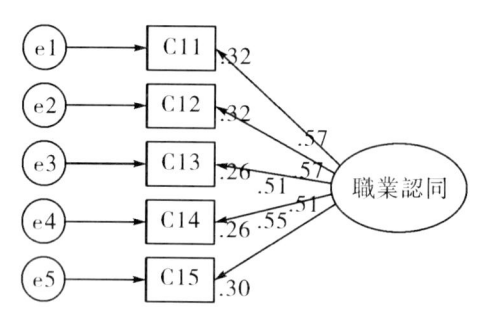

圖 5-4　職業認同的驗證性分析模型

表 5-7　　　　　　　　　職業認同的驗證性因子分析結果

| 測量題項 | | | 標準化因子載荷 | $R^2$ | C.R.值 | AVE 值 |
|---|---|---|---|---|---|---|
| C11 | ← | 職業認同 | 0.569 | 0.324 | — | |
| C12 | ← | 職業認同 | 0.565 | 0.320 | 7.079 | |
| C13 | ← | 職業認同 | 0.506 | 0.256 | 6.785 | 0.30 |
| C14 | ← | 職業認同 | 0.513 | 0.263 | 6.840 | |
| C15 | ← | 職業認同 | 0.546 | 0.298 | 7.079 | |

模型擬合值：$\chi^2/df = 2.187$，$GFI = 0.989$，$AGFI = 0.967$，$NFI = 0.958$，$CFI = 0.976$，$RMSEA = 0.054$

（5）職業成功

本書對職業成功進行驗證性因子分析，得到的模型和分析結果分別如圖 5-5 和表 5-8 所示。由表 5-8 可以看出，職業成功驗證性因子分析得出的擬合度指標均達到了參考的標準，這說明職業成功的測量模型是有效的。另外，職業成功除 B1 的標準化因子載荷略低於 0.50 之外，其他各題項的標準化因子載荷均在 0.50 以上，AVE 值大於 0.30，整體而言，職業成功這一變量具有較高的聚合效度。

我們進一步對職業成功的兩個維度之間的區分效度進行檢驗，主觀職業成功和客觀職業成功之間的相關係數為 0.390，前者的 AVE 平方根為 0.624，後者的平方根為 0.686，均大於兩者之間的相關係數，這表明，主觀職業成功和客觀職業成功之間具有較好的區分效度。

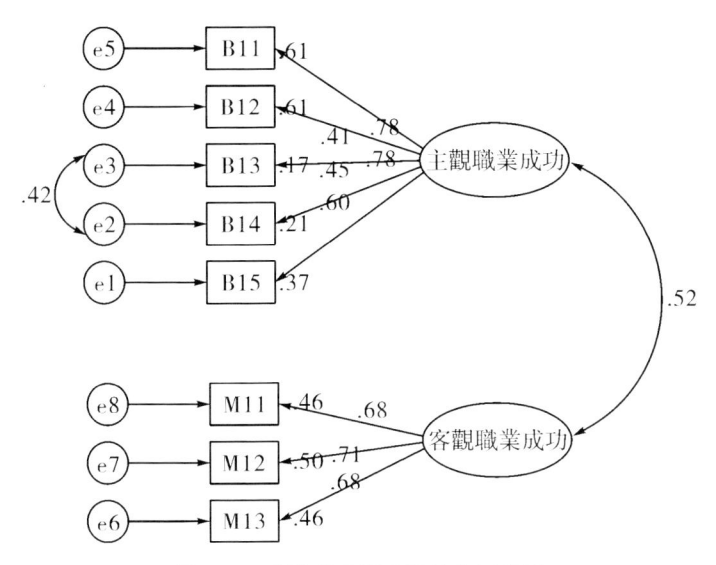

图 5-5　职业成功的验证性分析模型

表 5-8　　　　　　　　职业成功的验证性因子分析结果

| 测量题项 | | | 标准化因子载荷 | $R^2$ | C.R.值 | AVE 值 |
|---|---|---|---|---|---|---|
| B11 | ← | 主观职业成功 | 0.778 | 0.605 | — | |
| B12 | ← | 主观职业成功 | 0.778 | 0.605 | 12.987 | |
| B13 | ← | 主观职业成功 | 0.410 | 0.168 | 7.453 | 0.39 |
| B14 | ← | 主观职业成功 | 0.453 | 0.205 | 8.236 | |
| B15 | ← | 主观职业成功 | 0.605 | 0.366 | 10.928 | |
| M11 | ← | 客观职业成功 | 0.676 | 0.457 | — | |
| M12 | ← | 客观职业成功 | 0.706 | 0.498 | 9.945 | 0.471 |
| M13 | ← | 客观职业成功 | 0.676 | 0.457 | 9.837 | |
| 模型拟合值：$X^2/df$ = 2.099，$GFI$ = 0.977，$AGFI$ = 0.955，$NFI$ = 0.958，$CFI$ = 0.977，$RMSEA$ = 0.052 | | | | | | |

（6）家庭需求

本书对家庭需求进行验证性因子分析，得到的模型和分析结果分别如图 5-6 和表 5-9 所示。由表 5-9 可以看出，家庭需求验证性因子分析所得出的拟合度指标均达到了参考的标准，这说明家庭需求的测量模型是有效的。另外，家庭需求除了 F13 和 F14 的标准化因子载荷略低于 0.50 之外，其他各题项的标准化因子载荷均在 0.50 以上，AVE 值大于 0.30，整体而言，家庭需求

這一變量具有較高的聚合效度。

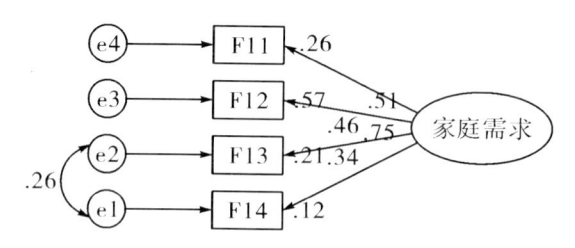

圖 5-6　家庭需求的驗證性分析模型

表 5-9　　　　　　　　家庭需求的驗證性因子分析結果

| 測量題項 | | | 標準化因子載荷 | $R^2$ | C.R.值 | AVE值 |
|---|---|---|---|---|---|---|
| F11 | ← | 家庭需求 | 0.507 | 0.257 | — | |
| F12 | ← | 家庭需求 | 0.752 | 0.565 | 5.232 | 0.30 |
| F13 | ← | 家庭需求 | 0.459 | 0.210 | 5.947 | |
| F14 | ← | 家庭需求 | 0.340 | 0.116 | 4.801 | |

模型擬合值：$X^2/df = 0.084$，$GFI = 0.999$，$AGFI = 0.990$，$NFI = 0.996$，$CFI = 1.000$，$RMSEA = 0.000$

### 5.3.4　人口統計變量的方差分析

**1. 性別的方差分析**

獨立樣本 T 檢驗要求兩個樣本總體為獨立樣本，本研究中不同性別的抽樣數據是相互獨立的，即抽取的男性樣本對抽取的女性樣本沒有任何影響，符合獨立樣本 T 檢驗的檢驗要求。檢驗的結果如表 5-10 所示。

表 5-10　　　　　　　　性別的獨立樣本 T 檢驗

| | | Levene 檢驗 | | 均值方程的 t 檢驗 | | | | | | |
|---|---|---|---|---|---|---|---|---|---|---|
| | | F | Sig. | t | df | Sig.（雙側） | 均值差值 | 標準誤差值 | 差分的 95% 置信區間 | |
| | | | | | | | | | 下限 | 上限 |
| 職場精神性 | 假設方差相等 | 3.577 | 0.059 | 1.339 | 411 | 0.181 | 0.076,18 | 0.056,91 | -0.035,69 | 0.188,06 |
| | 假設方差不相等 | | | 1.341 | 403.308 | 0.181 | 0.076,18 | 0.056,80 | -0.035,48 | 0.187,85 |
| 職業自我效能感 | 假設方差相等 | 0.442 | 0.506 | 1.437 | 411 | 0.151 | 0.076,25 | 0.053,05 | -0.028,03 | 0.180,53 |
| | 假設方差不相等 | | | 1.439 | 409.940 | 0.151 | 0.076,25 | 0.053,00 | -0.027,94 | 0.180,43 |
| 基本心理需求 | 假設方差相等 | 1.889 | 0.170 | 1.828 | 411 | 0.068 | 0.097,95 | 0.053,59 | -0.007,40 | 0.203,30 |
| | 假設方差不相等 | | | 1.831 | 405.684 | 0.068 | 0.097,95 | 0.053,50 | -0.007,22 | 0.203,13 |

表 5-10(續)

|  |  | Levene 檢驗 || 均值方程的 t 檢驗 ||||||
|---|---|---|---|---|---|---|---|---|---|---|
|  |  | F | Sig. | t | df | Sig.(雙側) | 均值差值 | 標準誤差值 | 差分的 95% 置信區間 ||
|  |  |  |  |  |  |  |  |  | 下限 | 上限 |
| 職業認同 | 假設方差相等 | 2.991 | 0.084 | 0.659 | 411 | 0.511 | 0.032,81 | 0.049,81 | -0.065,12 | 0.130,73 |
|  | 假設方差不相等 |  |  | 0.660 | 398.248 | 0.509 | 0.032,81 | 0.049,69 | -0.064,88 | 0.130,50 |
| 家庭需求 | 假設方差相等 | 1.336 | 0.248 | -1.213 | 411 | 0.226 | -0.085,07 | 0.070,14 | -0.222,95 | 0.052,81 |
|  | 假設方差不相等 |  |  | -1.213 | 410.889 | 0.226 | -0.085,07 | 0.070,11 | -0.222,88 | 0.052,74 |
| 職業成功 | 假設方差相等 | 2.075 | 0.150 | 0.817 | 411 | 0.414 | 0.044,89 | 0.054,92 | -0.063,07 | 0.152,85 |
|  | 假設方差不相等 |  |  | 0.819 | 407.783 | 0.414 | 0.044,89 | 0.054,85 | -0.062,92 | 0.152,71 |

從表 5-10 可以看出，性別在六個主要的研究變量之間的差異不顯著，這表明無論性別是男還是女，他們在職場精神性、職業自我效能感、基本心理需求、職業認同、家庭需求及職業成功上的感知沒有顯著的差異。

2. 婚姻的方差分析

婚姻狀況分為已婚和未婚，兩種婚姻狀況的抽樣之間不會產生影響，因此，符合獨立樣本 T 檢驗的條件。經過檢驗，檢驗結果如表 5-11 所示。結果顯示，無論已婚還是未婚的被試，在職場精神性等六個方面的感知沒有顯著差異。

表 5-11　　　　　　　　　婚姻的獨立樣本 T 檢驗

|  |  | Levene 檢驗 || 均值方程的 t 檢驗 ||||||
|---|---|---|---|---|---|---|---|---|---|---|
|  |  | F | Sig. | t | df | Sig.(雙側) | 均值差值 | 標準誤差值 | 差分的 95% 置信區間 ||
|  |  |  |  |  |  |  |  |  | 下限 | 上限 |
| 職場精神性 | 假設方差相等 | 0.130 | 0.718 | -0.678 | 411 | 0.498 | -0.041,10 | 0.060,64 | -0.160,31 | 0.078,11 |
|  | 假設方差不相等 |  |  | -0.667 | 257.191 | 0.506 | -0.041,10 | 0.061,65 | -0.162,51 | 0.080,31 |
| 職業自我效能感 | 假設方差相等 | 3.456 | 0.064 | -0.059 | 411 | 0.953 | -0.003,32 | 0.056,58 | -0.114,54 | 0.107,89 |
|  | 假設方差不相等 |  |  | -0.063 | 318.729 | 0.950 | -0.003,32 | 0.053,02 | -0.107,63 | 0.100,99 |
| 基本心理需求 | 假設方差相等 | 0.411 | 0.522 | -0.250 | 411 | 0.803 | -0.014,31 | 0.057,24 | -0.126,84 | 0.098,21 |
|  | 假設方差不相等 |  |  | -0.253 | 277.445 | 0.800 | -0.014,31 | 0.056,53 | -0.125,59 | 0.096,96 |
| 職業認同 | 假設方差相等 | 0.375 | 0.541 | -0.250 | 411 | 0.803 | -0.014,31 | 0.057,24 | -0.126,84 | 0.098,21 |
|  | 假設方差不相等 |  |  | -0.253 | 277.445 | 0.800 | -0.014,31 | 0.056,53 | -0.125,59 | 0.096,96 |
| 家庭需求 | 假設方差相等 | 0.126 | 0.723 | 0.052 | 411 | 0.959 | 0.003,89 | 0.074,75 | -0.143,05 | 0.150,83 |
|  | 假設方差不相等 |  |  | 0.051 | 253.836 | 0.959 | 0.003,89 | 0.076,39 | -0.146,54 | 0.154,32 |
| 職業成功 | 假設方差相等 | 0.231 | 0.631 | -0.452 | 411 | 0.651 | -0.026,44 | 0.058,46 | -0.141,36 | 0.088,48 |
|  | 假設方差不相等 |  |  | -0.456 | 274.601 | 0.649 | -0.026,44 | 0.057,96 | -0.140,54 | 0.087,66 |

3. 年齡的方差分析

本研究將年齡分為六個不同的年齡段，對其進行方差分析，需要採用單因素方差分析（ANOVA），分析結果如表 5-12 所示。結果顯示，P 值均大於 0.05 的水準，這表明不同年齡之間，在職場精神性等六個方面的感知沒有顯著差異。

表 5-12　　　　　　　　　　年齡的單因素方程分析

| | | 平方和 | $df$ | 均方 | $F$ | 顯著性 |
|---|---|---|---|---|---|---|
| 職場精神性 | 組間 | 1.572 | 5 | 0.314 | 0.937 | 0.456 |
| | 組內 | 136.460 | 407 | 0.335 | | |
| | 總數 | 138.031 | 412 | | | |
| 職業效能感 | 組間 | 0.517 | 5 | 0.103 | 0.353 | 0.881 |
| | 組內 | 119.485 | 407 | 0.294 | | |
| | 總數 | 120.003 | 412 | | | |
| 基本心理需求 | 組間 | 2.336 | 5 | 0.467 | 1.578 | 0.165 |
| | 組內 | 120.519 | 407 | 0.296 | | |
| | 總數 | 122.855 | 412 | | | |
| 職業認同 | 組間 | 0.969 | 5 | 0.194 | 0.755 | 0.583 |
| | 組內 | 104.431 | 407 | 0.257 | | |
| | 總數 | 105.400 | 412 | | | |
| 家庭需求 | 組間 | 1.384 | 5 | 0.277 | 0.541 | 0.745 |
| | 組內 | 208.103 | 407 | 0.511 | | |
| | 總數 | 209.487 | 412 | | | |
| 職業成功 | 組間 | 0.996 | 5 | 0.199 | 0.638 | 0.671 |
| | 組內 | 127.191 | 407 | 0.313 | | |
| | 總數 | 128.187 | 412 | | | |

4. 學歷

本研究將學歷分為包括高中及以下、大專、本科、碩士研究生、博士研究生在內的五個不同的類型，對其進行方差分析，需要採用單因素方差分析（ANOVA），分析結果如表 5-13 所示。結果顯示，P 值均大於 0.05 的水準，這表明不同學歷之間，在職場精神性等六個方面的感知沒有顯著差異。

表 5-13　　　　　　　　　學歷的單因素方程分析

|  |  | 平方和 | $df$ | 均方 | $F$ | 顯著性 |
|---|---|---|---|---|---|---|
| 職場精神性 | 組間 | 2.080 | 4 | 0.520 | 1.561 | 0.184 |
|  | 組內 | 135.951 | 408 | 0.333 |  |  |
|  | 總數 | 138.031 | 412 |  |  |  |
| 職業效能感 | 組間 | 1.668 | 4 | 0.417 | 1.437 | 0.221 |
|  | 組內 | 118.335 | 408 | 0.290 |  |  |
|  | 總數 | 120.003 | 412 |  |  |  |
| 基本心理需求 | 組間 | 1.953 | 4 | 0.488 | 1.647 | 0.161 |
|  | 組內 | 120.902 | 408 | 0.296 |  |  |
|  | 總數 | 122.855 | 412 |  |  |  |
| 職業認同 | 組間 | 1.819 | 4 | 0.455 | 1.791 | 0.130 |
|  | 組內 | 103.581 | 408 | 0.254 |  |  |
|  | 總數 | 105.400 | 412 |  |  |  |
| 家庭需求 | 組間 | 0.166 | 4 | 0.042 | 0.081 | 0.988 |
|  | 組內 | 209.321 | 408 | 0.513 |  |  |
|  | 總數 | 209.487 | 412 |  |  |  |
| 職業成功 | 組間 | 0.701 | 4 | 0.175 | 0.561 | 0.691 |
|  | 組內 | 127.487 | 408 | 0.312 |  |  |
|  | 總數 | 128.187 | 412 |  |  |  |

5. 工作年限

本研究將工作年限分為五個不同的時間段，對工作年限進行方差分析，需要採用單因素方程分析，分析結果如表 5-14 所示。分析結果表明，不同工作年限在職場精神性等六個方面的感知沒有顯著差異。

表 5-14　　　　　　　　工作年限的單因素方程分析

|  |  | 平方和 | $df$ | 均方 | $F$ | 顯著性 |
|---|---|---|---|---|---|---|
| 職場精神性 | 組間 | 0.985 | 4 | 0.246 | 0.733 | 0.570 |
|  | 組內 | 137.047 | 408 | 0.336 |  |  |
|  | 總數 | 138.031 | 412 |  |  |  |
| 職業效能感 | 組間 | 1.093 | 4 | 0.273 | 0.938 | 0.442 |
|  | 組內 | 118.909 | 408 | 0.291 |  |  |
|  | 總數 | 120.003 | 412 |  |  |  |

表5-14(續)

|  |  | 平方和 | df | 均方 | F | 顯著性 |
|---|---|---|---|---|---|---|
| 基本心理需求 | 組間 | 2.188 | 4 | 0.547 | 1.849 | 0.119 |
|  | 組內 | 120.667 | 408 | 0.296 |  |  |
|  | 總數 | 122.855 | 412 |  |  |  |
| 職業認同 | 組間 | 0.799 | 4 | 0.200 | 0.779 | 0.539 |
|  | 組內 | 104.601 | 408 | 0.256 |  |  |
|  | 總數 | 105.400 | 412 |  |  |  |
| 家庭需求 | 組間 | 0.261 | 4 | 0.065 | 0.127 | 0.972 |
|  | 組內 | 209.226 | 408 | 0.513 |  |  |
|  | 總數 | 209.487 | 412 |  |  |  |
| 職業成功 | 組間 | 1.151 | 4 | 0.288 | 0.924 | 0.450 |
|  | 組內 | 127.036 | 408 | 0.311 |  |  |
|  | 總數 | 128.187 | 412 |  |  |  |

6. 職位級別

本研究將職位級別分為一般員工、基層管理者、中層管理者和高層管理者四個不同的類型，對其進行方差分析，需要採用單因素方程分析。經過分析，結果如表5-15所示。結果顯示，職位級別不同的員工在心理需求滿足上有顯著的差異（$sig=0.045$）。為了進一步區分不同職位級別的員工在基本心理需求的具體差異，我們又通過LSD法對兩兩類型之間的差異進行檢驗，分析結果如表5-16所示。結果顯示，基本心理需求的情況為（按從高到低來排列）：高層管理者>中層管理者>基層管理者>一般員工。其中，高層管理者和一般員工的心理需求滿足差異較為顯著，其他員工之間的差異不顯著。這種情況出現的原因可能在於，高層管理者具有較高的權力，能夠通過權力獲得資源、自由等，因而表現出較高的心理需求滿足，而一般員工沒有什麼權力，無法獲得較多的資源，因此，相對於其他層級的員工而言，其基本心理需求滿足程度較低。

表5-15　　　　　　　　職位級別的單因素方程分析

|  |  | 平方和 | df | 均方 | F | 顯著性 |
|---|---|---|---|---|---|---|
| 職場精神性 | 組間 | 1.743 | 3 | 0.581 | 1.743 | 0.157 |
|  | 組內 | 136.288 | 409 | 0.333 |  |  |
|  | 總數 | 138.031 | 412 |  |  |  |

表5-15(續)

|  |  | 平方和 | df | 均方 | F | 顯著性 |
|---|---|---|---|---|---|---|
| 職業效能感 | 組間 | 1.972 | 3 | 0.657 | 2.278 | 0.079 |
|  | 組內 | 118.031 | 409 | 0.289 |  |  |
|  | 總數 | 120.003 | 412 |  |  |  |
| 基本心理需求 | 組間 | 2.393 | 3 | 0.798 | 2.708 | 0.045 |
|  | 組內 | 120.462 | 409 | 0.295 |  |  |
|  | 總數 | 122.855 | 412 |  |  |  |
| 職業認同 | 組間 | 1.481 | 3 | 0.494 | 1.943 | 0.122 |
|  | 組內 | 103.919 | 409 | 0.254 |  |  |
|  | 總數 | 105.400 | 412 |  |  |  |
| 家庭需求 | 組間 | 0.673 | 3 | 0.224 | 0.439 | 0.725 |
|  | 組內 | 208.814 | 409 | 0.511 |  |  |
|  | 總數 | 209.487 | 412 |  |  |  |
| 職業成功 | 組間 | 0.166 | 3 | 0.055 | 0.177 | 0.912 |
|  | 組內 | 128.021 | 409 | 0.313 |  |  |
|  | 總數 | 128.187 | 412 |  |  |  |

表5-16　　　　　　　　　　LSD 法多重比較

| （I）職位級別 | （J）職位級別 | 均值差（I-J） | 標準誤 | 顯著性 | 95% 置信區間下限 | 95% 置信區間上限 |
|---|---|---|---|---|---|---|
| 一般員工 | 基層管理者 | -0.043,77 | 0.065,72 | 0.506 | -0.173,0 | 0.085,4 |
|  | 中層管理者 | -0.140,25 | 0.073,94 | 0.059 | -0.285,6 | 0.005,1 |
|  | 高層管理者 | -0.225,82* | 0.091,03 | 0.014 | -0.404,8 | -0.046,9 |
| 基層管理者 | 一般員工 | 0.043,77 | 0.065,72 | 0.506 | -0.085,4 | 0.173,0 |
|  | 中層管理者 | -0.096,47 | 0.081,26 | 0.236 | -0.256,2 | 0.063,3 |
|  | 高層管理者 | -0.182,04 | 0.097,06 | 0.061 | -0.372,8 | 0.008,8 |
| 中層管理者 | 一般員工 | 0.140,25 | 0.073,94 | 0.059 | -0.005,1 | 0.285,6 |
|  | 基層管理者 | 0.096,47 | 0.081,26 | 0.236 | -0.063,3 | 0.256,2 |
|  | 高層管理者 | -0.085,57 | 0.102,81 | 0.406 | -0.287,7 | 0.116,5 |
| 高層管理者 | 一般員工 | 0.225,82* | 0.091,03 | 0.014 | 0.046,9 | 0.404,8 |
|  | 基層管理者 | 0.182,04 | 0.097,06 | 0.061 | -0.008,8 | 0.372,8 |
|  | 中層管理者 | 0.085,57 | 0.102,81 | 0.406 | -0.116,5 | 0.287,7 |

註：* 表示均值差的顯著性水準為 0.05。

7. 單位性質

本研究將單位性質分為五個不同的類型，對不同單位性質進行方差分析，需要採用單因素方程分析。經過分析，結果如表5-17所示。結果顯示，來自不同單位性質的員工在職業認同和職業成功兩個方面具有顯著的差異。為了進一步區分不同單位性質的員工在職業認同和職業成功上的具體差異，我們又通過LSD法對每兩個類型之間的差異進行檢驗，分析結果如表5-18所示。

表5-17　　　　　　　　　單位性質的單因素方程分析

|  |  | 平方和 | $df$ | 均方 | F | 顯著性 |
|---|---|---|---|---|---|---|
| 職場精神性 | 組間 | 2.364 | 4 | 0.591 | 1.777 | 0.133 |
|  | 組內 | 135.668 | 408 | 0.333 |  |  |
|  | 總數 | 138.031 | 412 |  |  |  |
| 職業效能感 | 組間 | 2.744 | 4 | 0.686 | 2.387 | 0.051 |
|  | 組內 | 117.258 | 408 | 0.287 |  |  |
|  | 總數 | 120.003 | 412 |  |  |  |
| 基本心理需求 | 組間 | 2.628 | 4 | 0.657 | 2.230 | 0.065 |
|  | 組內 | 120.227 | 408 | 0.295 |  |  |
|  | 總數 | 122.855 | 412 |  |  |  |
| 職業認同 | 組間 | 2.701 | 4 | 0.675 | 2.682 | 0.031 |
|  | 組內 | 102.699 | 408 | 0.252 |  |  |
|  | 總數 | 105.400 | 412 |  |  |  |
| 家庭需求 | 組間 | 0.497 | 4 | 0.124 | 0.243 | 0.914 |
|  | 組內 | 208.990 | 408 | 0.512 |  |  |
|  | 總數 | 209.487 | 412 |  |  |  |
| 職業成功 | 組間 | 3.451 | 4 | 0.863 | 2.822 | 0.025 |
|  | 組內 | 124.736 | 408 | 0.306 |  |  |
|  | 總數 | 128.187 | 412 |  |  |  |

表 5-18　　　　　　　　　　　　LSD 法多重比較

| 因變量 | (I)<br>單位性質 | (J)<br>單位性質 | 均值差<br>(I-J) | 標準誤 | 顯著性 | 95% 置信區間 下限 | 95% 置信區間 上限 |
|---|---|---|---|---|---|---|---|
| 職業認同 | 政府/事業單位 | 國有企業 | -0.002,25 | 0.060,15 | 0.970 | -0.120,5 | 0.116,0 |
| | | 民營/私營企業 | -0.170,30* | 0.075,70 | 0.025 | -0.319,1 | -0.021,5 |
| | | 外資企業 | -0.172,57 | 0.092,64 | 0.063 | -0.354,7 | 0.009,5 |
| | | 其他 | -0.205,31 | 0.105,22 | 0.052 | -0.412,2 | 0.001,5 |
| | 國有企業 | 政府/事業單位 | 0.002,25 | 0.060,15 | 0.970 | -0.116,0 | 0.120,5 |
| | | 民營/私營企業 | -0.168,05* | 0.081,04 | 0.039 | -0.327,4 | -0.008,7 |
| | | 外資企業 | -0.170,32 | 0.097,05 | 0.080 | -0.361,1 | 0.020,5 |
| | | 其他 | -0.203,06 | 0.109,13 | 0.063 | -0.417,6 | 0.011,5 |
| | 民營/私營企業 | 政府/事業單位 | 0.170,30* | 0.075,70 | 0.025 | 0.021,5 | 0.319,1 |
| | | 國有企業 | 0.168,05* | 0.081,04 | 0.039 | 0.008,7 | 0.327,4 |
| | | 外資企業 | -0.002,27 | 0.107,39 | 0.983 | -0.213,4 | 0.208,8 |
| | | 其他 | -0.035,01 | 0.118,41 | 0.768 | -0.267,8 | 0.197,8 |
| | 外資企業 | 政府/事業單位 | 0.172,57 | 0.092,64 | 0.063 | -0.009,5 | 0.354,7 |
| | | 國有企業 | 0.170,32 | 0.097,05 | 0.080 | -0.020,5 | 0.361,1 |
| | | 民營/私營企業 | 0.002,27 | 0.107,39 | 0.983 | -0.208,8 | 0.213,4 |
| | | 其他 | -0.032,75 | 0.129,90 | 0.801 | -0.288,1 | 0.222,6 |
| | 其他 | 政府/事業單位 | 0.205,31 | 0.105,22 | 0.052 | -0.001,5 | 0.412,2 |
| | | 國有企業 | 0.203,06 | 0.109,13 | 0.063 | -0.011,5 | 0.417,6 |
| | | 民營/私營企業 | 0.035,01 | 0.118,41 | 0.768 | -0.197,8 | 0.267,8 |
| | | 外資企業 | 0.032,75 | 0.129,90 | 0.801 | -0.222,6 | 0.288,1 |
| 職業成功 | 政府/事業單位 | 國有企業 | -0.003,28 | 0.066,29 | 0.961 | -0.133,6 | 0.127,0 |
| | | 民營/私營企業 | -0.193,52* | 0.083,43 | 0.021 | -0.357,5 | -0.029,5 |
| | | 外資企業 | 0.026,61 | 0.102,10 | 0.795 | -0.174,1 | 0.227,3 |
| | | 其他 | -0.279,51* | 0.115,96 | 0.016 | -0.507,5 | -0.051,5 |
| | 國有企業 | 政府/事業單位 | 0.003,28 | 0.066,29 | 0.961 | -0.127,0 | 0.133,6 |
| | | 民營/私營企業 | -0.190,25* | 0.089,31 | 0.034 | -0.365,8 | -0.014,7 |
| | | 外資企業 | 0.029,89 | 0.106,96 | 0.780 | -0.180,4 | 0.240,1 |
| | | 其他 | -0.276,23* | 0.120,27 | 0.022 | -0.512,7 | -0.039,8 |
| | 民營/私營企業 | 政府/事業單位 | 0.193,52* | 0.083,43 | 0.021 | 0.029,5 | 0.357,5 |
| | | 國有企業 | 0.190,25* | 0.089,31 | 0.034 | 0.014,7 | 0.365,8 |
| | | 外資企業 | 0.220,13 | 0.118,35 | 0.064 | -0.012,5 | 0.452,8 |
| | | 其他 | -0.085,99 | 0.130,50 | 0.510 | -0.342,5 | 0.170,5 |

表5-18(續)

| 因變量 | (I)<br>單位性質 | (J)<br>單位性質 | 均值差<br>(I-J) | 標準誤 | 顯著性 | 95% 置信區間 ||
|---|---|---|---|---|---|---|---|
| ||||||下限|上限|
| 職業成功 | 外資企業 | 政府/事業單位 | -0.026,61 | 0.102,10 | 0.795 | -0.227,3 | 0.174,1 |
| | | 國有企業 | -0.029,89 | 0.106,96 | 0.780 | -0.240,1 | 0.180,4 |
| | | 民營/私營企業 | -0.220,13 | 0.118,35 | 0.064 | -0.452,8 | 0.012,5 |
| | | 其他 | -0.306,12* | 0.143,16 | 0.033 | -0.587,5 | -0.024,7 |
| | 其他 | 政府/事業單位 | 0.279,51* | 0.115,96 | 0.016 | 0.051,5 | 0.507,5 |
| | | 國有企業 | 0.276,23* | 0.120,27 | 0.022 | 0.039,5 | 0.512,7 |
| | | 民營/私營企業 | 0.085,99 | 0.130,50 | 0.510 | -0.170,5 | 0.342,5 |
| | | 外資企業 | 0.306,12* | 0.143,16 | 0.033 | 0.024,7 | 0.587,5 |

註：* 表示均值差的顯著性水準為 0.05。

　　從表 5-18 的檢驗結果顯示，職業認同的情況（按從高到低來排列）為其他>外企企業>民營/私營企業>國有企業>政府/事業單位。其中，民營/私營企業與國有企業和政府/事業單位的差異性較為顯著，其他類型的單位的員工在職業認同上的差異並不顯著。這可能是由於民營/私營企業更具活力，員工沒有受到體制的束縛，更能發揮自身的價值，能夠從職業中獲得較好的成長和發展。相對而言，民營或私營企業的員工更加認同自身的職業。另外，職業成功的情況（按從高到低來排列）為其他>民營/私營企業>國有企業>政府/事業單位>外企企業。其中，其他單位性質的員工與國有企業、政府/事業單位、外企企業的員工在職業成功方面表現出顯著的差異，民營/私營企業與國有企業、政府/事業單位在職業成功方面也具有較為明顯的差異。其他單位類型的員工感知到的職業成功度最高，這可能是由於這一單位類型的員工不是傳統單位性質的員工，他們的成長和發展受到較少的體制束縛，擇業較為靈活，可以選擇自己擅長和感興趣的職業，因此，對職業的滿意度較高，並且自己擅長做的工作可以做得更好，收入也頗豐。

### 5.3.5 相關性分析

　　我們對本研究所涉及的六個主要變量進行相關性檢驗，採用 SPSS 進行分析，結果如表 5-19 所示。從表 5-19 可以看出，雖然個別變量之間的相關係數大於 0.7，但整體來看，變量之間的相關係數均低於 0.75 這個存在多重共線性的警戒值（Tsui，等，1995）。

表 5-19　　　　　　　　　變量間的相關性統計分析

|  | 1 | 2 | 3 | 4 | 5 | 6 |
|---|---|---|---|---|---|---|
| 1. 職場精神性 | (0.919) |  |  |  | * |  |
| 2. 職業自我效能感 | 0.523** | (0.832) |  |  | * |  |
| 3. 職業認同 | 0.717** | 0.679** | (0.662) |  | * |  |
| 4. 基本心理需求 | 0.663** | 0.596** | 0.731** | (0.89) | * |  |
| 5. 職業成功 | 0.733** | 0.590** | 0.661** | 0.746** | (0.78) |  |
| 6. 家庭需求 | 0.006 | -0.006 | -0.02 | -0.077** | 0.04 | (0.623) |

註：** 表示在 0.01 水準（雙側）上顯著相關，括號內為 Cronbach's α 系數。

### 5.3.6　假設檢驗

1. 職場精神性對職業成功影響的假設檢驗

本書首先對假設 H1：職場精神性對職業成功的影響進行檢驗。我們採用 SPSS 軟件，通過多元層次迴歸分析對變量之間的因果關係進行檢驗，結果如表 5-20 所示。具體來說，檢驗的步驟分為兩步：第一步，以職業成功為因變量，將性別等 7 個人口統計變量放入迴歸方程的第一層，迴歸得到表 5-20 中的模型 1，結果顯示單位性質對職業成功具有顯著的影響；第二步，將自變量職場精神性放入迴歸方程的第二層，迴歸得到表 5-20 中的模型 2。結果表明，職場精神性對職業成功具有顯著的正向影響（$\beta = 0.738$，$P < 0.001$），因此，假設 H1 得到驗證。

表 5-20　　　　　　　職場精神性對職業成功的迴歸結果

| 變量 | 因變量：職業成功 ||
|---|---|---|
|  | 模型 1 | 模型 2 |
| 性別 | -0.028 | 0.020 |
| 年齡 | -0.019 | 0.014 |
| 學歷 | 0.017 | -0.046 |
| 婚姻 | 0.009 | -0.104 |
| 工作年限 | 0.062 | 0.052 |
| 職位級別 | -0.024 | -0.075 |
| 單位性質 | 0.103* | 0.047 |
| 職場精神性 |  | 0.738*** |

表5-20(續)

| 變量 | 因變量：職業成功 ||
|---|---|---|
|  | 模型1 | 模型2 |
| $R^2$ | 0.015 | 0.545 |
| $\triangle R^2$ | 0.015 | 0.530 |
| $\triangle F$ | 0.878 | 469.902*** |

註：* 表示 $P<0.05$，** 表示 $P<0.01$，*** 表示 $P<0.001$。

2. 職場精神性對基本心理需求影響的假設檢驗

本書對假設 H2：職場精神性對基本心理需求的影響進行檢驗，採用 SPSS 軟件，通過層次迴歸分析，結果如表 5-21 所示。具體來說，檢驗的步驟分為兩步：第一步，以基本心理需求為因變量，將性別等 7 個人口統計變量放入迴歸方程的第一層，迴歸得到表 5-21 中的模型 1，結果顯示單位性質對職業自我效能感的影響顯著；第二步，將自變量職場精神性放入迴歸方程的第二層，迴歸得到表 5-21 中的模型 2。結果表明，職場精神性對基本心理需求具有顯著的正向影響（$\beta=0.651$，$P<0.001$），因此，假設 H2 得到驗證。

表 5-21　　職場精神性對基本心理需求的迴歸結果

| 變量 | 因變量：基本心理需求 ||
|---|---|---|
|  | 模型1 | 模型2 |
| 性別 | −0.076 | −0.034 |
| 年齡 | 0.004 | 0.033 |
| 學歷 | 0.008 | −0.047 |
| 婚姻 | −0.010 | −0.030 |
| 工作年限 | 0.033 | 0.024 |
| 職位級別 | 0.098 | 0.053 |
| 單位性質 | 0.114* | 0.065 |
| 職場精神性 |  | 0.651*** |
| $R^2$ | 0.040 | 0.452 |
| $\triangle R^2$ | 0.040 | 0.412 |
| $\triangle F$ | 2.442* | 303.943*** |

註：* 表示 $P<0.05$，** 表示 $P<0.01$，*** 表示 $P<0.001$。

3. 基本心理需求對職業成功影響的假設檢驗

接著，本書對假設 H3：基本心理需求對職業成功的影響進行檢驗，通過多元線性層次迴歸分析，分析結果如表 5-22 所示。具體而言，檢驗的步驟分為兩步：第一步，以職業成功為因變量，將性別等 7 個人口統計變量放入迴歸方程的第一層，迴歸得到表 5-22 中的模型 1，結果顯示單位性質對職業成功具有顯著的正向影響；第二步，將自變量基本心理需求放入迴歸方程的第二層，迴歸得到表 5-22 中的模型 2。結果表明，基本心理需求對職業成功具有顯著的正向影響（$\beta=0.757$，$P<0.001$），因此，假設 H3 得到驗證。

表 5-22　　　　基本心理需求對職業成功的迴歸結果

| 變量 | 因變量：職業成功 ||
|---|---|---|
|  | 模型 1 | 模型 2 |
| 性別 | -0.028 | 0.029 |
| 年齡 | -0.019 | -0.022 |
| 學歷 | 0.017 | 0.010 |
| 婚姻 | 0.009 | 0.017 |
| 工作年限 | 0.062 | 0.037 |
| 職位級別 | -0.024 | -0.098 |
| 單位性質 | 0.103* | 0.017 |
| 基本心理需求 |  | 0.757*** |
| $R^2$ | 0.015 | 0.564 |
| $\triangle R^2$ | 0.015 | 0.549 |
| $\triangle F$ | 0.878 | 509.353*** |

註：* 表示 $P<0.05$，** 表示 $P<0.01$，*** 表示 $P<0.001$。

4. 基本心理需求在職場精神性和職業成功間的仲介作用檢驗

我們對假設 H4：基本心理需求在職場精神性和職業成功之間的仲介作用進行檢驗，同樣採用溫忠麟等（2004）推薦的程序分四步進行檢驗。具體而言，第一步，檢驗職場精神性（自變量）對職業成功（因變量）的整體效應（$c$），這一步已被假設 H1 所證實；第二步，檢驗職場精神性（自變量）對基本心理需求（仲介變量）的影響（$a$），這一步已被假設 H4 所證實；第三步，檢驗基本心理需求（仲介變量）對職業成功（因變量）的影響（$b$），這一步已被假設 H9 所證實；第四步，檢驗職場精神性（自變量）對職業成功（因變量）的直接效應（$c'$）。針對第四步的檢驗，我們同樣通過構建迴歸方程進行

分析，結果如表 5-23 所示。具體來說，以職業成功為因變量，首先將性別等 7 個人口統計變量放入迴歸方程第一層，形成表 5-23 中的模型 1；其次，將自變量職場精神性放入迴歸方程第二層，形成表 5-23 中的模型 2；最後，將仲介變量基本心理需求放入迴歸方程第三層，形成表 5-23 中的模型 3。結果顯示，職場精神性對職業成功的直接影響顯著（$\beta = 0.430$，$P < 0.001$），即 $c'$ 顯著，這表明基本心理需求在職場精神性和職業成功之間起部分仲介作用。因此，假設 H4 得到驗證。

表 5-23　　　　　　　　基本心理需求的仲介作用檢驗結果

| 變量 | 因變量：職業成功 |||
|---|---|---|---|
|  | 模型 1 | 模型 2 | 模型 3 |
| 性別 | −0.028 | 0.020 | 0.036 |
| 年齡 | −0.019 | 0.014 | −0.002 |
| 學歷 | 0.017 | −0.046 | −0.024 |
| 婚姻 | 0.009 | −0.014 | 0.001 |
| 工作年限 | 0.062 | 0.052 | 0.041 |
| 職位級別 | −0.024 | −0.075 | −0.100 |
| 單位性質 | 0.103* | 0.047 | 0.017 |
| 職場精神性 |  | 0.738*** | 0.430*** |
| 基本心理需求 |  |  | 0.473*** |
| $R^2$ | 0.015 | 0.545 | 0.667 |
| $\triangle R^2$ | 0.015 | 0.530 | 0.122 |
| $\triangle F$ | 0.878 | 469.902*** | 148.158*** |

註：* 表示 $P < 0.05$，** 表示 $P < 0.01$，*** 表示 $P < 0.001$。

5. 職場精神性對職業自我效能感影響的假設檢驗

本書對假設 H5：職場精神性對職業自我效能感的影響進行檢驗，採用 SPSS 軟件，通過層次迴歸分析，結果如表 5-24 所示。具體來說，檢驗的步驟分為兩步：第一步，以職業自我效能感為因變量，將性別等 7 個人口統計變量放入迴歸方程的第一層，迴歸得到表 5-24 中的模型 1，結果顯示 7 個人口統計變量對職業自我效能感的影響不顯著；第二步，將自變量職場精神性放入迴歸方程的第二層，迴歸得到表 5-24 中的模型 2。結果表明，職場精神性對職業自我效能感具有顯著的正向影響（$\beta = 0.513$，$P < 0.001$），因此，假設 H5 得到驗證。

表 5-24　職場精神性對職業自我效能感的迴歸結果

| 變量 | 因變量：職業自我效能感 ||
|---|---|---|
|  | 模型 1 | 模型 2 |
| 性別 | -0.079 | -0.046 |
| 年齡 | -0.168 | -0.145 |
| 學歷 | 0.095 | 0.052 |
| 婚姻 | -0.011 | -0.027 |
| 工作年限 | 0.135 | 0.128 |
| 職位級別 | 0.097 | 0.061 |
| 單位性質 | 0.007 | -0.032 |
| 職場精神性 |  | 0.513*** |
| $R^2$ | 0.031 | 0.287 |
| $\triangle R^2$ | 0.031 | 0.256 |
| $\triangle F$ | 1.822 | 145.020*** |

註：* 表示 $P<0.05$，** 表示 $P<0.01$，*** 表示 $P<0.001$。

6. 職業自我效能感對職業成功影響的假設檢驗

接著，本書對假設 H6：職業自我效能感對職業成功的影響進行檢驗，通過多元線性層次迴歸分析，分析結果如表 5-25 所示。具體而言，檢驗的步驟分為兩步：第一步，以職業成功為因變量，將性別等 7 個人口統計變量放入迴歸方程的第一層，迴歸得到表 5-25 中的模型 1，結果顯示單位性質對職業成功具有顯著的正向影響；然後，第二步，將自變量職業自我效能感放入迴歸方程的第二層，迴歸得到表 5-25 中的模型 2。結果表明，職業自我效能感對職業成功具有顯著的正向影響（$\beta = 0.599$，$P<0.001$），因此，假設 H6 得到驗證。

表 5-25　職業自我效能感對職業成功的迴歸結果

| 變量 | 因變量：職業成功 ||
|---|---|---|
|  | 模型 1 | 模型 2 |
| 性別 | -0.028 | 0.019 |
| 年齡 | -0.019 | 0.081 |
| 學歷 | 0.017 | -0.040 |
| 婚姻 | 0.009 | 0.016 |
| 工作年限 | 0.062 | -0.019 |

表5-25(續)

| 變量 | 因變量：職業成功 | |
|---|---|---|
| | 模型1 | 模型2 |
| 職位級別 | −0.024 | −0.082 |
| 單位性質 | 0.103* | 0.099 |
| 職業自我效能感 | | 0.599*** |
| $R^2$ | 0.015 | 0.362 |
| $\triangle R^2$ | 0.015 | 0.347 |
| $\triangle F$ | 0.878 | 220.015*** |

註：* 表示 $P<0.05$，** 表示 $P<0.01$，*** 表示 $P<0.001$。

7. 職業自我效能感在職場精神性和職業成功間的仲介作用檢驗

仲介效應的方法有多種，常用的方法是 Baron & Kenny（1986）提出的逐步檢驗法，具體分為三步：首先，仲介變量（M）對自變量（X）的迴歸分析，迴歸系數應顯著；其次，因變量（Y）對自變量（X）迴歸，迴歸系數也應顯著；最後，因變量（Y）同時對自變量（X）和仲介變量（M）的迴歸，仲介變量的迴歸系數應顯著，自變量的迴歸系數減小。由於逐步檢驗法的檢驗效力在各種方法中是最低的，因此近年來這一檢驗法也受到了許多的批評和質疑（溫忠麟，葉寶娟，2014）。

溫忠麟等提出了一個檢驗仲介效應的程序，並認為這種程序犯第一類和第二類錯誤率之和通常比單一檢驗方法要小（溫忠麟，侯杰泰，張雷，2004）。仲介效應的具體的檢驗程序為：首先，檢驗系數 $c$，看 $c$ 是否顯著，如果不顯著，說明 $X$ 和 $Y$ 相關性不顯著，應停止仲介效應分析，如果 $c$ 顯著，進入下一步。接著，依次檢驗系數 $a$、$b$，如果 $a$、$b$ 都顯著，則檢驗系數 $c'$，如果 $c'$ 顯著則表明仲介效應為部分仲介，如果 $c'$ 不顯著則表明仲介效應為完全仲介；如果 $a$、$b$ 至少有一個不顯著，則採用 sobel 檢驗，如果計算的 sobel 檢驗統計量顯著，則表明仲介效應顯著，否則仲介效應不顯著。其中，$c$ 是指自變量 $X$ 對因變量 $Y$ 的總體迴歸系數，$b$ 是指自變量 $X$ 對仲介變量 $M$ 的迴歸系數，$c$ 是指仲介變量 $M$ 對因變量 $Y$ 的迴歸系數，$c'$ 是指自變量 $X$ 對因變量 $Y$ 的直接迴歸系數。

本研究採用溫忠麟等（2004）推薦的檢驗仲介效應的程序，對假設 H7：職業自我效能感在職場精神性和職業成功之間的仲介作用進行檢驗。具體分為四步：第一步，檢驗職場精神性（自變量）對職業成功（因變量）的整體效應（$c$），這一步已被假設 H1 所證實；第二步，檢驗職場精神性（自變量）對

職業自我效能感（仲介變量）的影響（$a$），這一步已被假設 H5 所證實；第三步，檢驗職業自我效能感（仲介變量）對職業成功（因變量）的影響（$b$），這一步已被假設 H6 所證實；第四步，檢驗職場精神性（自變量）對職業成功（因變量）的直接效應（$c'$）。針對第四步的檢驗，我們通過構建迴歸方程進行分析，結果如表5-23所示。具體來說，首先以職業成功為因變量，將性別等 7 個人口統計變量放入迴歸方程第一層，形成表 5-26 中的模型 1；其次，將自變量職場精神性放入迴歸方程第二層，形成表 5-26 中的模型 2；最後，將仲介變量職業自我效能感放入迴歸方程第三層，形成表 5-26 中的模型 3。結果顯示，職場精神性對職業成功的直接影響顯著（$\beta=0.586$，$P<0.001$），即 $c'$ 顯著，這表明職業自我效能感在職場精神性和職業成功之間起部分仲介作用。因此，假設 H7 得到驗證。

表 5-26　　　　　　職業自我效能感的仲介作用檢驗結果

| 變量 | 因變量：職業成功 | | |
|---|---|---|---|
| | 模模型 1 | 模型 2 | 模型 3 |
| 性別 | −0.028 | 0.020 | 0.003 |
| 年齡 | −0.019 | 0.014 | 0.057 |
| 學歷 | 0.017 | −0.046 | −0.061 |
| 婚姻 | 0.009 | −0.104 | −0.006 |
| 工作年限 | 0.062 | 0.052 | 0.014 |
| 職位級別 | −0.024 | −0.075 | −0.093* |
| 單位性質 | 0.103* | 0.047 | 0.057 |
| 職場精神性 | | 0.738*** | 0.586*** |
| 職業自我效能感 | | | 0.297*** |
| $R^2$ | 0.015 | 0.545 | 0.608*** |
| $\triangle R^2$ | 0.015 | 0.530 | 0.063 |
| $\triangle F$ | 0.878 | 469.902*** | 64.687*** |

註：* 表示 $P<0.05$，** 表示 $P<0.01$，*** 表示 $P<0.001$。

8. 職場精神性對職業認同影響的假設檢驗

本書對假設 H8：職場精神性對職業認同的影響進行檢驗，採用 SPSS 軟件，通過層次迴歸分析，結果如表 5-27 所示。具體來說，檢驗的步驟分為兩步：第一步，以職業認同為因變量，將性別等 7 個人口統計變量放入迴歸方程的第一層，迴歸得到表 5-27 中的模型 1，結果顯示單位性質對職業認同的影響顯著；接著，第二步，將自變量職場精神性放入迴歸方程的第二層，迴歸得

到表 5-27 中的模型 2。結果表明，職場精神性對職業認同具有顯著的正向影響（$\beta=0.709$，$P<0.001$），因此，假設 H8 得到驗證。

表 5-27　　　　　　　職場精神性對職業認同的迴歸結果

| 變量 | 因變量：職業認同 | |
|---|---|---|
| | 模型 1 | 模型 2 |
| 性別 | -0.030 | 0.016 |
| 年齡 | -0.126 | -0.095 |
| 學歷 | 0.066 | 0.006 |
| 婚姻 | -0.031 | -0.053 |
| 工作年限 | 0.074 | 0.064 |
| 職位級別 | 0.101 | 0.051 |
| 單位性質 | 0.121* | 0.067 |
| 職場精神性 | | 0.709*** |
| $R^2$ | 0.037 | 0.526 |
| $\triangle R^2$ | 0.037 | 0.489 |
| $\triangle F$ | 2.233* | 417.002*** |

註：* 表示 $P<0.05$，** 表示 $P<0.01$，*** 表示 $P<0.001$。

9. 職業認同對職業成功影響的假設檢驗

接著，本書對假設 H9：職業認同對職業成功的影響進行檢驗，通過多元線性層次迴歸分析，分析結果如表 5-28 所示。具體而言，檢驗的步驟分為兩步：第一步，以職業成功為因變量，將性別等 7 個人口統計變量放入迴歸方程的第一層，迴歸得到表 5-28 中的模型 1，結果顯示單位性質對職業成功具有顯著的正向影響；然後，第二步，將自變量職業認同放入迴歸方程的第二層，迴歸得到表 5-28 中的模型 2。結果表明，職業認同對職業成功具有顯著的正向影響（$\beta=0.669$，$P<0.001$），因此，假設 H9 得到驗證。

表 5-28　　　　　　　職業認同對職業成功的迴歸結果

| 變量 | 因變量：職業成功 | |
|---|---|---|
| | 模型 1 | 模型 2 |
| 性別 | -0.028 | -0.008 |
| 年齡 | -0.019 | 0.065 |
| 學歷 | 0.017 | -0.027 |
| 婚姻 | 0.009 | 0.030 |

表5-28(續)

| 變量 | 因變量：職業成功 | |
|---|---|---|
| | 模型1 | 模型2 |
| 工作年限 | 0.062 | 0.012 |
| 職位級別 | −0.024 | −0.091 |
| 單位性質 | 0.103* | 0.023 |
| 職業認同 | | 0.669*** |
| $R^2$ | 0.015 | 0.445 |
| $\triangle R^2$ | 0.015 | 0.430 |
| $\triangle F$ | 0.878 | 313.430*** |

註：* 表示 $P<0.05$，** 表示 $P<0.01$，*** 表示 $P<0.001$。

10. 職業認同在職場精神性和職業成功間的仲介作用檢驗

我們對假設H10：職業認同在職場精神性和職業成功之間的仲介作用進行檢驗，同樣採用溫忠麟等（2004）推薦的程序分四步進行檢驗。具體來說，第一步，檢驗職場精神性（自變量）對職業成功（因變量）的整體效應（$c$），這一步已被假設H1所證實；第二步，檢驗職場精神性（自變量）對職業認同（仲介變量）的影響（$a$），這一步已被假設H8所證實；第三步，檢驗職業認同（仲介變量）對職業成功（因變量）的影響（$b$），這一步已被假設H9所證實；第四步，檢驗職場精神性（自變量）對職業成功（因變量）的直接效應（$c'$）。針對第四步的檢驗，我們同樣通過構建迴歸方程進行分析，結果如表5-29所示。具體來說，首先，以職業成功為因變量，將性別等7個人口統計變量放入迴歸方程第一層，形成表5-29中的模型1；其次，將自變量職場精神性放入迴歸方程第二層，形成表5-29中的模型2；最後，將仲介變量職業認同放入迴歸方程第三層，形成表5-29中的模型3。結果顯示，職場精神性對職業成功的直接影響顯著（$\beta=0.536$，$P<0.001$），即$c'$顯著，這表明職業認同在職場精神性和職業成功之間起到部分仲介作用。因此，假設H10得到驗證。

表5-29　　　　　　　職業認同的仲介作用檢驗結果

| 變量 | 因變量：職業成功 | | |
|---|---|---|---|
| | 模模型1 | 模型2 | 模型3 |
| 性別 | −0.028 | 0.020 | 0.015 |
| 年齡 | −0.019 | 0.014 | 0.041 |

表5-29(續)

| 變量 | 因變量：職業成功 |||
|---|---|---|---|
| | 模型1 | 模型2 | 模型3 |
| 學歷 | 0.017 | --.046 | -0.047 |
| 婚姻 | 0.009 | -0.014 | 0.001 |
| 工作年限 | 0.062 | 0.052 | 0.033 |
| 職位級別 | -0.024 | -0.075 | -0.090 |
| 單位性質 | 0.103* | 0.047 | 0.028 |
| 職場精神性 | | 0.738*** | 0.536*** |
| 職業認同 | | | 0.284*** |
| $R^2$ | 0.015 | 0.545 | 0.574 |
| $\triangle R^2$ | 0.015 | 0.530 | 0.029 |
| $\triangle F$ | 0.878 | 469.902*** | 37.034*** |

註：* 表示 $P<0.05$，** 表示 $P<0.01$，*** 表示 $P<0.001$。

11. 家庭需求在職場精神性和基本心理需求之間的調節作用檢驗

對假設H11：家庭需求在職場精神性和基本心理需求之間的調節作用進行檢驗，我們同樣採用乘積法，由於調節變量家庭需求是連續變量，本書直接將自變量和調節變量分別標準化後相乘，形成兩個變量的交互項。通過層次迴歸分析，對家庭需求在職場精神性和基本心理需求之間的調節作用進行檢驗，具體來說，以基本心理需求為因變量，第一步，將控制變量放入迴歸方程的第一層，形成表5-30中的模型1；第二步，將自變量和調節變量放入迴歸方程的第二層，形成表5-30中的模型2；第三步，將自變量和調節變量分別標準化後的乘積項放入迴歸方程的第三層，形成表5-30中的模型3。結果顯示，職場精神性和家庭需求的交互項系數顯著，且為負數，這表明家庭需求在職場精神性和基本心理需求之間起負向調節作用。為了進一步明晰家庭需求在職場精神性和基本心理需求之間的調節作用，本書繪出了家庭需求的調節效應圖，見圖5-7所示。由圖5-7可以看出，低家庭需求的斜率比高家庭需求的斜率更陡，這說明家庭需求在職場精神性和基本心理需求之間起負向調節作用。因此，假設H11得到驗證。

表 5-30　家庭需求在職場精神性和基本心理需求之間的調節作用檢驗

| 變量 | 因變量：基本心理需求 | | |
|---|---|---|---|
| | 模模型 1 | 模型 2 | 模型 3 |
| 性別 | -0.076 | -0.029 | -0.032 |
| 年齡 | 0.004 | 0.029 | 0.022 |
| 學歷 | 0.008 | -0.047 | -0.051 |
| 婚姻 | -0.010 | -0.031 | -0.028 |
| 工作年限 | 0.033 | 0.030 | 0.031 |
| 職位級別 | 0.098 | 0.051 | 0.059 |
| 單位性質 | 0.114* | 0.065 | 0.059 |
| 職場精神性 | | 0.652*** | 0.646*** |
| 家庭需求 | | -0.078* | -0.068 |
| 職場精神性 * 家庭需求 | | | -0.088* |
| $R^2$ | 0.040 | 0.459 | 0.466 |
| $\triangle R^2$ | 0.040 | 0.418 | 0.007 |
| $\triangle F$ | 2.442* | 155.569*** | 5.631* |

註：* 表示 $P<0.05$，** 表示 $P<0.01$，*** 表示 $P<0.001$。

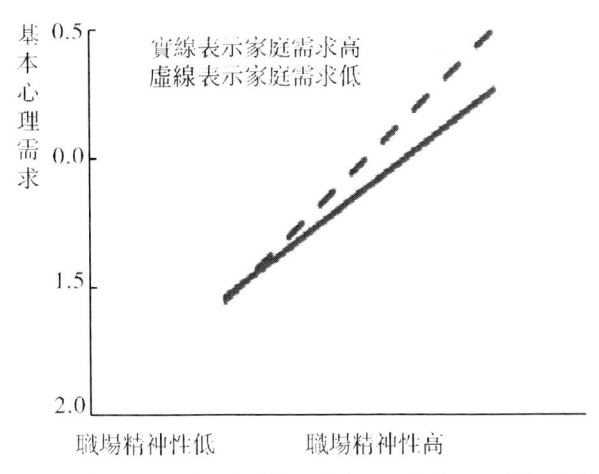

圖 5-7　家庭需求在職場精神性和基本心理需求之間的調節效應圖

12. 家庭需求在職場精神性和職業自我效能感之間的調節作用檢驗

對假設 H12：家庭需求在職場精神性和職業自我效能感之間的調節作用進行檢驗，我們採用較為常用的乘積法，由於調節變量家庭需求是連續變量，因此，不需要對其進行轉換，直接將自變量和調節變量分別標準化後相乘，形成

兩個變量的交互項。通過層次迴歸分析，對家庭需求在職場精神性和職業自我效能感之間的調節作用進行檢驗，具體來說，以職業自我效能感為因變量，第一步，將控制變量放入迴歸方程的第一層，形成表5-31中的模型1；第二步，將自變量和調節變量放入迴歸方程的第二層，形成表5-31中的模型2；第三步，將自變量和調節變量分別標準化後的乘積項放入迴歸方程的第三層，形成表5-31中的模型3。結果顯示，職場精神性和家庭需求的交互項系數顯著，且為負數，這表明家庭需求在職場精神性和職業自我效能感之間起負向調節作用。為了進一步明晰家庭需求在職場精神性和職業自我效能感之間的調節作用，本書繪出了家庭需求的調節效應圖，見圖5-8所示。由圖5-8可以看出，低家庭需求的斜率比高家庭需求的斜率更陡，這說明家庭需求在職場精神性和職業自我效能感之間起負向調節作用。綜上，假設H12得到驗證。

表5-31　家庭需求在職場精神性和職業自我效能感之間的調節作用檢驗

| 變量 | 因變量：職業自我效能感 | | |
|---|---|---|---|
| | 模模型1 | 模型2 | 模型3 |
| 性別 | -0.079 | -0.046 | -0.049 |
| 年齡 | -0.168 | -0.145 | -0.152 |
| 學歷 | 0.095 | 0.052 | 0.048 |
| 婚姻 | -0.011 | -0.027 | -0.024 |
| 工作年限 | 0.135 | 0.128 | 0.129 |
| 職位級別 | 0.097 | 0.061 | 0.070 |
| 單位性質 | 0.007 | -0.032 | -0.038 |
| 職場精神性 | | 0.513*** | 0.507*** |
| 家庭需求 | | -0.007 | 0.004 |
| 職場精神性*家庭需求 | | | -0.088* |
| $R^2$ | 0.031 | 0.287 | 0.294 |
| $\triangle R^2$ | 0.031 | 0.256 | 0.007 |
| $\triangle F$ | 1.822 | 72.351*** | 4.283* |

註：* 表示 $P<0.05$，** 表示 $P<0.01$，*** 表示 $P<0.001$。

職
業
自
我
效
能
感

3.5
實線表示家庭需求高
虛線表示家庭需求低
3.0
2.5
2.0

職場精神性低　　　　　　　職場精神性高

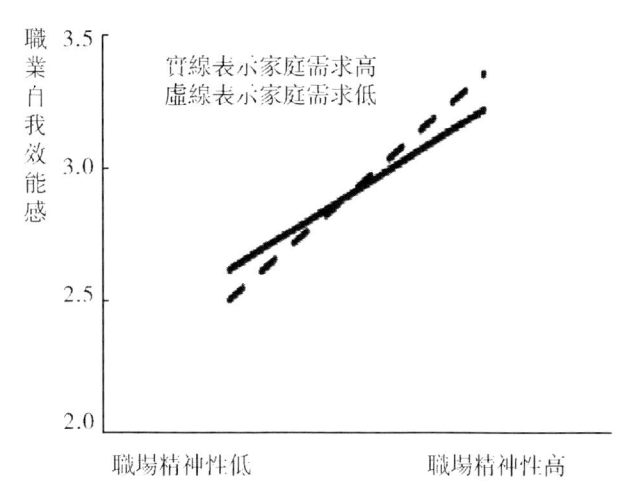

**圖 5-8　家庭需求在職場精神性和職業自我效能感之間的調節效應圖**

13. 家庭需求在職場精神性和職業認同之間的調節作用檢驗

對假設 H13：家庭需求在職場精神性和職業認同之間的調節作用進行檢驗，我們同樣採用乘積法，由於調節變量家庭需求是連續變量，本書直接將自變量和調節變量分別標準化後相乘，形成兩個變量的交互項。通過層次迴歸分析，對家庭需求在職場精神性和職業認同之間的調節作用進行檢驗，具體來說，以職業認同為因變量，第一步，將控制變量放入迴歸方程的第一層，形成表 5-32 中的模型 1；第二步，將自變量和調節變量放入迴歸方程的第二層，形成表 5-32 中的模型 2；第三步，將自變量和調節變量分別標準化後的乘積項放入迴歸方程的第三層，形成表 5-32 中的模型 3。結果顯示，職場精神性和家庭需求的交互項系數顯著，且為負數，這表明家庭需求在職場精神性和職業認同之間起負向調節作用。為了進一步明晰家庭需求在職場精神性和職業認同之間的調節作用，本書繪出了家庭需求的調節效應圖，見圖 5-9 所示。由圖 5-9 可以看出，低家庭需求的斜率比高家庭需求的斜率更陡，這說明家庭需求在職場精神性和職業認同之間起負向調節作用。因此，假設 H13 得到驗證。

**表 5-32　家庭需求在職場精神性和職業認同之間的調節作用檢驗**

| 變量 | 因變量：職業認同 |||
|---|---|---|---|
| | 模模型 1 | 模型 2 | 模型 3 |
| 性別 | -0.030 | 0.017 | 0.014 |
| 年齡 | -0.126 | -0.096 | -0.103 |

表5-32(續)

| 變量 | 因變量：職業認同 |||
|---|---|---|---|
| | 模型1 | 模型2 | 模型3 |
| 學歷 | 0.066 | 0.006 | 0.002 |
| 婚姻 | -0.031 | -0.053 | -0.050 |
| 工作年限 | 0.074 | 0.066 | 0.067 |
| 職位級別 | 0.101 | 0.051 | 0.059 |
| 單位性質 | 0.121* | 0.067 | 0.062 |
| 職場精神性 | | 0.709*** | 0.704*** |
| 家庭需求 | | -0.026 | -0.015 |
| 職場精神性*家庭需求 | | | -0.088* |
| $R^2$ | 0.037 | 0.527 | 0.534 |
| $\triangle R^2$ | 0.037 | 0.490 | 0.007 |
| $\triangle F$ | 2.233* | 208.558*** | 6.407* |

註：* 表示 $P<0.05$，** 表示 $P<0.01$，*** 表示 $P<0.001$。

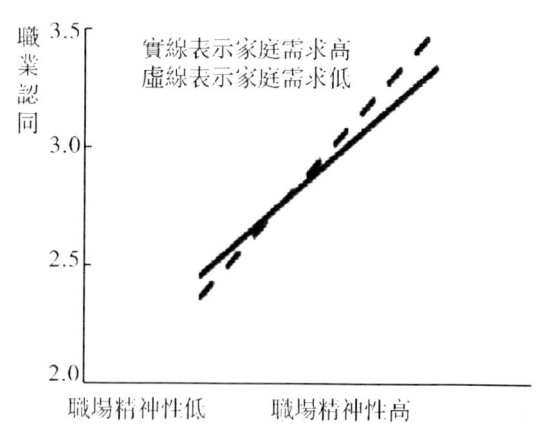

圖 5-9　家庭需求在職場精神性和職業認同之間的調節效應圖

## 5.4 本章小結

　　本章內容重點是對大樣本調研數據進行處理和分析，具體體現在以下幾個方面：一是介紹了大樣本的樣本來源、抽樣程序及樣本分佈情況等。二是對大樣本數據的內在質量進行評估和檢驗，重點針對數據的正態性、共同方法偏差及量表的信度和效度進行評估和檢驗，以及對人口統計變量進行方差分析。三是在保證數據質量基礎上對第三章理論模型和研究假設進行驗證，包括採用Pearson 相關分析法分析變量之間的相關關係、利用多元層次迴歸的方法檢驗理論模型中的直接效應、仲介效應和調節效應。

# 6 研究結論與討論

本章將對實證研究的結論進行進一步討論和解釋，在此基礎上探究理論模型和假設帶給管理實踐的啟示，總結本研究的主要局限和不足，並對後續研究的方向及有關亟待解決的問題進行展望。

## 6.1 假設檢驗結果匯總

本研究假設的結果匯總如表6-1所示，在13個待驗證的研究假設中，所有假設全部得到有效驗證，均支持相關研究假設。

表6-1　　　　　　　　　假設檢驗結果匯總表

| 假設 | 假設內容 | 驗證結果 |
| --- | --- | --- |
| H1 | 職場精神性對職業成功有顯著正向影響 | 支持 |
| H2 | 職場精神性對基本心理需求有顯著正向影響 | 支持 |
| H3 | 基本心理需求對職業成功有顯著正向影響 | 支持 |
| H4 | 基本心理需求在職場精神性與職業成功關係之間起仲介作用 | 支持 |
| H5 | 職場精神性對職業自我效能感有顯著正向影響 | 支持 |
| H6 | 職業自我效能感對職業成功有顯著正向影響 | 支持 |
| H7 | 職業自我效能感在職場精神性與職業成功關係之間起仲介作用 | 支持 |
| H8 | 職場精神性對職業認同有顯著正向影響 | 支持 |
| H9 | 職業認同對職業成功有顯著正向影響 | 支持 |
| H10 | 職業認同在職場精神性與職業成功關係之間起仲介作用 | 支持 |

表6-1(續)

| 假設 | 假設內容 | 驗證結果 |
|---|---|---|
| H11 | 家庭需求在職場精神性對基本心理需求關係中起負向調節作用。家庭需求感越強，職場精神性對基本心理需求正相關關係越弱 | 支持 |
| H12 | 家庭需求在職場精神性對職業自我效能感關係中起負向調節作用。家庭需求感越強，職場精神性對職業自我效能感正相關關係越弱 | 支持 |
| H13 | 家庭需求在職場精神性對職業認同關係中起負向調節作用。家庭需求感越強，職場精神性對職業認同的正相關關係越弱 | 支持 |

## 6.2 研究結論

本書在對相關文獻進行回顧和總結的基礎上，以自我決定理論、社會認知理論和社會認同理論為理論基礎，以組織內員工為研究對象，構建了以職場精神性為自變量，職業成功為結果變量，以基本心理需求、職業自我效能感、職業認同為三大仲介變量，以家庭需求為調節變量的理論模型，從而揭示了職場精神性對員工職業發展的內在影響機制。通過對理論模型提出假設，並以實證數據進行相關檢驗，最後得出了以下主要結論：

### 6.2.1 職場精神性能顯著地影響職業成功

本研究通過對大樣本數據的實證分析，結果顯示，職場精神性對員工的職業成功總體具有顯著的正向影響（$\beta = 0.738$，$P<0.001$），這一結果表明職場精神性是職業成功的重要前因變量。當個體在職場中感知到高精神性時，個體會表現出對職業及工作的積極態度和情感，並更加投入其中，獲得更大的職業成功。該結論也印證了國外學者的一些研究結論（Ashar & Lane-Maher, 2004；Altaf & Awan, 2011; Chawla & Guda, 2010; Usman, 2010），即職場精神性在很大程度上能夠積極影響個體工作態度及行為等。

本研究也證實了職場精神性各分維度（工作的意義和目的感、團隊歸屬感、與組織價值觀的一致性）均對個體的職業成功具有正向影響，路徑系數分別為0.340、0.279及0.240。對於這一結論也可以從以下方面解釋：首先，職場精神性強調有意義的工作，個體渴望在職場中追求一個完整和有意義的自我（Ashforth & Pratt, 2010; Giacolone & Jurkiewics, 2010）。可以想像在實際工

作中，當個體感覺到自己從事的工作有意義時，員工會更加有動力，也更加願意投入時間和熱情，因而會以飽滿的熱情和主人翁的態度努力地去完成工作任務，以實現自己內心對於「意義」與「完整的自我」「超越的自我」的追求，從而容易促進個體工作業績的提升和工作滿意度的達成，進而更加容易實現職業成功。其次，職場精神性強調個體與工作中他人之間的聯繫感和團隊歸屬感。當個體在職場中感覺到和同事關係融洽，得到他人理解和支持時，會對團隊產生一種歸屬感和信賴感，從而獲得更多的心理資源。當同事關係中存在服務他人的意識時，個體同時也能獲得更多的信息分享和實質的工作資源，而心理資源和工作資源都可以幫助個體實現更大的職業成功。而同事關係與職業成功之間關係也得到了以往學者的論證（Gao & Wu，2014；Ucol-Ganiron Jr，2013；McCallum，2008；Bozionelos，2008）。最後，當職場中個體高度感受到其自身核心理念與組織的價值觀趨於一致時，個體能將自己歸為組織的一分子，組織的發展即自身的發展，那麼為了共同的發展，個體會傾向於更加積極努力地工作，所以個體在幫助組織提高績效的同時也能促進個人的職業成功（Lambert，等，2011；Chawla & Guda，2010；Pawar，2009；Komala & Ganesh，2007；Erdogan，Kraimer & Liden，2004；Bretz & Judge，1994），並且這一點也可以從個人組織匹配與員工之間關係的相關研究中找到解釋。另外，我們認為，本研究對職場精神性與員工職業成功之間正向關係的證實也可從職場精神性的顯著特徵方面做出解釋（Bretz & Judge，1994；Erdogan，Kraimer & Liden，2004；Lambert，等，2011）。綜上所述，職場精神性是能影響員工的職業發展的，這表明員工個人職業成長可以從職場精神性角度去思考。

### 6.2.2 基本心理需求在職場精神性與職業成功之間起部分仲介作用

1. 職場精神性是基本心理需求的重要前因變量

本研究的數據分析結果顯示，職場精神性對基本心理需求有正向促進作用（$\beta=0.651$，$P<0.001$）。本書在國內外現有研究的基礎上，進一步深化了對職場精神性與基本心理需求兩者關係的認識，將現有的停留在承認兩者具有某種關係的層面向前推進到確認了職場精神性能顯著正向影響基本心理需求的層面，成為本研究的一大開拓性研究結論。

本研究的實證分析結果也證明了職場精神性各分維度（有意義的工作、團隊歸屬感、與組織價值觀的一致感）對基本心理需求均具有正向影響，路徑系數分別為 0.311、0.325 及 0.125。進一步的分析發現，「職場精神性中團隊歸屬感」對員工基本心理需求的正向影響最顯著，「有意義的工作」維度次

之，「與組織價值觀的一致感」維度再次之。對於這樣的結論，我們可以從以下方面做出解釋：首先，從自我決定角度來說，個體的關係需求是三種先天心理需求之一，而團隊歸屬感使得個體很好地感受到與組織中其他工作個體如同事、主管的密切聯繫和相互關心，讓個體很大程度上得到了關係需求這一基本心理需求的滿足。其次，當感受到自己所從事的工作是有意義的時候，個體通常會積極主動地爭取高效優質地完成該項工作。更積極的心態和主動的姿態更容易使得任務很好地完成，因而個體的自主需求及勝任需求更容易得到滿足。

儘管目前尚無學者明確指出職場精神性是個體基本心理需求的重要前置性變量。但由本研究的實證數據和理論分析，我們認為，職場精神性確實是基本心理需求的重要前因變量。因此如何促進個體基本心理需求的滿足，可從組織的精神性氛圍入手。

2. 基本心理需求是職業成功的重要前因變量

本研究數據還顯示，個體心理需求滿足對其職業成功具有顯著的正向影響（$\beta=0.757$，$P<0.001$）。該研究結論與國內外以往學者的相關研究結論基本一致，即心理需求滿足對職業成功的主要指標如工作滿意度和工作幸福感正相關（霍宗紅，莫玉梅，須邦文，2001；Sapmaz，等，2012；Lynch, Plant & Ryan, 2005；Deci & Ryan, 2000；Vansteenkiste，等，2007）。

本研究的實證分析結果也證明了個體的心理需求各維度（自主需求、關係需求、勝任需求）均對其職業成功具有正向影響，路徑係數分別為0.095、0.575及0.331。其中，自主需求、關係需求、勝任需求對主觀職業成功的正向影響係數依次為0.160、0.100及0.466；而自主需求、關係需求、勝任需求對客觀職業成功的影響係數依次為0.017、0.929及0.052。自主需求對客觀職業成功的影響不顯著。從以上數據我們可以大致地判斷出，勝任需求對個體職業成功影響最顯著，其次是關係需求，最後是自主需求。並且心理需求滿足對主觀職業成功的正向影響略大於對客觀職業成功的影響。對於這樣的研究結論，我們可以這樣進行解釋：勝任需求的滿足使得個體在工作時面臨較小的工作壓力和緊張感，因而個體會以更平穩的發揮來完成工作和收穫更多輕鬆和愉悅的心理體驗，從而更容易獲得主客觀職業成功。而心理需求的三個方面均側重對個體心理方面的積極作用，因而對主觀職業成功的影響要略大於對客觀職業成功的影響。

因此，通過以上數據結果和分析我們可以認為，基本心理需求是職業成功的重要解釋變量。故而，我們可從提高個體的基本心理需求滿足程度入手來探索提高個體職業成功可能性的方法。

3. 基本心理需求在職場精神性與職業成功之間起部分仲介作用

本研究實證數據還顯示，基本心理需求在職場精神性與職業成功之間起部分仲介作用，仲介效應占總效應的 41.724%。這一結果表明，員工感知到的職場精神性越高，其基本心理需求滿足程度也更高，進而帶來更高的主客觀職業成功的可能性。雖然沒有直接證實基本心理需求在職場精神性與職業成功之間起仲介作用的研究，但有學者已經做過近似的研究。如在一項對患有心理疾病的研究者的研究中，Patrick 等（2003）探討了精神性對患者幸福感的影響，他們發現當患者精神性體驗較高時，其內心感到更加幸福和滿足，從而病症也會相應地減少。通過本研究的實證數據和已有相關研究，我們可以推論，基本心理需求在職場精神性與職業成功之間起著仲介作用。

對於心理需求在職場精神性與職業成功之間起仲介作用的證實，我們還可以從自我決定理論（核心內容為基本需求理論）視角加以解釋。根據基本需求理論，環境因素可以通過影響個體的內在心理需求而對個體的心理健康及行為產生影響，並且個體在社會情境中的三種基本心理需求（自主需求、關係需求、勝任需求）滿足程度越高，其動機調節的方式便會越傾向於內在動機調節，個體便會更加長久地堅持某項活動，保持積極的心理狀態，從而產生更積極的行為結果。因此，對於高職場精神性的員工而言，當他在職場環境下感受到與同事及工作中他人之間密切的關係時，其關係需求更容易得到滿足。當他感受到工作是有意義的而且贊同組織的價值觀時，他便會以主人翁的態度和飽滿的熱情對待自己的工作，這就有利於其自主需求和勝任需求的滿足。當三種基本需求得到一定程度的滿足後，員工會更自覺、更長久地堅守工作崗位、履行好工作職責，甚至產生較多的組織公民行為，並且對該份工作及該項職業持滿意態度，而這些都有利於員工主客觀職業成功的達成。綜上，研究職場精神性與職業成功之間的關係，我們可以從分析基本心理需求在兩者間的關係入手。

### 6.2.3 職業自我效能感在職場精神性與職業成功之間起部分仲介作用

1. 職場精神性能顯著影響職業自我效能感

本研究的數據分析結果表明，職場精神性對職業自我效能感具有正向促進作用（$\beta=0.513$, $P<0.001$）。本書在中國情境下對企業員工的職場精神性與職業自我效能感的關係進行研究，仍然得出了與國外學者們較為一致的研究結論，即員工的自我效能感可以通過精神性體驗得到一定程度的提高（Duffy & Blustein, 2005）。

本研究的實證分析結果也證明職場精神性中有意義的工作和團體感兩個維度對職業自我效能感具有顯著的正向影響，路徑系數分別為 0.277 及 0.304。更進一步的分析發現，團隊歸屬感對職業自我效能感的正向影響最顯著，有意義的工作維度次之，而與組織價值觀一致維度對職業自我效能感影響的路徑系數為 0.022，影響不顯著。對於該結論的解釋也可以從以下方面進行：首先，從社會認知角度來看，自我的評價受到環境因素的影響，這種環境因素包括社會環境和職場環境等。個體在職場環境中感受到的工作的意義、同事關係及與組織的價值是否一致都可以影響其自我評價的形成。對於所從事工作或者職業的信念來源於工作本身，也來源於感知的或真實存在的同事和組織的支持。當個體對職業的信念強的時候，其職業自我效能感也高。這一研究結果也印證了以往學者關於精神性與自我效能感之間關係的研究（Duffy，2005；Lips-Wiersma，2002）。其次，從 Banundra（1989）的自我效能感的來源來看，以往的成功經驗、模仿與替代、社會勸說等會影響自我效能感的形成。工作的意義感可以讓員工對以往工作產生積極的反饋，這種積極反饋讓員工對工作產生更多的信心；同時，團隊歸屬感及良好同事關係，可以讓個體產生模仿和勸說功能；加上團隊歸屬感這一維度中強調了積極的同事關係，如相互關心，相互幫助，這些積極關係都能起到積極勸導作用，讓個體彼此積極模仿，從而提高個體對於工作及職業的信心及效能感。另外，與組織價值觀的一致感，從一定意義上講，也能讓個體對自己產生積極評價，對組織產生積極評價，並且模仿組織的積極行為，如服務精神、奉獻精神。當然，由於個體與組織之間存在千絲萬縷的關係，這種積極的影響所發揮的作用可能受到其他因素的影響也是必然的，因此，與組織價值觀的一致感這一維度對於個體的職業自我效能感的影響也會表現得不顯著。

　　從以上分析可以看出，職場精神性作為個體對所在職場環境的一個感知，能夠與個體的自我認知產生互動，從而影響個體的職業自我效能感的形成。因此，結合本研究的實證結果，從理論上，我們可以認為職場精神性是影響職業自我效能感的重要前因變量，因此，分析如何提高個體的職業效能感可以從組織的精神性氛圍入手。

2. 職業自我效能感是職業成功的重要前因變量

　　本研究通過實證數據還發現，職業自我效能感對個體的職業成功具有正向影響（$\beta = 0.599$，$P<0.001$）。該研究結果也與國內外以往相關的研究相一致（Spurk & Abele，2009，2014；高鑫，2011）。

　　自我效能感是個體對於自我能夠完成或實現某項目標的能力的預測，而職

業自我效能感是對所從事職業的能力的信念（陸昌勤，方俐洛，凌文桂，2002）。當個體具有較高的職業自我效能感時，其對自身的能力預測較高，因此能夠設立更高的職業目標，並對職業投入更多的努力，能夠更加持之以恒地對待各種導向職業成功的目標（Abele & Spurk，2009；Bandura，1997）。也有學者的研究證明，擁有較高職業信心的個體呈現出更高的工作滿意度、工作績效，甚至獲得更高的工作地位及薪酬（Abele & Spurk，2009a；Rigotti，Schyns，Mohr，2008；Spurk & Abele，2011）。

綜合以上分析，並結合本研究的實證分析結果，從理論上我們可以認為，職業自我效能感能夠顯著影響職業成功，個體的職業效能感的高低是影響其職業成功的一個重要因素。因此，可以從提高個體的職業自我效能感角度考慮如何提高個體的職業成功。

3. 職業自我效能感在職場精神性與職業成功之間起部分仲介作用

本研究實證數據還顯示，職業自我效能感在職場精神性與職業成功之間起部分仲介作用，仲介效應占總效應的20.65%。這一結果表明，員工感知的職場精神性越高，其對於職業的自我效能感越高。高自我效能感帶來的是對職業及工作甚至同事關係等各方面的自信，這種自信有助於設立較高的職業目標，並激勵員工為這些目標的成功實現投入更多的努力，賦予更多的耐心，從而獲得較高的職業成功。雖然沒有研究直接地證實職業自我效能感在職場精神性和職業成功之間起仲介作用，但是 Day 和 Allen（2004）的一項研究發現，職業自我效能感在啓導（mentoring）與職業成功的相應指標之間發揮著一定的作用，而很多研究證明啓導能起到模仿及勸導作用，幫助個體（學徒）形成自我效能感。這一模型推導的結論和本研究的實證研究結果基本一致。

我們也可以從社會認知理論對職業自我效能感在職場精神性與職業成功之間起仲介作用的證實加以解釋。根據社會認知理論，高職場精神性體驗的員工對於職場環境中工作意義、同事關係、組織價值觀的感知，會對其自我效能感的程度產生影響，進而影響其相關態度和行為。當這種感知到的職場精神性很高（即員工認為這份工作是有意義的、自己與同事的關係是融洽而深厚的、自己的價值觀與組織價值觀是高度一致的）時，個體會對工作中他人的支持（如同事支持、主管支持）形成正面預期，這就進一步增加了個體對於完成相關工作任務的自信和抗挫折能力，形成高度的自我效能感，並最終利於員工職業成功的實現。

此外，可以將職業自我效能感的仲介作用展開來分析。簡單來說，首先，職場精神性對職業自我效能感具有顯著的影響（$\beta=0.513$，$P<0.001$），這一結

論與Duffy和Blustein（2005）、Lips-Wiersma（2002）等的實證研究結果比較吻合。這說明，職場精神性是提升員工職業自我效能感的重要前因變量，因此，組織提供一個具有精神性的職場氛圍，這對於個體在職業和工作中的自我效能感的形成具有重要作用。其次，職業自我效能感對職業成功具有顯著的影響（$\beta=0.599$，$P<0.001$），這一結論在以往的研究中已有直接的展現，許多研究（如Spurk & Abele，2009，2014；高鑫，2011）為這一結論的成立提供了相關證據，即這些研究都認為自我效能感對職業滿意度、職業成功等態度變量具有顯著的影響，且本書最後通過實證確實發現職業自我效能感對職業成功具有顯著的正向作用。基於此，我們認為職業自我效能感是影響員工職業成功的一個重要前因變量。綜上，我們認為在研究職業自我效能感與職業成功之間的關係時，可以從分析職業自我效能感在這兩者之間的關係入手。

### 6.2.4 驗證了職業認同在職場精神性與職業成功之間起部分仲介作用

1. 職場精神性是職業認同的重要前因變量

本研究的實證結果表明，職場精神性能正向促進員工的職業認同（$\beta=0.709$，$P<0.001$）。本書在中國情境下實證支持了國外學者關於職場精神性與職業認同兩者關係的觀點，即精神性對認同發展具有重要作用（Kiesling & Sorell，2009；Beaumont & Scammell，2012；F. W. de Klerk，2005）。

本研究的實證分析結果還證明了職場精神性中有意義的工作、團體歸屬感兩個維度對職業認同感也具有正向影響，路徑系數分別為0.473及0.337。就分維度的影響程度而言，有意義的工作維度對職業認同感的正向影響最顯著，團體感維度次之，而與組織價值觀一致這一維度對職業認同感沒有影響。對於該結論，我們可以從以下方面做出解釋：首先，有意義的工作維度和團體歸屬感維度對職業認同具有正向影響是因為有意義的工作是個體內在心理對工作本身的認可，而團體歸屬感是個體內在心理對所處職業群體的心理接納和認同，因而兩者共同構成了對職業的認同影響因素。其次，與組織價值觀一致這一維度更多的是強調個體對組織的認同，因而該維度對職業認同影響並不顯著。

另外國內學者發現，職業價值（封子奇，姜宇，等，2010）、人際關係滿意度（安秋玲，2010；趙偉，2013）、組織氛圍（張寧俊，朱伏平，等，2010）等相關的變量對職業認同具有正向預測作用，這就進一步為職場精神性對職業認同具有正向促進作用的假設提供了參考。因此我們認為，職場精神性是職業認同的重要前因變量。

2. 職業認同是職業成功的重要前因變量

本研究的結果數據顯示，職業認同可以幫助提升員工的職業成功（$\beta=$

0.669，P<0.00）。其中，職業認同對主客觀職業成功的影響系數分別為0.545、0.573，影響均顯著。本研究關於職業認同正向影響職業成功的結論與國內外學者的研究結論一致（Meijers, Kuijpers, Gundy, 2013；Gümüs, Hamarat, Colak, 等，2012；劉彩文，若蘭等，2014；高豔，喬志宏，宋慧婷，2011；Loi, Yue, Foley, 2004）。

對於這樣的研究結論，我們可以通過社會認同理論做出解釋：社會認同是個體構建自我的過程，這個過程形成於個體對某個社會群體中成員關係的瞭解，並且與其他從屬於該群體的個體的價值觀和情感意義相聯繫（Tajfel, 1981）。因此，當個體具有高度的職業認同感（社會認同的一種）時，他會將該職業生活作為自己生命的一部分，將職業作為「完整的我」的重要構成，進而會以主人翁的立場和態度來面對自己所從事的職業，更加盡心盡力地做好工作上的每一件事，並以更積極的態度處理該職業發展道路上遇到的挫折，最終促進個體職業成功的實現。同時，當個體具有高度的職業認同感時，個體即認定了自己目前所從事職業的高價值性和意義感（即對職業工作的認同），因此更願意投入自己的時間和精力在該職業上，而個體增加的職業投入通常會幫助其提高職業成功的可能性。另外，當具有高度的職業認同感時，個體會不自覺地將自己納入目前這個職業群體中（即對職業群體的認同），以更積極的態度接納這個職業群體，並做出符合該職業群體利益的相關行為。作為回報，個體也會得到來自該職業群體或群體中個體的支持（如同事支持、主管支持）或其他群體內資源的提供，進而提高個體職業成功的可能性。

通過本研究的實證數據和以往國內外研究結論，同時結合本研究的理論分析結果，我們從實證和理論兩方面都證明，職業認同是職業成功的重要影響因素。因此，我們可以從提高個體的職業認同角度來考慮如何提高個體的職業成功。

3. 職業認同在職場精神性與職業成功之間起部分仲介作用

本研究的實證數據還顯示，職業認同在職場精神性與職業成功之間起部分仲介作用，仲介效應占總效應的27.28%。這一結果表明，員工感知到的職場精神性越高，其職業認同感也更高，進而帶來員工主客觀職業成功可能性的提升。職業認同的仲介作用得到了國內外學者相關研究的支持。如國內學者安秋玲（2010）通過訪談與問卷調查發現，與職場精神性相關的因素如人際關係滿意度、工作環境、家人支持等因素影響社會工作者的職業認同，職業認同又進而影響社會工作者的工作投入、專業成就感及焦慮感等。國外學者Geh和TAN（2009）從認同角度探討了基於組織的自尊在職場精神性與組織公民行為

之間關係的仲介作用。

對於職業認同在職場精神性與職業成功間起仲介作用的證實，我們可以從社會認同理論加以解釋。根據社會認同理論，個體都試圖通過自我歸類保持一個積極的社會身分（Tajfel，1982），而職場精神性體驗讓員工感覺到與同事的緊密聯繫感、對自己所從事工作和職業的意義的認可、價值觀的肯定，因此員工願意將自我歸於這個職業群體，並強烈地希望被該職業群體認可和接納，而這種職業認同感會使員工產生更多的積極心理反應，得到更多的外部資源和支持，從而產生積極的工作態度和行為等，進而幫助個體在組織和職場環境中有更大的職業發展，並最終促進個體主客觀職業成功的實現。

基於此，我們認為職業認同在職場精神性與職業成功之間起仲介作用，因而我們研究職場精神性與職業成功的關係還可以從分析職業認同在兩者間所起的作用入手。

### 6.2.5　驗證了家庭需求對職場精神性與基本心理需求之間關係的調節作用

本研究對職場精神性和家庭需求的交互項進行層次迴歸分析發現，職場精神性與家庭需求的交互項對基本心理需求具有顯著的負向影響。即該研究結果證實了本研究 H11 的假設，表明家庭需求在職場精神性與基本心理需求之間起負向調節作用。這意味著，個體面臨的家庭需求越高，其職場精神性對心理需求的正向影響越弱，而個體面臨的家庭需求越低，其職場精神性對心理需求的正向影響越強。職場精神性對基本心理需求的影響強度會根據個體所面臨家庭需求的不同而不同。該結論表明了個體在家庭領域的不同程度捲入會對個體的工作捲入造成不同程度的影響（Clark，2000）。

雖然並沒有學者探討過家庭需求在職場精神性與心理需求之間的調節作用，但我們認為，本書的開拓性研究結果印證了工作家庭邊界理論的相關內容。根據 Greenhause 等（1985）對於角色衝突的解釋，工作領域和家庭領域的角色在某些方面是不可調和的，當感受到來自家庭的需求時，個體會將有限的資源分配一部分到家庭領域中，以承擔家庭相關角色對他的責任要求。由婚姻、照料家人、撫養子女等帶來的家庭領域角色要求會占用個體的時間與注意力（Boyar，等，2008；Voydanoff，2005），因此必然會導致個體與工作中同事的交往程度、親密程度的降低，這種工作領域的關係疏遠傾向會使個體的關係需求得不到滿足。同時，由於個體會因疲於應對來自工作和家庭方面的需求（Byron，2005），而無法最大限度地將時間和精力全身心投入到現在的工作當中，進而會有較差的工作績效產出，並對自我是否勝任目前工作抱有懷疑的態

度，最終導致對工作勝任需求的不滿足。另外，面臨高家庭需求的個體在職場中追求完整的自我和超越的自我過程中，往往力有不逮，這具體表現在家庭需求對個體工作的牽制性影響上，個體為滿足家庭需求進而做出基於整個家庭而非個體自身的相關行為（Leong，1993），難以更自由更自主地按照自我意願處理工作上的事宜，最終導致自主需求的不滿足。由此可知，家庭需求在職場精神性與基本心理需求之間起負向調節作用，這一結論使得我們可以從家庭領域的家庭需求方面來思考職場精神性對員工基本心理需求的影響。

### 6.2.6 驗證了家庭需求對職場精神性與職業自我效能感之間關係的調節作用

本研究對職場精神性和家庭需求的交互項進行層次迴歸分析發現，職場精神性與家庭需求的交互項對職業自我效能感具有顯著的負向影響。即該研究結果證實了本研究 H12 的假設，表明家庭需求在職場精神性與職業自我效能感之間起顯著地負向調節作用。這意味著，個體面臨的家庭需求越高，其職場精神性對職業自我效能感的正向影響越弱；而個體面臨的家庭需求越低，其職場精神性對職業自我效能感的正向影響則越強。職場精神性對職業自我效能感的影響強度會根據個體所面臨家庭需求的強度不同而不同。該結論同樣表明了個體來自家庭的不同程度捲入會對個體的工作捲入造成不同程度的影響（Clark，2000），即工作家庭邊界理論、資源保存理論等相關研究理論在這裡得到再次證實。

雖然並沒有實證研究對家庭需求在職場精神性與職業自我效能感兩者間的調節作用做過探討，但有研究已證實家庭需求負向影響個體的自我效能感，而家庭支持則正向影響個體的自我效能感（Whiston，1996；Hall，2003；Lent，Brown，Nota & Soresi，2003；Nota，等，2007）。同時，本研究關於家庭需求的調節效應的部分也確實證實了個體的職業自我效能感不僅與其職場精神性相關，還與其面臨的家庭需求密切相關。對於該結論，我們可以進行如下解釋：根據社會認知的三元交叉理論（Bandura，1975），環境在很大程度上影響個體的認知水準。從更為寬泛的意義上講，工作中的個體不只是身處職場這個環境之中，同時也身處於家庭環境之中，職場環境與家庭環境之間的交互作用共同構成一個影響個體認知水準的大環境。因此，作為家庭環境中的重要變量，家庭需求必然會調節職場精神性與作為重要認知因素的職業自我效能感之間的關係。即個體在面臨高家庭需求的職場環境中，會對自身能力形成一種較為消極的認知，認為自己沒有能力在滿足高家庭需求的前提下還能輕鬆地應對來自工

作方面的要求。反之，在低家庭需求的職場環境中，個體則會對自身能力形成一種較為積極的認知，認為自己能很好地應對來自工作方面的要求。由此可知，在考慮如何提升職場中員工的職業自我效能感時，必須有針對性地考慮該職員的家庭因素，從而為更科學地制定公司相關制度和獎勵機制提供一定的參考。

### 6.2.7 驗證了家庭需求對職場精神性與職業認同感之間關係的調節作用

本研究對職場精神性和家庭需求的交互項進行層次迴歸分析後發現，職場精神性與家庭需求的交互項對職業認同感具有顯著的負向影響。即該研究結果證實了本研究H13的假設，表明家庭需求在職場精神性與職業認同感之間起顯著的負向調節作用。這意味著，個體面臨的家庭需求越高，其職場精神性對職業認同感的正向影響越弱；而個體面臨的家庭需求越低，其職場精神性對職業認同感的正向影響則越強。職場精神性對職業認同感的影響強度會根據個體所面臨家庭需求的不同而不同。該結論印證了工作-家庭界面相關的理論如邊界理論、角色壓力理論等對於工作-家庭界面相關問題的解釋，再次說明了員工的職業生活會受到家庭領域的影響，個體的職業認同感與家庭需求有著密切的聯繫。具體而言，家庭需求能通過影響個體的工作倦怠感（Voydanoff，1988）、缺勤率（Erickson，Nichols，Ritter，2000）及工作承諾（Campbell & Campbell，1994），而對職業認同感產生負面影響。同時，本研究也從反面證實了前人的研究結論，即家庭支持能促進個體職業認同感的培養（Hargrove，等，2005；Whiston & Keller，2004）。

對於家庭需求在職場精神性與職業認同感之間起調節作用的證實，我們可以做出這樣的解釋：根據工作家庭界面的角色衝突理論（Kahn，等，1964；Duxberys & Higgins，1991），當感受到高家庭需求時，由於要疲於處理隨之而來的家庭工作衝突（Voydanoff，2005；Boyar，等，2008），和巨大的環境壓力（Frone，Russell，Cooper，1992；Williams & Alliger，1994；Nordenmark，2004；Choi，等，2006；Lu，等，2008），個體便會對目前所從事工作乃至所從事職業的意義性和價值性產生質疑，並對自己在該職業中的發展前景產生非清晰性、非穩定性的認識，因而會降低其對該職業的興趣、認可度和忠誠度，並產生調換工作或進入其他職業領域的意願以擺脫目前所面臨的窘境。另外，根據資源保存理論（Hobfoll，1989；Hakanen，等，2011），由於職員要抽出部分資源到家庭領域，因此造成工作領域相關資源的不足，進而出現工作緊張、工作焦慮等情況，從而影響個體在工作中的表現，並最終導致職業認同的降低。綜上可

知，家庭需求在職場精神性與職業認同間起負向調節作用。組織應該考慮家庭需求對員工職業認同的重要作用，在對雇員進行職業認同的培養時，應更多地考慮雇員的家庭因素的影響。

### 6.2.8 人口統計變量對相關變量的影響

本研究通過獨立樣本T檢驗和單因素方程分析，檢驗了7個人口統計變量對各變量的影響，研究結果顯示，性別、婚姻、年齡、學歷和工作年限對各變量的影響不顯著。職位級別除了對基本心理需求的影響顯著外，對其他變量的影響都不顯著；單位性質除了對職業認同及職業成功的影響顯著外，對其他變量的影響都不顯著。上述人口統計變量對相關變量影響顯著性的原因見5.3.4節人口統計變量的方差分析。

## 6.3　研究的理論貢獻

本研究以自我決定理論、社會認知理論和社會認同理論為基礎，通過實證數據檢驗了該研究之前所做出的假設。總的來說，本研究的理論貢獻主要體現在以下三個方面：

第一，對職場精神性的結構維度進行了本土化界定和信效度檢驗。由於職場精神性的相關研究主要在西方基督教文化中進行，國內學者目前對職場精神性的研究還停留在文獻綜述階段，缺乏相關實證研究。因此本研究基於中國情境，通過結合國內員工的特點對國內員工的職場精神性維度進行了界定，並通過數據檢驗了職場精神性量表的信度和效度，結果發現職場精神性量表的信、效度值均大於參考標準，因而具有良好的適用性。由此，為將來探討中國本土化的職場精神性研究提供了實證參考。

第二，拓展了職場精神性的研究範圍，同時也為員工職業發展的前因變量研究提供了新視角。就職場精神性的結果變量而言，本研究將以往關注績效、工作態度等變量轉向到了關注職業成長的長期變量上來，將基於組織利益視角的研究轉向到了基於員工利益視角的研究上來，這拓展了職場精神性研究的新視角，為將來研究職場精神性提供了參考。另外，本研究將職業發展的影響因素提高到了精神性層面，從個體工作的根本目的及意義上來探索員工職業成長的動力源泉，為探討員工職業發展的預測變量開闢了新的道路。

第三，豐富了職場精神性與結果變量間的仲介機制研究。在以往關於職場

精神性的研究中，仲介機制探討得較少，並且僅有的一些仲介機制探討也只是從單一的理論出發（如社會交換理論）。雖然這些研究已經從一定程度上解釋了變量之間的關係（Walumbwa，等，2011），但是還不足以揭示中間的複雜傳導機制。本研究同時從自我決定理論、社會認知理論和社會認同理論視角，探討了職場精神性與職業成功的仲介機制，突破了以往研究的不足，豐富了職場精神性仲介機制的研究理論，加深了我們對職場精神性發揮效應的認識和理解，為今後進一步的理論研究奠定了基礎。

## 6.4 管理啟示與建議

### 6.4.1 營造組織－員工「命運共同體」的職場精神性氛圍

本研究表明，具有高職場精神性體驗的員工通常也更有可能取得職業上的成功。而根據社會認知的三元交叉理論（Bandura，1989），員工對於職場精神性的感知在很大程度上會受到工作環境的影響。因此，作為管理方的雇主就應該設法通過改善工作環境來幫助員工培養和提升自己的職場精神性體驗以促進其更好地實現職業成功。這是因為：一方面，員工的職場精神性體驗會受職場工作環境的影響，而單獨的員工個體無法形成有利於高自我精神性感知的職場環境，這就需要借助組織的力量。並且作為職場精神性三大基本構成內容的個體與同事及工作中他人保持密切聯繫、個體與組織價值觀一致這兩大內容均需要組織方面做出相應的努力。另一方面，員工的職場精神性體驗來源於個體和組織兩個層面，而許多研究也證實了當從個體和組織兩個層面來培養個體的職場精神性時能極大地發揮職場精神性所帶來的效益（Krishnakumar & Neck，2002；Herman & Gioia，1998）。同時，員工的高職場精神性感知會促使其富有激情地在職場中追求一個完整的自我和一個超越的自我（Giacolone & Jurkiewics，2010），並在員工內心形成一種內在的動力。對於現任雇主而言，這種內在的激情、追求、動力和超越無疑會提高組織相應工作的效率，促進組織目標的早日實現，即組織與員工是一種「命運共同體」，雙方相互促進，共同發展。組織對員工職場精神性的培養和提高可從營造高職場精神性氛圍的組織文化上進行考慮，比如提倡關愛他人和造福社會等超越個人利益的價值觀。並可從職場精神性本身所包括的三個維度著手，即通過培養和提升員工在職場環境中對工作意義及工作目的的感受、與同事及其他工作夥伴之間的緊密聯繫感、對自身核心價值理念與組織價值觀一致性的感知而達到提升其職場精神性

體驗的目的。具體方法如，企業可定期開展與工作相關的不同方面的培訓項目、實施工作擴大化及工作豐富化以提升雇員對工作的意義的感知；組建工作團隊以提升員工間密切配合、相互支持的合作意識，定期開展座談會、茶話會，在企業內部培養相親相愛、互幫互助的家文化以加強雇員間的密切聯繫感；企業還可適當地對雇員的價值觀進行引導性教育及培養，以促使員工的核心價值理念與組織價值觀的趨同，實現更好的人與組織的匹配。

### 6.4.2 培養員工的精神性思維，強化員工的精神性體驗

本研究表明，具有高職場精神性體驗的員工通常也更有可能取得職業上的更大的發展和成功。因此，作為職場精神性載體的員工本人應該盡量讓自己體驗到較高的精神性體驗，以幫助自己更好地取得職業方面的成功。具體而言，員工本人需要在兩個方面作出努力，即員工本人應該首先注重對自我精神性思維的培養，準確地理解自我精神性所涵蓋的內容並將其默化為自我精神的奮鬥方向和動力源泉，以及知曉提高自我精神性體驗的方法。就自我精神性體驗所涵蓋的內容而言，員工應該明確職場精神性包括了對目前所從事工作的意義性感知、與同事及工作中他人的密切聯繫感，以及同組織價值觀的一致性感知這三個基本內容，它最突出的特徵就是個體富有激情地在職場中追求意義感和一個完整的、超越的自我（Giacolone & Jurkiewics, 2010）。這種精神性體驗有別於宗教信仰，是一種以意義感、聯繫感、價值一致性為核心內涵的具有實際意義的精神性感受。就自我精神性體驗的實現方法而言，員工本人應該以自己對所從事工作的意義性體驗為突破和重點，而輔之以與同事及工作中他人保持密切聯繫、同組織價值觀趨同這兩方面的努力。這是因為，對工作意義的體驗集中體現了職場精神性在個體層面的內容，相比其他兩個在團體層面和組織層面的內容更利於員工本人進行自主掌控並且具有針對性強的特點，因而員工本人以對工作的意義性體驗為主、以對同事及工作中他人保持密切聯繫、同組織價值觀趨同為輔，這樣能很好地提升員工的精神性感知，促進他們的主客觀職業成功。

### 6.4.3 重視員工的基本心理需求及其滿足

需求歷來都是心理學家們研究的重點。Hull（1943）認為，對需求進行研究的核心是理解個體有機的需求以及環境如何滿足需求。自我決定理論（SDT）認為，個體存在三種基本的心理需求，分別為自主需求、勝任需求和關係需求（Deci & Ryan, 2000）。以往的企業管理者注重對員工基本生理需求

的滿足（如吃、穿、住、行等），而長期以來輕視甚至忽視員工的心理需求及其滿足。馬斯洛需求層次理論及奧爾德弗的 ERG 理論均表明，心理需求是比生理需求更為高級的一種需求。在經濟發展迅速、人們生活水準顯著提高的今天，越來越多的員工個體開始注重自我基本心理需求的滿足，但相比生理需求而言，絕大部分員工的心理需求卻未得到滿足。作為管理方的企業，對員工進行激勵的重點是找到激勵的依據和正確的激勵方法，企業只有正確地識別和滿足了員工的需求，才能在管理工作中取得事半功倍的效果。由於員工的基本心理需求具有先天屬性並成為當前時代背景下員工追逐的重要目標之一，同時，它對於員工工作投入（Gagne & Deci, 2005；李敏, 2014）、績效產出（張劍，張微，Deci, 2012；Greguras & Diefendorff, 2009；Vansteenkiste, 等, 2007；Baard, 等, 2004；Deci, Ryan, Gagne, 等, 2001）、情感承諾（Greguras & Diefendorff, 2009）具有重要的促進作用。因而，員工的基本心理需求理應成為當前企業對員工實施激勵的一個非常重要的因素，企業應該重視員工的心理需求及其滿足，尤其是關係需求、自主需求和勝任需求這三大基本心理需求，以提升員工的內在工作動力，促進組織目標的順利實現。為此，企業應該設法深入瞭解員工的心理需求，並針對員工不同的心理需求制訂出個性化的薪酬福利套餐計劃，供員工自主選擇。同時，企業可以在員工工作崗位的權責設置上稍做調整，增加工作的自主性和靈活性。另外，由於文化和環境因素能影響員工的心理需求滿足（Deci, Gagne, Ryan, 2001），所以企業還可以通過營造積極的企業文化（相親相愛、適當放權、知人善用等）來滿足員工的這些心理需求。

### 6.4.4 幫助員工提升對職業的自我效能感

根據 Hackett 和 Betz（1981）對職業自我效能感的最初定義，職業自我效能感是「個體對自身成功完成與職業相關任務或目標的能力的信心」。很顯然，員工職業自我效能感的提高有利於其在當前組織中對於工作任務的完成，且通常而言，職業自我效能感越高，員工對工作任務的完成就更有信心也就更有利於組織所安排的工作任務的完成。從更寬泛的角度而言，本研究及之前的部分相關研究（Day & Allen, 2004）證明了職業自我效能感在職場精神性與員工職業成功之間的仲介作用，而員工的職業成功也越來越與組織的成功相掛鉤。因此，作為管理方的組織應該促進員工職業自我效能感的提升，從短期來說這可以促進組織工作的完成，從長期而言則可以通過員工的職業成功而間接地提升組織在市場上的競爭力（如在招聘方面具有優勢）。由此可知，組織在幫助員工提升其職業自我效能感方面所做的努力不可謂不重要。大多數關於員

工職業自我效能感的影響因素多集中在個人（歸因、人口特徵）和社會方面（社會支持、他人勸說等）而很少涉及組織。但事實上，組織因素如組織文化、主管支持、同事支持以及工作場所中的啓導等均會對員工的自我效能感有重要影響（Day & Allen, 2004）。為此，企業可從弗魯姆的期望理論出發，從提高員工的效能預期和結果預期入手制定出相應的政策措施和激勵機制。諸如為提高員工的效能預期，企業可以提前公開明確的解釋獎勵制度，公正地分配報酬。同時，在給付報酬及獎勵員工時應盡量全面地瞭解員工的個性化需求，並提供這些需求。為提高員工的結果預期，企業可以在員工工作前提供培訓和訓練，在員工工作過程中及時提供指導和支持等，以培養員工自信的心態和抗挫折能力等。

### 6.4.5 培養員工對職業的認同及價值感

當前，企業雇主不得不承認的一個事實就是，雇員對於組織的忠誠度逐漸降低，企業員工隨時可能離職和跳槽。20世紀80年代以後，隨著知識經濟時代的到來，工作中的個體逐漸從傳統的職業發展模式向「易變的職業生涯」模式轉變，逐漸從忠於組織向忠於職業轉變。隨之改變的是，員工由先前的高組織認同轉變為當前的高職業認同。因此，企業必須承認這個事實並制定出相應的措施以應對這種轉變趨勢。企業必須認識到，雇主與雇員之間應該是一種合作雙贏而非此消彼長的關係，在企業與員工的目標和利益追求日趨一致的前提下，員工在某些方面的職業成長（如工作能力提高、對當前職業的認同感提高等）有助於組織的成長，而員工的職業成功在很大程度上也可以被看作是企業成功的一部分內容（如阿里巴巴）。因而，企業組織為促進員工職業成功所做出的努力也就有了實際意義。本研究證實了職業認同可以幫助員工提升其職業成功，這與國內外以往研究結論一致（Meijers, Kuijpers, Gundy, 2013; Gümüs, Hamarat, Colak, 等, 2012; 劉彩霞, 文若蘭, 等, 2014; 高豔, 喬志宏, 宋慧婷, 2011; Loi, Yue, Foley, 2004）。由此為企業組織找到了一條促進員工職業成功的途徑，那就是企業首先承認員工這種認同轉變的趨勢，並同時協調好員工個人目標與企業發展目標間的關係，在兩者趨於一致的前提下，培養並提升員工的職業認同感，以幫助其實現職業成功，進而實現雇員與雇主的雙贏。

### 6.4.6 關注職場外因素對員工職業發展的影響

系統理論認為，相互關聯的一系列因素因相互作用而構成一個整體，其中

一個因素的變動必然引起另外某些因素的變動（Nichols & Schwartz, 1998）。對於個體來說，工作和家庭都是個體生活整體的不同部分，家庭因素的變動（如家庭需求的上升）必然引起工作因素的變動（如工作壓力的增強）。進一步地，家庭系統理論認為，家庭本身也是一個系統。身處家庭系統中的個體的職業行為會直接受到家庭成員關係質量、情感介入等的影響，進而做出基於整個家庭而非個體自身的相關行為（Leong, 1993）。毫無疑問，工作個體的家庭因素能夠對其職業成功造成一定程度的影響，當這種影響是正向時則表現為家庭-工作促進，而當這種影響是負向時則表現為家庭-工作衝突。作為管理方的組織應該重視並充分地利用家庭因素，即積極利用對員工職業發展和組織發展有利的家庭因素而盡量避免不利的家庭因素對員工和組織所造成的負面影響，並善於區分重要的影響因素和非重要的影響因素而進行有重點的對待。就本研究而言，家庭因素能通過調節職場精神性感知與基本心理需求、職業自我效能感及職業認同感之間的關係，進而對員工的職業發展造成顯著的負向影響。為此，企業在幫助員工實現其職業成功的同時，應該考慮其家庭因素對於個體職業發展的影響，如營造組織良好的親家庭友好型文化氛圍、制訂彈性的工作計劃，並輔以相應的福利計劃或活動（如開辦公司幼兒園、舉辦家庭親子活動等），以此降低家庭工作衝突，提高家庭因素對於員工工作績效和職業發展的促進，同時達到利於組織管理和組織長期發展的目的。

### 6.4.7　轉變組織態度，幫助員工實現職業成功

隨著企業所面臨市場競爭的加劇以及員工追求水準的不斷提高，越來越多的組織意識到應增加員工的客觀物質收益和滿足員工的主觀心理需求，以促進員工的職業發展。然而，鮮有企業認真思考過這樣一個問題：作為已支付了勞動報酬的雇主們為什麼還要幫助員工實現他們的職業發展？儘管組織提出了要幫助員工實現其職業發展的口號，由於沒有認真思考過這樣的問題並得出肯定性的結論，因而組織在具體行動上不免缺少了主動性和積極性，導致多數企業將這樣的口號也就停留在了「口號」的層面上。事實上，企業有必要幫助員工實現其職業發展是基於這樣的考慮：現代的雇傭關係是一種合作共贏的利益關係，企業為員工謀利益在一定程度上也是為自己謀利益，只不過這樣的利益回報分時間長短罷了。就短期而言，企業在為員工客觀成功方面所做的努力（比如提高工資福利水準、提升職位等）會獲得員工工作主動性和工作積極性的提升、促進工作效率的提高，進而實現組織短期的預定目標（比如年產量、年市場佔有率等）。就長期而言，企業在為員工客觀成功方面所做的努力（比

如滿足員工的關係需求和自主工作需求、提高員工的工作滿意度等）除了會獲得員工工作主動性、工作積極性以及工作效率的提高外，還會提高員工的組織忠誠度和幸福企業感知，進而在勞動力市場上對組織造成正外部性等有利影響。因而，企業組織為促進員工職業發展所做出的努力也就有了實際意義和動力依據。由此可知，企業必須轉變以往只關注企業自身成長的態度，密切關注並促進員工的職業成功才能更好地為組織的發展創造有力的支持環境。然而長期以來，大多數企業並未形成幫助員工實現職業成功的觀念，同時也不知道該如何幫助。本研究表明，企業至少可以通過提升員工的基本心理需求滿足感、職業自我效能感和職業認同感這三條方法途徑而幫助員工實現更大的職業成功。

## 6.5 研究局限與展望

對職場精神性與員工態度和行為之間關係的研究目前在國外仍然是組織行為研究的熱門話題，而職場精神性對員工職業方面的影響則是前沿話題。本研究在自我決定、社會認知理和社會認同三個理論的指導下，深入挖掘職場精神性對員工職業發展的影響機制，並通過數據收集及數據處理得出了與理論假設基本一致的結論，拓展了職場精神性這一領域的研究，對組織及企業的管理實踐提供了一定的指導。但由於研究過程中的時間和其他資源有限，本研究也難免存在一些局限性，主要的局限性體現在以下方面：

### 6.5.1 研究局限

1. 數據收集方面的局限

本研究由於時間及資源方面的限制，因此在數據收集時不可避免地會出現兩個方面的局限性。首先是樣本的代表性局限問題，雖然本研究是基於大樣本的研究，但由於地域因素及社會關係網絡等方面因素的影響導致收集的樣本在行業分佈、地區分佈、被試對象的類別方面較為集中而不具廣泛的代表性。其次，本研究數據的收集採取的是被試者以自我報告的方式在單一時點進行一次性收集的方式，這就無可避免地存在同源方差（Common Method Variance, CMV）問題。儘管同源方差問題對本書的研究影響不大，但為了得到更可靠的數據信息，同源方差還是應該盡可能地避免，盡可能採用以往學者（如Podsakoff, MacKenzie, 等, 2003）使用的不同時點樣本進行數據的收集。

2. 職場精神性量表修訂及測試方面的局限

一方面，由於以往有關職場精神性的研究大多數還僅僅停留在理論和概念描述層面（王明輝，郭玲玲，方俐洛，2009），且關於職場精神性的實證研究還比較缺乏，因此導致相關的可操作化的職場精神性量表較少，中國本土的職場精神性量表甚至還沒有出現。另一方面，有關職場精神性的研究多存在於歐美國家，其文化淵源主要為基督教文化，能否將相關研究成果應用到其他文化環境中還必須從理論和實踐兩個方面加以檢驗（張志鵬，和萍，2012）。由於目前還沒有職場精神性的本土化量表，因此我們借鑒了國外的成熟量表（Milliman，等，2003 修訂自 Ashmos 和 Duchon 2000 的 21 題項量表）。雖然對問卷進行了適應中國文化環境的本土化修訂，但由於修訂過程中翻譯用詞或文化差異等原因，以及被試者作答環境、責任心等無法控制的因素的影響，修訂後的量表在信度和效度方面可能存在一定的局限性。

3. 部分變量的維度或測量指標選取方面的局限

職場精神性包括多個維度（Gupta, Kumar, Singh, 2014），在國外以往的研究中，職場精神性所涉及的維度包括了有意義的工作（Ashmos & Duchon, 2000；Kinjerski & Skrypnek, 2004）、團隊感（Ashmos, Duchon, 2000）、整體性（Kinjerski, Skrypnek, 2004；Ashforth, Rogers, Pratt, 2010）、自我超越（Ashforth, Rogers, Pratt, 2010；Giacalone & Jurkiewicz, 2010）、社會貢獻感（Rego, Cunha, 2008）、組織價值（Milliman，等，2003）、憐憫之心（Gupta, Kumar, Singh, 2014；Petchsawang, Duchon, 2009）等。本研究對於職場精神性維度的選取雖然與國外眾多學者（Milliman，等，2003；Gupta, Kumar, Singh, 2014）對於職場精神性維度的選取一致，但選取的三個維度在中國環境下的適用性還需要更多的實證研究加以進一步的驗證。

### 6.5.2　研究展望

任何研究都不會是終結，再完善的研究也有值得後續學者繼續探討的地方。基於本研究的結論及研究局限，後續學者可從彌補本研究局限、完善研究方法、拓展研究內容三個方面進行深入研究。

1. 彌補本研究局限

後續研究可從彌補本研究局限入手，具體表現在以下方面：首先，在數據收集方面應盡量選取更多不同類型的行業與企業、不同地區、不同職位的員工，並在不同時間點盡量採用配對樣本進行數據的收集，這可以在很大程度上保證樣本數據的廣泛代表性，並降低同源方差對研究可靠性的影響。其次，在

量表方面，後續研究可進行中國本土化量表的專項研究，在借鑑國外以往傑出學者或學者廣泛認可的維度的基礎上確定符合中國情景的相關變量維度，並開發出適合中國本土研究的職場精神性量表。

2. 完善研究方法

根據陳曉萍、徐淑英和樊景立（2012）主編的《組織與管理研究的實證方法》一書對於研究方法的分類，研究方法主要包括了實驗法、準實驗技術、問卷調查、二手數據及質性研究五類。結合上述分類，我們認為學者在研究時所採用的方式和技術手段，都應該稱為研究方法，而非僅僅包括上述學理式研究方法。因此我們建議，後續學者在本研究運用問卷調查法、二手數據法等研究方法的基礎上，應該增加分層研究法、對比研究法、評估分析法、案例研究法等方法的使用。同時，由於本研究採用的是橫截面研究，但職場精神性對員工的影響是一個動態的過程，尤其是職業成功要在一個較長的時期內才能測量出來，因此今後的研究可增加時間維度以對職場精神性的相關問題進行前因後果的過程性分析，並且這種縱向研究方法也符合現今的研究趨勢。

3. 拓展研究內容

後續學者對於職場精神性研究內容的拓展主要包括三個方面。其一，拓展研究對象。由於職場精神性的研究多在國外進行，並且國內對於職場精神性的研究也僅限於討論和綜述性研究，實證性研究較為缺乏。本書所進行的實證性研究也只限於特定某個領域中的特定對象，因此後續學者在中國情境下進行職場精神性的實證研究可從其他更多的行業領域中的對象入手。其二，拓展職場精神性的前因變量、結果變量、仲介變量及調節變量等方面的研究。如本研究中調節變量選取的是家庭需求，後續學者也可考慮將領導風格作為調節變量進行研究，以豐富中國情境下職場精神性的研究內容。其三，拓展研究理論與研究視角。任何一個現象的研究都可以從多個角度用多種理論加以解釋。本研究使用了自我決定理論、社會認知理論、社會認同理論對職場精神性與個體職業成功的關係進行了研究，後續學者可考慮能否從其他理論如特質激發理論、壓力需求-控制理論等進行研究，從不同的角度得出更為全面的結論。

## 6.6 本章小結

職場精神性作為一個比較成熟的構念，雖然學者對其定義有所不同，但是其最基本的一些內涵範疇如工作的意義感、與他人的聯繫感、與組織的聯繫

感、內在精神生活及超越自我的實現等，是組織內員工普遍想追求的。基於此，本研究探討了職場精神性對員工職業發展影響的內在機制及情境條件。本章在前文的基礎上，重點對研究結果進行了進一步深入的分析和闡釋，對本研究中給予驗證的假設進行了討論和分析。在研究結論的基礎上，本書分別就提高員工職場精神性體驗、幫助員工實現更大的職業發展，在職業上取得更大的成功，給出了一些相應的管理措施及建議。最後，總結本研究的局限和不足，並對後續探究亟待深入討論研究問題進行展望。

# 參考文獻

[1] ABELE A E, SPURK D. How do objective and subjective career success interrelate over time? [J]. Journal of Occupational and Organizational Psychology, 2009, 82 (4): 803-824.

[2] ABELE A E, SPURK D, VOLMER J. The construct of career success: measurement issues and an empirical example [J]. Zeitschrift für Arbeitsmarktforschung, 2011, 43 (3): 195-206.

[3] ADAMS G A, KING L A, KING D W. Relationships of job and family involvement, family social support, and work-family conflict with job and life satisfaction [J]. Journal of applied psychology, 1996, 81 (4): 411.

[4] AHMAD D, ABIDIN Z, RAZAK A, et al. Family Issues and Work-Family Conflict among Medical Officers in Malaysian Public Hospitals [J]. International Journal of Business and Social Science, 2010, 1 (1): 26-36.

[5] ALDERFER C P. An empirical test of a new theory of human needs [J]. Organizational behavior and human performance, 1969, 4 (2): 142-175.

[6] ALI H, ALI H. Demographics and spiritual leadership: Empirical evidence from Pakistan [J]. Business and Management Review, 2011, 1 (10): 36-42.

[7] ALTAF A, AWAN M A. Moderating affect of workplace spirituality on the relationship of job overload and job satisfaction [J]. Journal of business ethics, 2011, 104 (1): 93-99.

[8] ANDERSON J C, GERBING D W. Structural equation modeling in practice: A review and recommended two-step approach [J]. Psychological bulletin, 1988, 103 (3): 411.

[9] ARTAZCOZ L, BORRELL C, BENACH J. Gender inequalities in health among workers: the relation with family demands [J]. Journal of Epidemiology and

Community Health, 2001, 55 (9): 639-647.

[10] ARTHUR M B, KHAPOVA S N, WILDEROM C P M. Career success in a boundaryless career world [J]. Journal of organizational behavior, 2005, 26 (2): 177-202.

[11] ASHAR H, LANE-MAHER M. Success and spirituality in the new business paradigm [J]. Journal of management inquiry, 2004, 13 (3): 249-260.

[12] ASHFORTH B, ROGERS K, PRATT M. Ambivalence in organizations [C] //annual meeting of the Academy of Management, Montreal. 2010.

[13] ASHMOS D, DUCHON D. Spirituality at work [J]. Journal of management inquiry, 2000, 9 (2): 134-145.

[14] AWAN S, SITWAT A. Workplace Spirituality, Self-esteem, and Psychological Well-being Among Mental Health Professionals [J]. Pakistan Journal of Psychological Research, 2014, 29 (1).

[15] AYERS D F, MILLER-DYCE C, CARLONE D. Security, Dignity, Caring Relationships, and Meaningful Work Needs Motivating Participation in a Job-Training Program [J]. Community College Review, 2008, 35 (4): 257-276.

[16] BAARD P P, DECI E L, RYAN R M. Intrinsic Need Satisfaction: A motivational Basis of Performance and Well-Being in Two Work Settings [J]. Journal of Applied Social Psychology, 2004, 34 (10): 2045-2068.

[17] BAETZ M, BOWEN R, JONES G, et al. How spiritual values and worship attendance relate to psychiatric disorders in the Canadian population [J]. Canadian Journal of Psychiatry, 2006, 51 (10): 654.

[18] BAETZ M, LARSON D B, MARCOUX G, et al. Canadian psychiatric inpatient religious commitment: an association with mental health [J]. Canadian Journal of Psychiatry, 2002, 47 (2): 159-166.

[19] BAGOZZI R P, YI Y. On the evaluation of structural equation models [J]. Journal of the academy of marketing science, 1988, 16 (1): 74-94.

[20] BAKKER A B, SCHAUFELI W B, LEITER M P, et al. Work engagement: An emerging concept in occupational health psychology [J]. Work & Stress, 2008, 22 (3): 187-200.

[21] BALLOUT H I. Career commitment and career success: moderating role of self-efficacy [J]. Career Development International, 2009, 14 (7): 655-670.

[22] BAMBER E M, IYER V M. Big 5 auditors' professional and organizational

identification: Consistency or conflict? [J]. Auditing: A Journal of Practice & Theory, 2002, 21 (2): 21-38.

[23] BANDURA A. Self-efficacy: Toward a unifying theory of behavioral change [J]. Psychological Review, 1978, 1 (4): 139-161.

[24] BANDURA A. Social foundations of thought and action: A social cognitive theory [M]. Englewood Cliffs, New Jersey: Prentice-Hall, 1986.

[25] BANDURA A. Social cognitive theory of human development [J]. International encyclopedia of education, 1996 (2): 5513-5518.

[26] BARAL R, BHARGAVA S. Work-family enrichment as a mediator between organizational interventions for work-life balance and job outcomes [J]. Journal of Managerial Psychology, 2010, 25 (3): 274-300.

[27] BARON R M, KENNY D A. The moderator-mediator variable distinction in social psychological research: Conceptual, strategic, and statistical considerations [J]. Journal of personality and social psychology, 1986, 51 (6): 1173.

[28] BAUMEISTER R F, LEARY M R. The need to belong: desire for interpersonal attachments as a fundamental human motivation [J]. Psychological bulletin, 1995, 117 (3): 497.

[29] BEAUMONT S L, SCAMMELL J. Patterns of spirituality and meaning in life related to identity [J]. Identity, 2012, 12 (4): 345-367.

[30] BEIJAARD D, VERLOOP N, VERMUNT J D. Teachers' perceptions of professional identity: An exploratory study from a personal knowledge perspective [J]. Teaching and teacher education, 2000, 16 (7): 749-764.

[31] BERTOLINO M, TRUXILLO D M, FRACCAROLI F. Age as moderator of the relationship of proactive personality with training motivation, perceived career development from training, and training behavioral intentions [J]. Journal of Organizational Behavior, 2011, 32 (2): 248-263.

[32] BETZ N E, HACKETT G. Applications of Self-efficacy Theory to the Career Assessment of Women [J]. Journal of Career Assesment, 1997, 5 (4): 383-402.

[33] BICKERTON G R, MINER M H, DOWSON M, et al. Incremental validity of spiritual resources in the job demands-resources model [J]. Psychology of Religion and Spirituality, 2015, 7 (2): 162.

[34] BLACKBURN R T, BENTLEY R J. Faculty research productivity: Some

moderators of associated stressors [J]. Research in Higher Education, 1993, 34 (6): 725-745.

[35] BODLA M A, ALI H. Workplace spirituality: A spiritual audit of banking executives in Pakistan [J]. African Journal of Business Management, 2012, 6 (11): 3888-3897.

[36] BOUDREAU J W, BOSWELL W R, JUDGE T A. Effects of personality on executive career success in the United States and Europe [J]. Journal of Vocational Behavior, 2001, 58 (1): 53-81.

[37] BOYAR S L, CARR J C, JR D C M, et al. The Development and Validation of Scores on Perceived Work and Family Demand Scales [J]. Educational and Psychological Measurement, 2007, 67 (1): 100-115.

[38] BOYAR S L, MAERTZ JR C P, MOSLEY JR D C, et al. The impact of work/family demand on work-family conflict [J]. Journal of Managerial Psychology, 2008, 23 (3): 215-235.

[39] BOYAR S L, MAERTZ JR, C P. Work-family conflict: The mediating effect of work and family demand. Orlando: Paper presented at the annual meetings of the Society for Industrial and Organizational Psychology, 2003.

[40] BOZIONELOS N. Intra-organizational network resources: How they relate to career success and organizational commitment [J]. Personnel Review, 2008, 37 (3): 249-263.

[41] BROECK A V, MAARTEN V, HANS D W. Explaining the relationships between job characteristics, burnout, and engagement: The role of basic psychological need satisfaction [J]. Work and Stress, 2008, 22 (3): 277-294.

[42] BROWN S P, JONES E, LEIGH T W. The attenuating effect of role overload on relationships linking self-efficacy and goal level to work performance [J]. Journal of Applied Psychology, 2005, 90 (5): 972.

[43] BYRON K. A meta-analytic review of work-family conflict and its antecedents [J]. Journal of Vocational Behavior, 2005, 67 (2): 169-198.

[44] CAESENS G, STINGLHAMBER F. The relationship between perceived organizational support and work engagement: The role of self-efficacy and its outcomes [J]. Revue Européenne de Psychologie Appliquée/European Review of Applied Psychology, 2014, 64 (5): 259-267.

[45] CAMPBELL D J, CAMPBELL K M. The effects of family responsibilities

on the work commitment and job performance of non-professional women [J]. Journal of Occupational and Organizational Psychology, 1994, 67 (4): 283-296.

[46] CARR A. Evidence based practice in family therapy and systemic consultation: child focused problems [J]. Journal of Family Therapy, 2000, 22 (3): 273-295.

[47] CAVANAGH G F, BANDSUCH M R. Virtue as a benchmark for spirituality in business [J]. Journal of business ethics, 2002, 38 (1-2): 109-117.

[48] CHAMBERLAIN K, ZIKA S. Religiosity, meaning in life, and psychological well-being [J]. Religion and mental health, 1992: 138-148.

[49] CHAWLA V, GUDA S. Individual spirituality at work and its relationship with job satisfaction, propensity to leave and job commitment an exploratory study among sales professionals [J]. Journal of Human values, 2010, 16 (2): 157-167.

[50] CHAWLA V. The effect of workplace spirituality on salespeople's organisational deviant behaviours: research propositions and practical implications [J]. Journal of Business & Industrial Marketing, 2014, 29 (3): 199-208.

[51] CHOI J, CHEN C C. Gender differences in perceived work demands, family demands, and life stress among married Chinese employees [J]. Management and Organization Review, 2006, 2 (2): 209-229.

[52] CLARK L, LEEDY S, MCDONALD L, et al. Spirituality and job satisfaction among hospice interdisciplinary team members [J]. Journal of palliative medicine, 2007, 10 (6): 1321-1328.

[53] CLARK S C. Work/family border theory: A new theory of work/family balance [J]. Human relations, 2000, 53 (6): 747-770.

[54] COHEN B, GREENFIELD J. Ben & Jerry's Double-Dip Lead with Your Values And Make Money, To [J]. Library Journal, 1997, 122 (10): 110.

[55] CONKLIN A M, DAHLING J J, GARCIA P A. Linking Affective Commitment, Career Self-Efficacy, and Outcome Expectations A Test of Social Cognitive Career Theory [J]. Journal of Career Development, 2013, 40 (1): 68-83.

[56] CRAWFORD A, HUBBARD S S, LONIS-SHUMATE S R, et al. Workplace spirituality and employee attitudes within the lodging environment [J]. Journal of human resources in hospitality & tourism, 2008, 8 (1): 64-81.

[57] DAY R, ALLEN T D. The relationship between career motivation and self-efficacy with protégé career success [J]. Journal of Vocational Behavior, 2004,

64 (1): 72-91.

[58] DECI E L, CONNELL J P, RYAN R M. Self-determination in a work organization [J]. Journal of Applied Psychology, 1989, 74 (4): 580.

[59] DECI E L, KOESTNER R, RYAN R M. Extrinsic rewards and intrinsic motivation in education: Reconsidered once again [J]. Review of educational research, 2001, 71 (1): 1-27.

[60] DECI E L, RYAN R M. Cognitive evaluation theory [M]. Intrinsic motivation and self-determination in human behavior. Springer US, 1985: 43-85.

[61] DECI E L, RYAN R M. Handbook of self-determination research [M]. Rochester: University Rochester Press, 2002.

[62] DECI E, L, RYAN R M. The「what」and「why」of goal pursuits: human needs and the self- determination of behavior [J]. Psychological Inpuiry, 2000, 11: 227-268.

[63] DECI E L, RYAN R M, GAGNE M, et al. Need satisfaction, motivation, and wellbeing in the work organizations of a former Eastern Bloc country [J]. Personality and Social Psychology Bulletin, 2001, 27.

[64] DE KLERK J J. Spirituality, meaning in life, and work wellness: A research agenda [J]. International Journal of Organizational Analysis, 2005, 13 (1): 64-68.

[65] DE NEVE J E, OSWALD A J. Estimating the influence of life satisfaction and positive affect on later income using sibling fixed effects [J]. Proceedings of the National Academy of Sciences, 2012, 109 (49): 19953-19958.

[66] DE VOS A, DE HAUW S, VAN DER HEIJDEN B I J M. Competency development and career success: The mediating role of employability [J]. Journal of Vocational Behavior, 2011, 79 (2): 438-447.

[67] DOBROW S R, TOSTI-KHARAS J. Calling: The development of a scale measure [J]. Personnel Psychology, 2011, 64 (4): 1001-1049.

[68] DRIES N, PEPERMANS R, CARLIER O. Career success: Constructing a multidimensional model [J]. Journal of Vocational Behavior, 2008, 73 (2): 254-267.

[69] DUFFY R D, BLUSTEIN D L. The relationship between spirituality, religiousness, and career adaptability [J]. Journal of Vocational Behavior, 2005, 67 (3): 429-440.

[70] DUFFY R D, DIK B J, STEGER M F. Calling and work-related outcomes: Career commitment as a mediator [J]. Journal of Vocational Behavior, 2011, 78 (2): 210-218.

[71] DUFFY R D, FOLEY P F, RAQUE-BODGAN T L, et al. Counseling Psychologists who view their careers as a calling: A qualitative study [J]. Journal of Career Assessment, 2012, 78 (2): 293-308.

[72] DUFFY R D, REID L, DIK B J. Spirituality, religion, and career development: implications for the workplace [J]. Journal of Management, Spirituality and Religion, 2010, 7 (3): 209-221.

[73] DUST S B, GREENHAUS J H. Spirituality and the work-home interface: a demands-resources perspective [J]. Journal of Management, Spirituality & Religion, 2013, 10 (3): 282-305.

[74] DUXBURY L E, HIGGINS C A. Gender differences in work-family conflict [J]. Journal of applied psychology, 1991, 76 (1): 60.

[75] EBY L T, BUTTS M, LOCKWOOD A. Predictors of success in the era of the boundaryless career [J]. Journal of Organizational Behavior, 2003, 24 (6): 689-708.

[76] EBY L T, CASPER W J, LOCKWOOD A, et al. Work and family research in IO/OB: Content analysis and review of the literature (1980-2002) [J]. Journal of Vocational Behavior, 2005, 66 (1): 124-197.

[77] EDWARD L, DECI E L, RICHARD M, et al. Self-Determination Theory: A Macrotheory of Human Motivation, Development, and Health [J]. Canadian Psychology, 2008, 49 (3): 182-185.

[78] EITH T K, STUMMER H, SCHUSTERSCHITZ C. Career success perception and work-related behaviour of employees in geriatric care-a pilot study in a German geriatric care facility [J]. Scandinavian journal of caring sciences, 2011, 25 (1): 45-52.

[79] ERDOGAN B, KRAIMER M L, LIDEN R C. Work value congruence and intrinsic career success: the compensatory roles of leader-member exchange and perceived organizational support [J]. Personnel Psychology, 2004, 57 (2): 305-332.

[80] ERICKSON R J, NICHOLS L, RITTER C. Family influences on absenteeism: Testing an expanded process model [J]. Journal of Vocational Behavior, 2000, 57 (2): 246-272.

[81] ERIKSON E H. Identity: Youth and Crisis. New York: WW Norton & Company, 1994.

[82] FELDMAN D C. Careers in organizations: Recent trends and future directions [J]. Journal of Management, 1989, 15 (2): 135-156.

[83] FESTINGER L. A Theory of Cognitive Dissonance (Vol. 2) [J]. American Journal of Psychology, 1957.

[84] FINEGOLD D, MOHRMAN S A. What do employees really want [C] // The perception vs. the reality. In proceedings of the annual meeting of the World Economic Forum, Davos, Switzerland. 2001.

[85] FITCHETT G, CANADA A L. The role of religion/spirituality in coping with cancer: Evidence, assessment, and intervention [M] // HOLLAND J C, BREITBART W S, JACOBSEN P B, et al. PsychoOncology. Oxford, NY: Oxford University Press, 2010.

[86] FORD M T, HEINEN B A, LANGKAMER K L. Work and family satisfaction and conflict: a meta-analysis of cross-domain relations [J]. Journal of Applied Psychology, 2007, 92 (1): 57.

[87] FORNELL C, LARCKER D F. Evaluating structural equation models with unobservable variables and measurement error [J]. Journal of marketing research, 1981: 39-50.

[88] FRONE M R, RUSSELL M, COOPER M L. Antecedents and outcomes of work-family conflict: testing a model of the work-family interface [J]. Journal of applied psychology, 1992, 77 (1): 65.

[89] FRONE M R, RUSSELL M, COOPER M L. Prevalence of work-family conflict: Are work and family boundaries asymmetrically permeable? [J]. Women Employees and Human Resource Management, 2000, 723: 172.

[90] FRY L W. Toward a theory of spiritual leadership [J]. The leadership quarterly, 2003, 14 (6): 693-727.

[91] FRY L W, COHEN M P. Spiritual leadership as a paradigm for organizational transformation and recovery from extended work hours cultures [J]. Journal of business ethics, 2009, 84 (2): 265-278.

[92] GAGNÉ M. Autonomy support and need satisfaction in the motivation and well-being of gymnasts [J]. Journal of Applied Sport Psychology, 2003, 15 (4): 372-390.

[93] GAGNÉ M, DECI E L. Self-determination theory and work motivation [J]. Journal of Organizational behavior, 2005, 26 (4): 331-362.

[94] GANSTER D C, HENNESSEY H W, LUTHANS F. Social desirability response effects: Three alternative models [J]. Academy of Management Journal, 1983, 26 (2): 321-331.

[95] GAO J, WU J J. The influence of Workplace Friendship for female employees' Career Success in the logistics industry [J]. 2014.

[96] GARCIA-ZAMOR J C. Workplace spirituality and organizational performance [J]. Public administration review, 2003, 63 (3): 355-363.

[97] GATTIKER U E, LARWOOD L. Subjective career success: A study of managers and support personnel [J]. Journal of Business and Psychology, 1986, 1 (2): 78-94.

[98] GAZIEL H H. Sabbatical leave, job burnout and turnover intentions among teachers [J]. International Journal of Lifelong Education, 1995, 14 (4): 331-338.

[99] GEBELT J L, LEAK G K. Identity and spirituality: Conceptual and empirical progress [J]. 2009.

[100] Geh, Zhen Yao Eugene and TAN, Gilbert Yip Wei. Spirituality at Work and OCB: An Examination of the Mediation Effect of Organizational Commitment. (2009). 8th Asian Conference and 1st MENA Conference of the Academy of HRD, Bahrain, December 2009. Research Collection Lee Kong Chian School Of Business.

[101] GEIGLE D. Workplace Spirituality Empirical Research: A Literature Review [J]. Business and Management Review, 2012, 2 (10): 14-27.

[102] JURKIEWICZ C L. Ethics and spirituality in crisis [J]. Handbook of workplace spirituality and organizational performance, 2010.

[103] GIBSON C, DEMBO M H. Teacher efficacy: a construct validation [J]. Journal of Educational Psychonology, 1984, 76 (4): 569-582.

[104] GOLPARVAR M, ABEDINI H. A comprehensive study on the relationship between meaning and spirituality at work with job happiness, positive affect and job satisfaction [J]. Management Science Letters, 2014, 4 (2): 255-268.

[105] GOTSIS G, KORTEZI Z. Philosophical foundations of workplace spirituality: A critical approach [J]. Journal of business ethics, 2008, 78 (4): 575-600.

[106] GREENHAUS J H, BEUTELL N J. Sources of conflict between work and

family roles [J]. Academy of management review, 1985, 10 (1): 76-88.

[107] GREENHAUS J H, PARASURAMAN S, WORMLEY W M. Effects of race on organizational experiences, job performance evaluations, and career outcomes [J]. Academy of management Journal, 1990, 33 (1): 64-86.

[108] GREENHAUS J H, POWELL G N. When work and family are allies: A theory of work-family enrichment [J] The Academy of Management Review, 2006, 31: 72-92.

[109] GREGURAS G J, DIEFENDORFF J M. Different Fits Satisfy Different-Needs: Linking Person-Environment Fit to EmployeeCommitment and Performance Using Self-determination Theory. Journal of Applied Psychology, 2009, 94 (2): 465-477.

[110] GÜMÜS M, HAMARAT B, ÇOLAK E, Et al. Organizational and occupational identification: Relations to teacher satisfaction and intention to early retirement [J]. Career Development International, 2012, 17 (4): 300-313.

[111] GUPTA M, KUMAR V, SINGH M. Creating Satisfied Employees Through Workplace Spirituality: A Study of the Private Insurance Sector in Punjab (India) [J]. Journal of Business Ethics, 2014, 122 (1): 79-88.

[112] GUSHUE G V, CLARKE C P, PANTZER K M, et al. Self-efficacy, perceptions of barriers, vocational identity, and the career exploration behavior of Latino/a high school students [J]. The Career Development Quarterly, 2006, 54 (4): 307-317.

[113] HACKETT G H, BETZ N E. A self-efficacy approach to the career development of women [J]. Journal of Vocational Behavior, 1981, 18 (3): 326-339.

[114] HACKMAN J R, OLDHAM G R. Motivation through the design of work: test of a theory [J]. Organizational Behavior & Human Performance, 1976, 16 (2): 250-279.

[115] HAIR J F, BLACK B, ANDERSON R, et al. Multivariate Data Analysis: Text and Readings [J]. Reading Psychology, 1995.

[116] HAKANEN J, PEETERS M, PERHONIEMI R. Enrichment processes and gain spirals at work and at home: A three-year cross-lagged panel design [J]. Journal of Occupational and Organizational Psychology, 2011, 84 (1): 8-30.

[117] HALL A S. Expanding Academic and Career Self-Efficacy: A Family

Systems Framework [J]. Journal of Counseling & Development, 2003, 81 (1): 33-39.

[118] HALL D T, CHANDLER D E. Psychological success: When the career is a calling [J]. Journal of Organizational Behavior, 2005, 26 (2): 155-176.

[119] HARGROVE B K, INMAN A G, CRANE R L. Family interaction patterns, career planning attitudes, and vocational identity of high school adolescents [J]. Journal of Career Development, 2005, 31 (4): 263-278.

[120] HARRINGTON W J, PREZIOSI R C, GOODEN D J. Perceptions of workplace spirituality among professionals and executives [J]. Employee Responsibilities and Rights Journal, 2001, 13 (3): 155-163.

[121] HEKMAN D R, BIGLEY G A, STEENSMA H K, et al. Combined effects of organizational and professional identification on the reciprocity dynamic for professional employees [J]. Academy of Management Journal, 2009, 52 (3): 506-526.

[122] HESLIN P A. Conceptualizing and evaluating career success [J]. Journal of Organizational behavior, 2005, 26 (2): 113-136.

[123] HIGGINS M C, DOBROW S R, CHANDLER D. Never quite good enough: The paradox of sticky developmental relationships for elite university graduates [J]. Journal of Vocational Behavior, 2008, 72 (2): 207-224.

[124] HIRSCHI A, JAENSCH V K. Narcissism and career success: Occupational self-efficacy and career engagement as mediators [J]. Personality and Individual Differences, 2015 (77): 205-208.

[125] HOBFOLL S E. Conservation of resources: A new attempt at conceptualizing stress [J]. American psychologist, 1989, 44 (3): 513.

[126] HOFMAN J, KREMER L. Professional identity and teacher dropout [J]. Studies in Education, 1981 (31): 99-108.

[127] HOGG M A. A social identity theory of leadership [J]. Personality and social psychology review, 2001, 5 (3): 184-200.

[128] HOLAHAN C K, GILBERT L A. Interrole conflict for working women: careers versus jobs [J]. Journal of Applied Psychology, 1979, 64 (1): 86.

[129] HOLLAND J J, GOTTFREDSON D C, POWER P G. Some diagnostic scales for research in decision making and personality: Identity, information, and barriers [J]. Journal of Personality and Social Psychology, 1980, 39 (6): 1191.

[130] HOLLAND J L, JOHNSTON J A, ASAMA N F. The Vocational Identity

Scale: A diagnostic and treatment tool [J]. Journal of Career Assessment, 1993, 1 (1): 1-12.

[131] HO M Y, CHEN X, CHEUNG F M, et al. A Dyadic Model of the Work-Family Interface: A Study of Dual-Earner Couples in China [J]. Journal of Occupational Health Psychology, 2013, 18 (1): 53-63.

[132] BROWN F. Principles of behavior [J]. Scientific Monthly, 1944, 59 (2): 161-162.

[133] HU L T, BENTLER P M, HOYLE R H. Structural equation modeling: Concepts, issues, and applications [J]. Evaluating model fit, 1995: 76-99.

[134] HUGHES E C. Institutional office and the person [J]. American journal of sociology, 1937: 404-413.

[135] ILARDI B C, LEONE D, KASSER T, et al. Employee and Supervisor Ratings of Motivation: Main Effects and Discrepancies Associated with Job Satisfaction and Adjustment in a Factory Setting1 [J]. Journal of Applied Social Psychology, 1993, 23 (21): 1789-1805.

[136] JEX S M, BLIESE P D. Efficacy beliefs as a moderator of the impact of work-related stressors: a multilevel study [J]. Journal of applied psychology, 1999, 84 (3): 349.

[137] JUDGE T A, HELLER D, MOUNT M K. Five-factor model of personality and job satisfaction: a meta-analysis [J]. Journal of applied psychology, 2002, 87 (3): 530.

[138] JUDGE T A, HIGGINS C A, THORESEN C J, et al. The big five personality traits, general mental ability, and career success across the life span [J]. Personnel psychology, 1999, 52 (3): 621-652.

[139] JUDGE T A, HURST C. How the rich (and happy) get richer (and happier): relationship of core self-evaluations to trajectories in attaining work success [J]. Journal of Applied Psychology, 2008, 93 (4): 849.

[140] JUNE M L. Bangi. [Career commitment and career success: Moderating role of emotion perception [J]. Career Development International, 2004, 4: 374-390.

[141] JURKIEWICZ C L, GIACALONE R A. A values framework for measuring the impact of workplace spirituality on organizational performance [J]. Journal of business ethics, 2004, 49 (2): 129-142.

[142] KAHN W A. Psychological conditions of personal engagement and disengagement at work [J]. Academy of Management Journal, 1990, 33 (4): 692-724.

[143] KANFER R, ACKERMAN P L. Aging, adult development, and work motivation. Academy of Management Review, 2004, 29.

[144] KARAKAS F. Spirituality and performance in organizations: A literature review [J]. Journal of business ethics, 2010, 94 (1): 89-106.

[145] KARASEK JR R A. Job demands, job decision latitude, and mental strain: Implications for job redesign [J]. Administrative science quarterly, 1979: 285-308.

[146] KARATEPE O M, BEKTESHI L. Antecedents and outcomes of work-family facilitation and family-work facilitation among frontline hotel employees [J]. International Journal of Hospitality Management, 2008, 27 (4): 517-528.

[147] KASSER T, RYAN R M. Further examining the American dream: Differential correlates of intrinsic and extrinsic goals [J]. Personality and Social Psychology Bulletin, 1996 (22): 280-287.

[148] KAZEMIPOUR F, MOHD AMIN S. The impact of workplace spirituality dimensions on organisational citizenship behaviour among nurses with the mediating effect of affective organisational commitment [J]. Journal of nursing management, 2012, 20 (8): 1039-1048.

[149] KHANIFAR H, JANDAGHI G, SHOJAIE S. Organizational consideration between spirituality and professional commitment [J]. European Journal of Social Sciences, 2010, 12 (4): 558-571.

[150] KIESLING C, SORELL G. Joining Erikson and identity specialists in the quest to characterize adult spiritual identity [J]. Identity: An International Journal of Theory and Research, 2009, 9 (3): 252-271.

[151] KINJERSKI V M, SKRYPNEK B J. Defining spirit at work: Finding common ground [J]. Journal of organizational change management, 2004, 17 (1): 26-42.

[152] KINJERSKI V, SKRYPNEK B J. Measuring the Intangible: Development of the Spirit at Work Scale [C] //Academy of Management Proceedings. Academy of Management, 2006 (1): 1-6.

[153] KING Z. Career self-management: Its nature, causes and consequences

[J]. Journal of Vocational Behavior, 2004, 65 (1): 112-133.

[154] KOLODINSKY R W, GIACALONE R A, JURKIEWICZ C L. Workplace values and outcomes: Exploring personal, organizational, and interactive workplace spirituality [J]. Journal of business ethics, 2008, 81 (2): 465-480.

[155] KOMALA K, GANESH L S. Individual spirituality at work and its relationship with job satisfaction and burnout: An exploratory study among healthcare professionals [J]. The Business Review, Cambridge, 2007, 7 (1): 124-129.

[156] KONOPACK J F, MCAULEY E. Efficacy-mediated effects of spirituality and physical activity on quality of life: A path analysis [J]. Health, 2012, 12: 17.

[157] KORMAN A K, WITTIG-BERMAN U, LANG D. Career success and personal failure: Alienation in professionals and managers [J]. Academy of Management Journal, 1981, 24 (2): 342-360.

[158] KRISHNAKUMAR S, NECK C P. The「what」,「why」and「how」of spirituality in the workplace [J]. Journal of managerial psychology, 2002, 17 (3): 153-164.

[159] LAMBERT E G, ALTHEIMER I, HOGAN N L, et al. Correlates of Correctional Orientation in a Treatment-Oriented Prison A Partial Test of Person—Environment Fit Theory [J]. Criminal Justice and Behavior, 2011, 38 (5): 453-470.

[160] LEE P C. Cognition and affect in leader behavior: The effects of spirituality, psychological empowerment, and emotional intelligence on the motivation to lead [D]. Virginia Beach: Regent University, 2005.

[161] LENT R W, BROWN S D, NOTA L, et al. Testing social cognitive interest and choice hypotheses across Holland types in Italian high school students [J]. Journal of Vocational Behavior, 2003, 62 (1): 101-118.

[162] LEONG F T L. The Career Counseling Process With Racial-Ethnic Minorities: The Case of Asian Americans [J]. The Career Development Quarterly, 1993, 42 (1): 26-40.

[163] LIPS-WIERSMA M. The influence of spiritual「meaning-making」on career behavior [J]. Journal of Management Development, 2002, 21 (7): 497-520.

[164] LIU C H, ROBERTSON P J. Spirituality in the workplace: Theory and measurement [J]. Journal of management inquiry, 2010.

[165] LOI R, HANG-YUE N, FOLEY S. The effect of professional identifica-

tion on job attitudes: A study of lawyers in Hong Kong [J]. Organizational Analysis, 2004, 12 (2): 109-128.

[166] LONDON M, STUMPF S A. Managing careers [M]. Addison Wesley Publishing Company, 1982.

[167] LONG B S, HELMS MILLS J. Workplace spirituality, contested meaning, and the culture of organization: A critical sensemaking account [J]. Journal of organizational change management, 2010, 23 (3): 325-341.

[168] LU L, KAO S F, CHANG T T, et al. Work/family demands, work flexibility, work/family conflict, and their consequences at work: A national probability sample in Taiwan [J]. International Journal of Stress Management, 2008, 15 (1): 1.

[169] LYNCH M, PLANT R, RYAN. Psychological needs and threat to safety: Implications for staff and patients in a psychiatric hospital for youth. Professional Psychology Research and Practice, 2005, 36.

[170] MADDUX J E. Self-efficacy, Adaptation, and Adjustment: Theory, Research, and Application [M]. New York: Plenum Press, 1995.

[171] MARTINS L L, EDDLESTON K A, VEIGA J F. Moderators of the relationship between work-family conflict and career satisfaction [J]. Academy of Management Journal, 2002, 45 (2): 399-409.

[172] MATSUI T, OHSAWA T, ONGLATCO M L. Work-family conflict and the stress-buffering effects of husband support and coping behavior among Japanese married working women [J]. Journal of vocational Behavior, 1995, 47 (2): 178-192.

[173] MCARDLE S, WATERS L, BRISCOE J P, et al. Employability during unemployment: Adaptability, career identity and human and social capital [J]. Journal of vocational behavior, 2007, 71 (2): 247-264.

[174] MCCALLUM S Y. An examination of internal and external networking behaviors and their relationship to career success and work attitudes [M]. 2008.

[175] MCDONALD T, SIEGALL M. The effects of technological self-efficacy and job focus on job performance, attitudes, and withdrawal behaviors. Journal of Psychology, 1992, 126 (5): 465.

[176] MCKEE-RYAN F, SONG Z, WANBERG C R, et al. Psychological and physical well-being during unemployment: a meta-analytic study [J]. Journal of applied psychology, 2005, 90 (1): 53.

[177] MEIJERS F, KUIJPERS M, GUNDY C. The relationship between career competencies, career identity, motivation and quality of choice [J]. International Journal for Educational and Vocational Guidance, 2013, 13 (1): 47-66.

[178] MEIJERS F. The development of a career identity [J]. International Journal for the Advancement of Counselling, 1998, 20 (3): 191-207.

[179] MCSHERRY W, MSHERRY R, WATSON R. Care in Nursing: Principles, values and skills [M]. Oxford: Oxford University Press, 2012.

[180] MILLIMAN J, CZAPLEWSKI A J, FERGUSON J. Workplace spirituality and employee work attitudes: An exploratory empirical assessment [J]. Journal of organizational change management, 2003, 16 (4): 426-447.

[181] MINER M, BICKERTON G, DOWSON M, et al. Spirituality and work engagement among church leaders [J]. Mental Health, Religion & Culture, 2015, 18 (1): 57-71.

[182] MITROFF I I, DENTON, ELIZABETH A. A spiritual audit of corporate America [M]. San Francisco: Jossey-Bass Inc., 1999.

[183] MONIQUE V, JAMIE J L. Family and career path characteristics as predictors of women's objective and subject career success: integrating traditional and protean career explanations [J]. Journal of Vocational Behavior, 2008 (73): 300-309.

[184] MOORE M, HOFMAN J E. Professional identity in institutions of higher learning in Israel [J]. Higher education, 1998, 17 (1): 69-79.

[185] MOORE T W, CASPER W J. An examination of proxy measures of workplace spirituality: A profile model of multidimensional constructs [J]. Journal of Leadership & Organizational Studies, 2006, 12 (4): 109-118.

[186] MOXLEY R S. Leadership and spirit: Breathing new vitality and energy into individuals and organizations [M]. Jossey-Bass Publishers, 2000.

[187] NATIONAL CAREER DEVELOPMENT ASSOCIATION. Career development: A policy statement of the National Career Development Association board of directors [J]. 1993.

[188] NETEMEYER R G, BOLES J S, MCMURRIAN R. Development and validation of work-family conflict and family-work conflict scales [J]. Journal of applied psychology, 1996, 81 (4): 400.

[189] NG T W H, EBY L T, SORENSEN K L, et al. Predictors of objective

and subjective career success: a meta-analysis [J]. Personnel psychology, 2005, 58 (2): 367-408.

[190] NG T W H, FELDMAN D C. Organizational tenure and job performance [J]. Journal of Management, 2010, 36 (5): 1220-1250.

[191] NICHOLSON N, DE WAAL-ANDREWS W. Playing to win: Biological imperatives, self-regulation, and trade-offs in the game of career success [J]. Journal of Organizational Behavior, 2005, 26 (2): 137.

[192] NICHOLS M P, SCHWARTZ R C. Family therapy: Concepts and methods [M]. Allyn & Bacon, 1998.

[193] NOTA L, FERRARI L, SOLBERG V S H, et al. Career search self-efficacy, family support, and career indecision with Italian youth [J]. Journal of Career Assessment, 2007, 15 (2): 181-193.

[194] NORDENMARK M. Balancing work and family demands Do increasing demands increase strain? A longitudinal study [J]. Scandinavian journal of public health, 2004, 32 (6): 450-455.

[195] NORDENMARK M. Does gender ideology explain differences between countries regarding the involvement of women and of men in paid and unpaid work? [J]. International Journal of Social Welfare, 2004, 13 (3): 233-243.

[196] OLDNALL A. A critical analysis of nursing: meeting the spiritual needs of patients [J]. Journal of Advanced Nursing, 1996, 23 (1): 138-144.

[197] O'NEILL B S, MONE M A. Investigating equity sensitivity as a moderator of relations between self-efficacy and workplace attitudes [J]. Journal of Applied Psychology, 1998, 83 (5): 805-816.

[198] OSWICK C. Burgeoning workplace spirituality? A textual analysis of momentum and directions [J]. Journal of management, spirituality and religion, 2009, 6 (1): 15-25.

[199] PANDEY A, GUPTA R K, ARORA A P. Spiritual climate of business organizations and its impact on customers' experience [J]. Journal of business ethics, 2009, 88 (2): 313-332.

[200] PARASURAMAN S, PUROHIT Y S, GODSHALK V M, et al. Work and family variables, entrepreneurial career success, and psychological well-being [J]. Journal of Vocational Behavior, 1996, 48 (3): 275-300.

[201] PATRICK A. Forum on American spirituality [J]. Religion and Ameri-

can Culture, 1999 (9): 139-145.

[202] PATRICK J H, KINNEY J M. Why believe? The effects of religious beliefs on emotional well being [J]. Journal of Religious Gerontology, 2003, 14 (2-3): 153-170.

[203] PAWAR B S. Workplace spirituality facilitation: A comprehensive model [J]. Journal of business ethics, 2009, 90 (3): 375-386.

[204] PEETER M, MONTGOMERY A, BAKKER A, et al. Balancing work and home: How job demands and home demands are related to burnout [J]. International Journey of Stress Management, 2005, 12 (1): 43-62.

[205] PENICK N I, JEPSEN D A. Family functioning and adolescent career development [J]. The career development quarterly, 1992, 40 (3): 208-222.

[206] PETCHSAWANG P, DUCHON D. Measuring workplace spirituality in an Asian context [J]. Human resource development international, 2009, 12 (4): 459-468.

[207] PODSAKOFF P M, MACKENZIE S B, LEE J Y, et al. Common method biases in behavioral research: a critical review of the literature and recommended remedies [J]. Journal of applied psychology, 2003, 88 (5): 879.

[208] POON J M L. Career commitment and career success: moderating role of emotion perception [J]. Career Development International, 2004, 9 (4): 374-390.

[209] REGIDOR E, PASCUAL C, DE LA FUENTE L, et al. Socio-economic position, family demands and reported health in working men and women [J]. European Journal of Public Health, 2010, 21 (1): 109-115.

[210] REGO A, PINA E CUNHA M. Workplace spirituality and organizational commitment: an empirical study [J]. Journal of organizational change management, 2008, 21 (1): 53-75.

[211] REIS H T, SHELDON K M, GABLE S L, et al. Daily well-being: The role of autonomy, competence, and relatedness [J]. Personality and social psychology bulletin, 2000, 26 (4): 419-435.

[212] RIGOTTI T, SCHYNS B, MOHR G. A short version of the occupational self-efficacy scale: Structural and construct validity across five countries [J]. Journal of Career Assessment, 2008, 16 (2): 238-255.

[213] ROBERT T E, YOUNG J S, KELLY V A. Relationships between adult workers' spiritual well-being and job satisfaction: A preliminary study [J]. Counse-

ling and Values, 2006, 50 (3): 165.

[214] ROMERO C, FRIEDMAN L C, KALIDAS M, et al. Self-forgiveness, spirituality, and psychological adjustment in women with breast cancer [J]. Journal of Behavioral Medicine, 2006, 29 (1): 29-36.

[215] ROTHAUSEN T J.「Family」in organizational research: A review and comparison of definitions and measures [J]. Journal of Organizational Behavior, 1999, 19: 817-836.

[216] RYAN R M, DECI E L. Self-determination theory and the facilitation of intrinsic motivation, social development and well- being [J]. American Psychologist, 2000, 55 (1): 68-78.

[217] RYAN R M, DECI E L. Self-regulation and the problem of human autonomy: does psychology need choice, self-determination, and will? [J]. Journal of personality, 2006, 74 (6): 1557-1586.

[218] SADRI G, ROBERTSON I T. Self-efficacy and work-related behaviour: A review and meta-analysis [J]. Applied Psychology: An International Review, 1993.

[219] SAPMAZ F, DOGAN T, SAPMAZ S, et al. Examining Predictive Role of Psychological Need Satisfaction on Happiness in terms of Self-Determination Theory [J]. Procedia-Social and Behavioral Sciences, 2012 (55): 861-868.

[220] SCHWARZER R, JERUSALEM M. Optimistic self-beliefs as a resource factor in coping with stress [M] //Extreme stress and communities: Impact and intervention. Springer Netherlands, 1995: 159-177.

[221] SCHYNS B, VON COLLANI G. A new occupational self-efficacy scale and its relation to personality constructs and organizational variables [J]. European Journal of Work and Organizational Psychology, 2002, 11 (2): 219-241.

[222] SEIBERT S E, KRAIMER M L, LIDEN R C. A social capital theory of career success [J]. Academy of Management Journal, 2001, 44 (2): 219-237.

[223] SHANNON S E, TATUM P. Spirituality and end-of-life care [J]. Missouri medicine, 2002, 99 (10).

[224] SHENG C W, CHEN M C. Chinese viewpoints of workplace spirituality [J]. International Journal of Business and Social Science, 2012, 3 (15): 195-203.

[225] SMITH E R, SEGER C R, MACKIE D M. Can emotions be truly group level? Evidence regarding four conceptual criteria [J]. Journal of personality and so-

cial psychology, 2007, 93 (3): 431.

[226] SOLBERG S V, GOOD G, NORD D, et al. Assessing career search expectations: Development and validation of the career search efficacy scale [J]. Journal of Career Assessment, 1994, 2 (2).

[227] SPURK D, ABELE A E. Synchronous and time-lagged effects between occupational self-efficacy and objective and subjective career success: Findings from a four-wave and 9-year longitudinal study [J]. Journal of Vocational Behavior, 2014, 84 (2): 119-132.

[228] STAINES G L. Spillover versus compensation: A review of the literature on the relationship between work and nonwork [J]. Human Relations, 1980, 33 (2): 111-129.

[229] STAJKOVIC A D, LUTHANS F. Self-efficacy and work-related performance: A meta-analysis [J]. Psychological Bulletin, 1998, 124 (2): 240.

[230] STUMPF S A, DOH J P, TYMON W G. The strength of HR practices in India and their effects on employee career success, performance, and potential [J]. Human Resource Management, 2010, 49 (3): 353-375.

[231] STURGES J, GUEST D, CONWAY N, et al. A longitudinal study of the relationship between career management and organizational commitment among graduates in the first ten years at work [J]. Journal of Organizational Behavior, 2002, 23 (6): 731-748.

[232] SUN B, ZENG Z J. Proactive Personality and Career Success: A Person-organization Fit Perspective [J]. Soviet Journal of Experimental, 2014, 21 (10): 21-26.

[233] TAJFEL H. Social identity and intergroup relations [M]. Cambridge, MA: Cambridge University Press, 1982.

[234] TAYLOR K M, BETZ N E. Applications of self-efficacy theory to the understanding and treatment of career indecision [J]. Journal of Vocational Behavior, 1983, 22 (1): 63-81.

[235] TEN BRUMMELHUIS L L, LIPPE T, KLUWER E S, et al. Positive and negative effects of family involvement on work-related burnout [J]. Journal of Vocational Behavior, 2008, 73 (3): 387-396.

[236] THARENOU P. Going up? Do traits and informal social processes predict advancing in management? [J]. Academy of management Journal, 2001, 44 (5):

1005-1017.

[237] THARENOU P. Is there a link between family structures and women's and men's managerial career advancement? [J]. Journal of Organizational Behavior, 1999, 20 (6): 837-863.

[238] TIERNEY P, FAMER S M, GRAEN G B. The examination of leadership and employee creativity: The relevance of traits and relationship [J]. Personnel Psychology, 1999, 52 (3): 591-620.

[239] TISCHLER L. The growing interest in spirituality in business: A long-term socio-economic explanation [J]. Journal of Organizational Change Management, 1999, 12 (4): 273-280.

[240] TSUI A S, ASHFORD S J, CLAIR L S, et al. Dealing with discrepant expectations: Response strategies and managerial effectiveness [J]. Academy of Management journal, 1995, 38 (6): 1515-1543.

[241] TRYBOU J, GEMMEL P, PAUWELS Y, et al. The impact of organizational support and leader-member exchange on the work-related behaviour of nursing professionals: the moderating effect of professional and organizational identification [J]. Journal of advanced nursing, 2014, 70 (2): 373-382.

[242] TURNER J C. Social categorization and the self-concept: A social cognitive theory of group behavior [J]. Advances in group processes: Theory and research, 1985 (2): 77-122.

[243] TYLER D, MCCALLUM R S. Assessing the relationship between competence and job role and identity among direct service counseling psychologist [J]. Journal of Psychoeducational Assessment, 1998 (16): 135-152.

[244] UCOL-GANIRON JR T, MALVECINO-GANIRON T. Managing Career Success of Geodetic Engineers [J]. International Journal of Education and Learning, 2013, 2 (1): 13-24.

[245] USMAN A, DANISH R Q. Spiritual consciousness in Banking Managers and its impact on Job Satisfaction. International Business Research, 2010, 3 (2): 65-72.

[246] VALCOUR M, LADGE J J. Family and career path characteristics as predictors of women's objective and subjective career success: Integrating traditional and protean career explanations [J]. Journal of Vocational Behavior, 2008, 73 (2): 300-309.

[247] VANDEN BERG R. Teacher's meanings regarding educational practice [J]. Review of Educational Research, 2002, 72 (4): 577.

[248] VAN KNIPPENBERG D, HOGG M A. A social identity model of leadership effectiveness in organizations [J]. Research in Organizational Behavior, 2003, 25: 243-295.

[249] VANSTEENKISTE M, NEYRINCK B, NIEMIEC C P, et al. On the relations among work value orientations, psychological need satisfaction and job outcomes: A self-determination theory approach [J]. Journal of Occupational and Organizational Psychology, 2007, 80 (2): 251-277.

[250] VERPLANKEN B. Value congruence and job satisfaction among nurses: a human relations perspective [J]. International Journal of Nursing Studies, 2004, 41 (6): 599-605.

[251] VOYDANOFF P. The differential salience of family and community demands and resources for family-to-work conflict and facilitation [J]. Journal of Family and Economic issues, 2005, 26 (3): 395-417.

[252] VOYDANOFF P. Work role characteristics, family structure demands, and work/family conflict [J]. Journal of Marriage and the Family, 1988, 50 (3): 749-761.

[253] WALLACE J E. Job stress, depression and work-to-family conflict: A test of the strain and buffer hypotheses [J]. Relations Industrielles/Industrial Relations, 2005: 510-539.

[254] WALUMBWA F O, MAYER D M, WANG P, et al. Linking ethical leadership to employee performance: The roles of leader-member exchange, self-efficacy, and organizational identification [J]. Organizational Behavior and Human Decision Processes, 2011 (115): 204-213.

[255] WARR P, MILES A, PLATTS C. Age and personality in the British population between 16 and 64 years [J]. Journal of Occupational and Organizational Psychology, 2001, 74 (2): 165.

[256] WEICK K. Enactment and the boundaryless career: Organizing as we work [J]. The boundaryless career: A new employment principle for a new organizational era, 1996: 40-57.

[257] WESTMAN M, HOBFOLL S E, CHEN S, et al. Organizational stress through the lens of conservation of resources (COR) theory [J]. Research in Occu-

pational Stress and Well-being, 2005 (4): 167-220.

[258] WHISTON S C. The relationship among family interaction patterns and career indecision and career decision-making self-efficacy [J]. Journal of Career Development, 1996, 23 (2): 137-149.

[259] WHISTON S C, KELLER B K. The influences of the family of origin on career development a review and analysis [J]. The Counseling Psychologist, 2004, 32 (4): 493-568.

[260] WHITELY W, ENGLAND G W. Managerial values as a reflection of culture and the process of industrialization [J]. Academy of Management Journal, 1977 (20): 439-453.

[261] WHITE R W. Motivation reconsidered: the concept of competence [J]. Psychological review, 1959, 66 (5): 297.

[262] WILLIAMS G C, DECI E L, RYAN R M. Building health-care partnerships by supporting autonomy: Promoting maintained behavior change and positive health outcomes [J]. Partnerships in healthcare: Transforming relational process, 1998: 67-87.

[263] WILLIAMS K J, ALLIGER G M. Role stressors, mood spillover, and perceptions of work-family conflict in employed parents [J]. Academy of Management Journal, 1994, 37 (4): 837-868.

[264] YANG N, CHEN C C, CHOI J. Sources of Work-Family Conflict: A Sino-U. S. Comparison of the Effects of Work and Family Demands [J]. Academy of Management Journal, 2000, 43 (1): 113-123.

[265] ZAFAR J, MAT N. A Review of Career Success with Gender, Human Resource Policies and Cultural Diversity [J]. Middle-East Journal of Scientific Research, 2013, 17 (5): 655-659.

[266] 安秋玲. 社會工作者職業認同的影響因素 [J]. 華東理工大學學報 (社會科學版), 2010 (2): 39-47.

[267] 邊玉芳. 學習自我效能感量表的編製 [J]. 心理科學, 2004 (5): 1218-1222.

[268] 常廣財. 養老機構的靈性照顧與社工介入 [D]. 長春: 吉林大學, 2013.

[269] 車文博. 心理諮詢大百科全書 [M]. 杭州: 浙江科學技術出版社, 2001.

[270] 陳華偉, 周豔球, 汪傳信. 基於心理需求的貧困大學生思想政治教育 [J]. 國家教育行政學院學報, 2006（10）：84-85.

[271] 陳曉萍, 徐淑英, 樊景立, 組織與管理研究的實證方法 [M]. 北京：北京大學出版社, 2012.

[272] 成曉光. 班杜拉的社會學習理論中的認知因素 [J]. 遼寧師範大學學報, 2003（6）：30-33.

[273] 範金剛, 門全澤. 高中生自我效能感在班級心理氣氛與學習投入間的仲介效應 [J]. 中國健康心理學雜志, 2011, 19（2）：206-208.

[274] 封子奇, 姜宇, 杜豔婷. 免費師範生教師職業認同及其影響因素研究 [J]. 河北師範大學學報（教育科學版）, 2010, 12（7）：69-75.

[275] 封子奇, 王雪, 全盛華, 等. 領導力的社會認同理論：主要內容及研究進展 [J]. 心理學探新, 2014, 34（2）：166-171.

[276] 高山川, 孫時進. 社會認知職業理論：研究進展及應用 [J]. 心理科學, 2006, 28（5）：1263-1265.

[277] 高鑫. 精準化組織支持, 自我效能感及工作投入的研究 [D]. 西安：陝西師範大學, 2011.

[278] 高豔, 喬志宏, 宋慧婷. 職業認同研究現狀與展望 [J]. 北京師範大學學報（社會科學版）, 2011（4）：47-53.

[279] 顧遠東, 彭紀生. 組織創新氛圍對員工創新行為的影響：創新自我效能感的仲介作用 [J]. 南開管理評論, 2010（1）：30-41.

[280] 郭本禹, 姜飛月. 職業自我效能理論及其應用 [J]. 東北師大學報, 2003（5）：130-138.

[281] 黃芳銘. 結構方程模式：理論與應用 [M]. 北京：中國稅務出版社, 2005.

[282] 胡湜, 顧學英. 使命取向對職業滿意度的影響：職業彈性的仲介作用及工作資源的調節作用 [J]. 心理科學, 2014, 37（2）：405-411.

[283] 霍宗紅, 莫玉梅, 許邦文. 急診患者家屬心理需求的調查分析與護理 [J]. 實用護理雜志, 2001, 17（2）：54-55.

[284] 姜飛月, 郭本禹. 職業自我效能的測量及其量表修訂 [J]. 淮南師範學院學報, 2004（6）：92-95.

[285] 江靜, 楊百寅. 領導-成員交換、內部動機與員工創造力：工作多樣性的調節作用 [J]. 科學學與科學技術管理, 2014（1）：165-172.

[286] 金家飛, 徐姍, 王豔霞. 角色壓力、工作家庭衝突和心理抑鬱的中美

比較：社會支持的調節作用［J］．心理學報，2014（8）：1144-1160．

［287］柯江林，孫健敏，王娟．職場精神力量表的開發及信效度檢驗［J］．中國臨床心理學雜志，2014（5）：826-830．

［288］柯江林，王娟，範麗群．職場精神力的研究進展與展望［J］．華東經濟管理，2015（2）：149-157．

［289］李敏．中學教師工作投入與基本心理需求滿足關係研究［J］．教師教育研究，2014，26（2）：43-49．

［290］李太，涂乙冬，李燕萍．團隊中的關係、迎合與職業成功：基於戲劇理論的解釋框架［J］．南開管理評論，2013，16（2）：36-46．

［291］李永鑫，趙娜．工作-家庭支持的結構與測量及其調節作用［J］．心理學報，2009（9）：863-874．

［292］李永鑫，周海龍，田豔輝．真實型領導影響員工工作投入的多重仲介效應［J］．心理科學，2014（3）：716-722．

［293］劉彩霞，文若蘭，覃文懿，等．臨床護士主觀幸福感，職業認同與離職傾向的關係研究［J］．廣東醫學院學報，2014（2）：257-259．

［294］劉海燕，閆榮雙，郭德俊．認知動機理論的新進展-自我決定論［J］．心理科學，2003，26（6）：1115-1116．

［295］劉華芹，黃茜，古繼寶．無邊界職業生涯時代員工心理因素對職業成功的影響：自我職業生涯管理的仲介作用［J］．大連理工大學學報：社會科學版，2013（1）：30-35．

［296］劉秋穎，蘇彥捷．初次就業個體的職業認同獲得及其相關因素［J］．北京大學學報（自然科學版），2007，43（2）：257-265．

［297］劉燕，張秋惠．女性高層次人才職業成功模型改進［J］．社會科學家，2014（8）：75-79．

［298］劉雅玲，袁圓，馮華棟，等．社會支持對低年級護理本科生職業自我效能感和專業課成績的影響．護理研究，2013（10）：3242-3243．

［299］龍立榮，方俐洛，凌文輇．職業承諾及測量研究進展［J］．心理學動態，2000，8（4）：39-39．

［300］龍書芹．職業成功測量：主客觀指標的整合及實證研究［J］．華中師範大學學報：人文社會科學版，2010（4）：52-57．

［301］樓玲娣．女大學生職業自我效能感分析［J］．教育與職業，2012（29）：95-97．

［302］陸昌勤，方俐洛，凌文輇．組織行為學中自我效能感研究的歷史、

現狀與思考［J］. 心理科學, 2002（3）: 345-346.

［303］盧紋岱. SPSS for Windows 統計分析［M］. 北京: 電子工業出版社, 2000.

［304］馬慶國. 管理統計: 數據獲取, 統計原理, SPSS 工具與應用研究［M］. 北京: 科學出版社, 2002.

［305］孟慧, 梁巧飛, 時豔陽. 目標定向、自我效能感與主觀幸福感的關係［J］. 心理科學, 2010（1）: 96-99.

［306］寧甜甜, 張再生. 無邊界職業生涯時代個體職業成功影響因素研究: 基於工作敬業度的仲介效應［J］. 大連理工大學學報: 社會科學版, 2014, 35（4）: 44-49.

［307］邱皓政, 林碧芳. 結構方程模型的原理與應用［M］. 北京: 中國輕工業出版社, 2009.

［308］任皓, 溫忠麟, 陳啓山. 心理資本對企業員工職業成功的影響: 職業承諾的仲介效應［J］. 心理科學, 2013, 36（4）: 960-964.

［309］榮泰生. AMOS 與研究方法［M］. 重慶: 重慶大學出版社, 2009.

［310］孫鈺華. 教師職業認同對教師幸福感的影響［J］. 寧波大學學報: 教育科學版, 2008, 30（5）: 70-73.

［311］王惠卿. 社會工作者職業認同的結構與測量［J］. 四川理工學院學報（社會科學版）, 2013（4）.

［312］王明輝, 郭玲玲, 方俐洛. 工作場所精神性的研究概況［J］. 心理科學進展, 2009, 17（1）: 172-179.

［313］王小霏. 基於職場靈性視角的個體復原力研究［J］. 價值工程, 2013, 32（32）: 1-3.

［314］溫忠麟, 張雷, 侯杰泰, 等. 仲介效應檢驗程序及其應用［J］. 心理學報, 2004, 36（5）: 614-620.

［315］溫忠麟, 葉寶娟. 有調節的仲介模型檢驗方法: 競爭還是替補?［J］. 心理學報, 2014, 46（5）: 714-726.

［316］魏立瑩, 趙介城, 巫善勤. 抑鬱與歸因方式關係的研究. 中國臨床心理學雜誌, 1999（4）: 213-215.

［317］魏淑華. 國外教師職業認同研究述評［J］. 上海教育科研, 2005（3）: 16-18.

［318］魏淑華. 教師職業認同研究［D］. 重慶: 西南大學, 2008.

［319］吳捷, 李幼穗, 王芹. 離退休老年人心理需求狀況［J］. 中國老年

學雜志,2011(16):3143-3146.

[320] 吳明隆.SPSS 統計應用實務:問卷分析與應用統計[M].北京:科學出版社,2003.

[321] 吳明隆.構方程模型:AMOS 的操作與應用[M].重慶:重慶大學出版社,2010.

[322] 閆威,陳燕.管理自我效能感與管理績效和組織承諾關係的實證研究[J].管理評論,2009(8):45-51,22.

[323] 楊付,劉軍,張麗華.精神型領導,戰略共識與員工職業發展:戰略柔性的調節作用[J].管理世界,2014(10):100-113.

[324] 楊國樞,文崇一,吳聰賢,等.社會及行為科學研究法[M].重慶:重慶大學出版社,2006.

[325] 楊紅明.基於工作特徵的企事業單位員工內在動機和敬業度作用機制研究[D].武漢:華中科技大學,2010.

[326] 楊宜音.「社會認同的理論與經驗研究」工作坊召開研討會[J].社會學研究,2005(4):240-242.

[327] 楊志蓉.團隊快速信任,互動行為與團隊創造力研究[D]:杭州:浙江大學,2006.

[328] 姚春序,劉豔林.魅力型領導與下屬工作投入:雙維認同構念的仲介機制[J].心理科學,2013(4):32.

[329] 姚凱.自我效能感研究綜述:組織行為學發展的新趨勢[J].管理學報,2008(3):463-468.

[330] 餘琛.知識型人才組織支持感、職業承諾和職業成功的關係[J].軟科學,2009,23(8):107-109.

[331] 張劍,張微,Edward,等.心理需要的滿足與工作滿意度:哪一個能夠更好地預測工作績效?[J].管理評論,2012,24(6):98-104.

[332] 張敏.國外教師職業認同與專業發展研究述評[J].比較教育研究,2006(2):77-81.

[333] 張寧俊,袁夢莎,蘭海.工作家庭間跨界增益:邏輯主線與模型[J].心理科學,2015,38(2):500-505.

[334] 張寧俊,朱伏平,張斌.高校教師職業認同與組織認同關係及影響因素研究[J].教育發展研究,2013(21):53-55.

[335] 張淑美,陳慧姿.癌症病人生命意義與靈性關懷之探討[J].成人及終身教育學刊,2007(7):1-20.

[336] 張旭, 樊耘, 黃敏萍, 等. 基於自我決定理論的組織承諾形成機制模型構建: 以自主需求成為主導需求為背景 [J]. 南開管理評論, 2013, 16 (6): 59-69.

[337] 張志鵬, 和萍. 國外管理學研究新熱點職場靈性研究前沿探析 [J]. 外國經濟與管理, 2012, 34 (11): 61-71.

[338] 趙偉. 職業認同理論文獻綜述 [J]. 合作經濟與科技, 2013 (17): 55-56.

[339] 周國韜, 戚立夫. 人類行為的控制與調節: 班杜拉的自我效能感理論述評 [J]. 東北師範大學學報 (教育科學版), 1988 (4): 38-44.

[340] 周浩, 龍立榮. 共同方法偏差的統計檢驗與控制方法 [J]. 心理科學進展, 2004, 12 (6): 942-950.

[341] 周文霞. 職業成功標準的實證研究與理論探討 [J]. 經濟與管理研究, 2006 (5): 59-62.

[342] 周文霞, 郭桂萍. 自我效能感: 概念、理論和應用 [J]. 中國人民大學學報, 2006 (1): 91-97.

[343] 周文霞, 潘靜洲, 龐宇.「關係」對個體職業發展的影響: 綜述與展望 [J]. 中國人民大學學報, 2013, 27 (2): 148-156.

[344] 周文霞, 孫健敏. 中國情境下職業成功觀的內容與結構 [J]. 中國人民大學學報, 2010 (3): 124-133.

[345] 周笑平. 團體輔導在提升獨立學院畢業生職業自我效能感方面的應用研究 [J]. 科教文匯, 2009 (32): 79.

[346] 鄒文篪, 劉佳, 卜慧美. 職場精神力對主觀幸福感的影響: 情緒勞動為仲介變量 [J]. 中國臨床心理學雜志, 2015 (3): 544-547.

# 附錄　調查問卷

## 《職場精神性對職業成功影響的調查問卷》

尊敬的先生/女士：

　　您好！我是西南財經大學經貿外語學院的一名老師，衷心感謝您抽出寶貴的時間參與我們的問卷調研，此問卷大約占用你5分鐘左右的時間。本次調查的目的在於瞭解員工職業方面相關情況，本調查採用匿名方式，我們保證獲取的數據僅作為學術研究，並保證對您的回答嚴格保密，請您放心填寫。

　　請您仔細閱讀下列題目，所有問題均為單選題，在相應選項後打「√」，問卷答案沒有對錯之分，只需要根據自己的實際情況填寫即可。再次感謝您的配合與支持！

### 第一部分：個人基本信息

| | | | |
|---|---|---|---|
| 您的性別 | （1）男 | （2）女 | |
| 婚姻狀況 | （1）已婚 | （2）未婚 | |
| 您的年齡 | （1）25歲及以下<br>（4）36~40歲 | （2）26~30歲<br>（5）41~45歲 | （3）31~35歲<br>（6）46歲以上 |
| 您的學歷 | （1）高中及以下<br>（3）本科 | （2）大專<br>（4）碩士研究生 | （5）博士研究生 |
| 您參加工作的年限 | （1）3年以下<br>（4）11~14年 | （2）3~6年<br>（5）15年及以上 | （3）7~10年 |
| 您在本單位工作年限 | （1）3年以下<br>（4）11~14年 | （2）3~6年<br>（5）15年及以上 | （3）7~10年 |
| 您目前的職位級別是 | （1）一般員工<br>（3）中層管理者 | （2）基層管理者<br>（4）高層管理者 | |

| 您目前的收入狀況 | (1) 3,000 元及以下　(2) 3,000~5,000 元　(3) 5,000~7,000 元<br>(4) 7,000~9,000 元　(5) 9,000 元以上（包括工資、津貼、補貼等） |
|---|---|
| 工作以來晉升的總次數 | (1) 0 次　　　　　　(2) 1~2 次　　　　　　(3) 3~4 次<br>(4) 5~6 次　　　　　(5) 更多<br>（晉升可以是職務、職稱或者崗位重要性等相關） |
| 您在現單位的晉升次數 | (1) 0 次　　　　　　(2) 1~2 次　　　　　　(3) 3~4 次<br>(4) 5~6 次　　　　　(5) 更多 |
| 您所在單位的性質 | (1) 國有企業　　　(2) 民營企業　　　(3) 中外合資企業<br>(4) 外商獨資企業　(5) 其他_____（請填寫） |

## 第二部分：職場精神性與職業成功的關係調查

本部分是針對您的職場精神性體驗與職業成功關係的感知及態度進行調研，請根據您的真實感受進行填寫，每題為單選。其中：1 代表「完全不同意」、2 代表「基本不同意」、3 代表「不確定」、4 代表「基本同意」、5 代表「完全同意」。

**職場精神性**

| | 完全不同意 | 基本不同意 | 不確定 | 基本同意 | 完全同意 |
|---|---|---|---|---|---|
| 1. 在工作中我能體會到快樂 | 1 | 2 | 3 | 4 | 5 |
| 2. 在工作中，我感覺精神充實 | 1 | 2 | 3 | 4 | 5 |
| 3. 工作和我認為的生命中重要的東西相關 | 1 | 2 | 3 | 4 | 5 |
| 4. 我每天期待著去上班 | 1 | 2 | 3 | 4 | 5 |
| 5. 我覺得自己的工作對整個社會有所貢獻 | 1 | 2 | 3 | 4 | 5 |
| 6. 我看到了工作帶給我的個人意義 | 1 | 2 | 3 | 4 | 5 |
| 7. 同事之間的相互合作是有價值的 | 1 | 2 | 3 | 4 | 5 |
| 8. 我覺得自己是團隊（集體）中的一員 | 1 | 2 | 3 | 4 | 5 |
| 9. 我相信團隊總成員都相互支持 | 1 | 2 | 3 | 4 | 5 |
| 10. 在團隊中（集體）中我們可以自由表達意見 | 1 | 2 | 3 | 4 | 5 |
| 11. 我認為有一個更大的共同目標聯繫著團隊成員 | 1 | 2 | 3 | 4 | 5 |
| 12. 我相信團隊（集體）中的成員都真誠關心彼此 | 1 | 2 | 3 | 4 | 5 |
| 13. 在團隊中，我有一種家的歸屬感 | 1 | 2 | 3 | 4 | 5 |
| 14. 我感覺我們公司（單位）的價值觀是積極的 | 1 | 2 | 3 | 4 | 5 |
| 15. 我們公司（單位）能夠關心窮人 | 1 | 2 | 3 | 4 | 5 |

(續表)

| | 完全不同意 | 基本不同意 | 不確定 | 基本同意 | 完全同意 |
|---|---|---|---|---|---|
| 16. 我們公司（單位）能夠關心所有員工 | 1 | 2 | 3 | 4 | 5 |
| 17. 我們公司（單位）是有道德善心的 | 1 | 2 | 3 | 4 | 5 |
| 18. 我覺得自己和公司（單位）的目標息息相關 | 1 | 2 | 3 | 4 | 5 |
| 19. 公司（單位）能夠關心員工的健康 | 1 | 2 | 3 | 4 | 5 |
| 20. 我覺得自己和公司的最高使命有關係 | 1 | 2 | 3 | 4 | 5 |
| 21. 公司（單位）關心我的內在精神世界是否充實 | 1 | 2 | 3 | 4 | 5 |

主觀職業成功

| | 完全不同意 | 基本不同意 | 不確定 | 基本同意 | 完全同意 |
|---|---|---|---|---|---|
| 1. 我對自己的職業所取得的成功感到滿意 | 1 | 2 | 3 | 4 | 5 |
| 2. 我對自己職業中取得的進步感到滿意 | 1 | 2 | 3 | 4 | 5 |
| 3. 我對自己職業取得的薪酬感到滿意 | 1 | 2 | 3 | 4 | 5 |
| 4. 我對自己的晉升速度感到滿意 | 1 | 2 | 3 | 4 | 5 |
| 5. 我對自己職業中不斷獲得的新技能而感到滿意 | 1 | 2 | 3 | 4 | 5 |

職業認同

| | 完全不同意 | 基本不同意 | 不確定 | 基本同意 | 完全同意 |
|---|---|---|---|---|---|
| 1. 當別人稱讚我的職業時，我感覺自己也受到了稱讚 | 1 | 2 | 3 | 4 | 5 |
| 2. 當別人批評我的職業時，我感覺自己也受到了屈辱 | 1 | 2 | 3 | 4 | 5 |
| 3. 當談到我的職業時，我經常用「我們」而不是「他們」來稱呼 | 1 | 2 | 3 | 4 | 5 |
| 4. 我從事的職業本身的成功，也代表著我個人的成功 | 1 | 2 | 3 | 4 | 5 |
| 5. 如果媒體批評我從事的職業時，我會感到很尷尬 | 1 | 2 | 3 | 4 | 5 |

## 職業自我效能感

| | 完全不同意 | 基本不同意 | 不確定 | 基本同意 | 完全同意 |
|---|---|---|---|---|---|
| 1. 工作遇到困難時我能保持冷靜，因為我相信自己的能力 | 1 | 2 | 3 | 4 | 5 |
| 2. 工作中出現問題的時候，我通常能找到多種解決辦法 | 1 | 2 | 3 | 4 | 5 |
| 3. 無論工作中遇到什麼問題，我一般都能處理 | 1 | 2 | 3 | 4 | 5 |
| 4. 我感覺自己的工作經驗有助於將來的職業發展 | 1 | 2 | 3 | 4 | 5 |
| 5. 我認為自己能實現自己設定的職業目標 | 1 | 2 | 3 | 4 | 5 |
| 6. 我認為自己能應對職業中的大部分挑戰 | 1 | 2 | 3 | 4 | 5 |

## 基本心理需求

| | 完全不同意 | 基本不同意 | 不確定 | 基本同意 | 完全同意 |
|---|---|---|---|---|---|
| 1. 我感覺能夠決定自己的工作如何開展 | 1 | 2 | 3 | 4 | 5 |
| 2. 我感覺在工作中受到了強制 | 1 | 2 | 3 | 4 | 5 |
| 3. 我感覺在工作中能自由發揮自己的想法和見解 | 1 | 2 | 3 | 4 | 5 |
| 4. 在工作中我需要按照別人所吩咐的去做 | 1 | 2 | 3 | 4 | 5 |
| 5. 我沒有機會決定如何開展自己的工作 | 1 | 2 | 3 | 4 | 5 |
| 6. 我真的很喜歡與自己一起工作的人 | 1 | 2 | 3 | 4 | 5 |
| 7. 我和工作中的同事相處融洽 | 1 | 2 | 3 | 4 | 5 |
| 8. 我將一起工作的人視為朋友 | 1 | 2 | 3 | 4 | 5 |
| 9. 工作中和我親近的人很少 | 1 | 2 | 3 | 4 | 5 |
| 10. 我有機會學習工作中有趣的新技能 | 1 | 2 | 3 | 4 | 5 |
| 11. 我常常能從工作中感到成績感 | 1 | 2 | 3 | 4 | 5 |
| 12. 我享受工作中的挑戰 | 1 | 2 | 3 | 4 | 5 |
| 13. 我沒有機會在工作中展示自己的能力 | 1 | 2 | 3 | 4 | 5 |

## 家庭需求

| | 完全不同意 | 基本不同意 | 不確定 | 基本同意 | 完全同意 |
|---|---|---|---|---|---|
| 1. 我要費力處理與家庭相關的各種事情 | 1 | 2 | 3 | 4 | 5 |
| 2. 我的家庭需要我所有的關注和照料 | 1 | 2 | 3 | 4 | 5 |
| 3. 我感覺自己面臨很多的家庭需求 | 1 | 2 | 3 | 4 | 5 |
| 4. 我在家庭需要承擔很多的責任 | 1 | 2 | 3 | 4 | 5 |

問卷到此結束，對於您所提供的協助，我們表示誠摯的感謝！！

## 國家圖書館出版品預行編目（CIP）資料

職場精神性對員工職業發展的影響機制研究 / 敖玉蘭 著. -- 第一版.
-- 臺北市：崧博出版：崧燁文化發行, 2019.05
　　面；　公分
POD版

ISBN 978-957-735-787-8(平裝)

1.職場

542.7　　　　　　　　　　　　　　　　　108005531

書　　名：職場精神性對員工職業發展的影響機制研究
作　　者：敖玉蘭 著
發 行 人：黃振庭
出 版 者：崧博出版事業有限公司
發 行 者：崧燁文化事業有限公司
E-mail：sonbookservice@gmail.com
粉絲頁：　　　　　　網　址：
地　　址：台北市中正區重慶南路一段六十一號八樓815室
8F.-815, No.61, Sec. 1, Chongqing S. Rd., Zhongzheng
Dist., Taipei City 100, Taiwan (R.O.C.)
電　　話：(02)2370-3310 傳　真：(02) 2370-3210
總 經 銷：紅螞蟻圖書有限公司
地　　址：台北市內湖區舊宗路二段121巷19號
電　　話：02-2795-3656 傳真:02-2795-4100　網址：
印　　刷：京峯彩色印刷有限公司（京峰數位）

本書版權為西南財經大學出版社所有授權崧博出版事業股份有限公司獨家發行電子書及繁體書繁體字版。若有其他相關權利及授權需求請與本公司聯繫。

定　　價：380元
發行日期：2019年05月第一版
◎ 本書以POD印製發行